LES FRANCS-MAÇONS DES ANNÉES MITTERRAND

PATRICE BURNAT
CHRISTIAN DE VILLENEUVE

LES FRANCS-MAÇONS DES ANNÉES MITTERRAND

BERNARD GRASSET
PARIS

A tous ceux qui, de près et de loin,
ont partagé nos interrogations.

« Il n'y a rien sur quoi plane autant de séduction
et de malédiction que sur un secret. »

Sören Kierkegaard

Introduction

TOUS LES PÉCHÉS DU MONDE

Le 31 août 1987, au cœur de la première cohabitation, une sorte de gouvernement socialiste s'est reformé dans la petite église de La Groutte (Cher) pour rendre un dernier hommage au maire de la commune. Il y a là le président de la République François Mitterrand, accompagné de l'ancien Premier ministre Pierre Mauroy, ami personnel du défunt, entouré des anciens ministres Michel Rocard, Pierre Bérégovoy, Jean-Pierre Chevènement, Charles Hernu, Lionel Jospin, Michel Delebarre... L'homme qu'ils portent en terre ce jour-là est beaucoup moins célèbre, il est même inconnu du grand public : il s'appelle Roger Fajardie.

Qui était-il ? Un ami, bien sûr. Un ami politique, et, plus que cela, une éminence grise : l'homme qui, au sein du Parti socialiste, avait la connaissance la plus parfaite de la France politique et de ses joutes électorales, véritable encyclopédie humaine des circonscriptions et de leurs candidats... mais aussi des loges maçonniques et de leurs réseaux d'influence. Simple député européen, longtemps membre du comité directeur de la SFIO puis du Parti socialiste, Fajardie était surtout membre du conseil de l'ordre du Grand Orient de France et responsable de l'antenne des différentes obédiences au sein du PS, la Fraternelle Ramadier.

Quelques mois auparavant, le 12 février 1987, un ancien grand maître du Grand Orient de France avait lui aussi reçu des obsèques religieuses, en l'église Saint-François-de-Sales à

Paris. Un proche du pouvoir, une fois encore, mais d'une tout autre manière : l'étonnant Michel Baroin, président de la FNAC et de la GMF, ami de Jacques Chirac, chargé par François Mitterrand de l'organisation de la célébration du bicentenaire de la Révolution, avait trouvé la mort dans un accident d'avion en Afrique. Sa disparition donna lieu aux hommages les plus appuyés, venus de tous les horizons politiques.

Si les enterrements sont l'occasion d'apprécier la reconnaissance des vivants à l'égard du rôle qu'a pu jouer le défunt dans la société, les obsèques solennelles de ces deux francs-maçons pourraient suffire à illustrer l'importance de la place occupée par ceux qui se revendiquent comme « enfants de la Veuve » dans notre vie politique.

La franc-maçonnerie, c'est pourtant bien autre chose encore.

Paris, mars 1993. Un camion quitte la capitale pour Timisoara, en Roumanie, chargé de livres, de médicaments et de vêtements. Au volant, Jacques Zerbib, un frère « de base » qui consacre la plus grande partie de ses loisirs et de ses vacances à mobiliser les énergies de sa loge afin de venir en aide à ses nouveaux frères roumains. Ailleurs, c'est le « frère hospitalier » d'une loge de province qui redistribue aux frères malades ou chômeurs le contenu du « tronc de la Veuve », alimenté par les membres de son « atelier ». Ailleurs encore, dans un commissariat de quartier, c'est ce policier en tenue qui tente d'expliquer à ses collègues les vertus de la tolérance ; maçon, lui aussi.

C'est précisément cette diversité des initiés, connus ou non, qui nous a incités à écrire un nouveau livre sur la franc-maçonnerie française. Certes, les rayons et les archives de la Bibliothèque nationale regorgent des milliers d'ouvrages consacrés à ce mouvement placé à la croisée des chemins de la philosophie, de la politique, de l'économie, de la sociologie et de l'histoire... La plus grande partie de cette surabondante littérature traite avant tout du symbolisme et du rituel liés à la construction jamais achevée du Temple de Salomon (ou Temple de l'Humanité).

Profanes, il ne nous appartenait pas de refaire un livre sur cet ésotérisme et ses mystères. Journalistes, il nous est en revanche apparu important de prendre, sans préjugé ni complaisance, la réelle mesure de ce mouvement qui ne cesse de se développer dans le monde et en France.

Cette ambition se heurta d'abord à un certain scepticisme : « Vous faites un pari impossible : jamais vous ne saurez ce qui se passe en loge, puisque nul n'a le droit de révéler à l'extérieur ce qu'il a vu, entendu ou vécu dans son atelier. » Les francs-maçons sont en effet « discrets », nous le savions déjà... Notre intérêt et notre curiosité furent encore renforcés lorsque nous avons découvert les propos de Jean Verdun, ancien grand maître de la Grande Loge de France : « Chiens de chasse, les journalistes, nez au sol, cherchent le gibier faisandé de la franc-maçonnerie politique. Ne leur montrons pas l'étoile flamboyante ou la voûte étoilée... Ce sont les excréments qu'ils aiment renifler... * » Voilà qui était encourageant !

Impossible, vraiment ? Nous ne l'avons pas cru. Et nous avons décidé de comprendre pourquoi les francs-maçons, un demi-siècle après les lois scélérates de Vichy, continuent de se cacher ; pourquoi, paradoxalement, les « fils de la Lumière » choisissent l'ombre. Et pourquoi 100 000 francs-maçons français (moins de 0,2 % de la population) sont représentés dans un gouvernement socialiste « moyen » par une douzaine d'initiés des différentes obédiences (soit 20 % et parfois 25 % des ministres).

A l'heure de toutes les surenchères en matière de communication, quand la plus petite information peut déboucher sur d'extravagants débordements médiatiques, les journalistes sont d'abord suspectés. Lorsqu'ils s'intéressent, de plus, à une société quasi secrète, on leur prête volontiers des intentions inavouées : quelle est l'exacte nuance entre « dévoiler » et « dénoncer » ?

Avec les francs-maçons que nous avons interrogés, et appris à connaître, les choses se sont passées différemment. Accueillants, pour la plupart ouverts au débat — et d'autant plus qu'ils avaient moins de responsabilités politiques ! — ils

* *Les Carnets d'un grand maître*, Éditions du Rocher, 1990.

nous ont conforté dans une certitude qu'il existe en fait deux franc-maçonneries, l'une imaginaire et poussiéreuse, objet de tous les fantasmes, âme de tous les complots; l'autre bien réelle, quotidienne, humaniste, progressiste, active, pas angélique pour autant : une société d'hommes, avec ses inévitables imperfections, ses regrettables dérapages, ses « moutons noirs »...

Ils ont été nombreux à accepter de nous recevoir. Ils nous ont parlé. Beaucoup, connus ou non, nous ont autorisés à révéler leur identité; d'autres ont préféré conserver un anonymat que nous avons respecté, bien entendu, ainsi que celui de certains profanes que nous avons rencontrés et qui n'ont pas souhaité apparaître dans ce livre. Crainte d'être assimilé aux « enfants de la Veuve » ? Sans doute. Attitude qui reflète le halo de mystère qui enveloppe encore la franc-maçonnerie en France.

Nous nous sommes en revanche considérés comme libres de dévoiler l'appartenance maçonnique de telle ou telle personnalité lorsque celle-ci nous avait été communiquée par un initié... On sait que tout membre d'une obédience est seul juge de l'opportunité d'apparaître ou non en tant que franc-maçon, mais qu'il ne doit en principe jamais révéler le nom de ses frères, du moins de leur vivant. Beaucoup ont passé outre, pour diverses raisons qui leur appartiennent — souci, par exemple, d'en finir avec une certaine hypocrisie — ou parce qu'ils estimaient que certaines appartenances s'apparentaient à des secrets de Polichinelle. Ils n'ont pas eu conscience, ce faisant, de trahir un serment. Il nous était dès lors difficile de nous montrer plus maçons que les maçons.

Nos interlocuteurs ont souvent été fort prolixes! Beaucoup ont exprimé leur souhait de voir lever les tabous, leur volonté d'œuvrer à une véritable dédiabolisation du mouvement. Ceux-ci se révélèrent d'une extraordinaire disponibilité : ils nous consacrèrent des heures et des heures, s'acharnant à nous démontrer l'inanité des caricatures, à nous expliquer le sens de leur engagement. Ils ont été déterminants pour nous aider à appréhender la franc-maçonnerie française dans sa dimension temporelle. Bref, à savoir qui ils sont, ce qu'ils font, ce qu'ils visent, ce qu'ils représentent exactement dans notre société à la fin du XXe siècle.

A travers le monde, les francs-maçons sont aujourd'hui huit millions, et leurs effectifs ne cessent de s'accroître régulièrement. Cet ensemble est cependant loin d'être homogène, puisqu'il existe au moins deux grands courants, qui n'empruntent pas les mêmes voies pour « reconstruire le Temple de l'Humanité ».

Il y a tout d'abord la franc-maçonnerie dite régulière, très majoritaire, qui exerce sous la tutelle de la Grande Loge unie d'Angleterre (GLUA) une influence prépondérante au Royaume-Uni, aux États-Unis, dans les anciennes colonies britanniques et dans la majorité des pays anglo-saxons. Des membres de la famille royale d'Angleterre en font partie, le duc de Kent, notamment. Cette maçonnerie-là ne reconnaît en France que la Grande Loge nationale française (GLNF, souvent appelée « Bineau », en raison de son ancienne adresse à Neuilly). Elle ne vient pourtant qu'en troisième position par son importance numérique.

Le Grand Orient de France (GODF ou GO) ou la Grande Loge de France (GLDF ou GLF), les deux principales obédiences, ne jouissent en effet d'aucune reconnaissance internationale de la part de la Grande Loge unie d'Angleterre : elles sont qualifiées d'obédiences « irrégulières ». Pourquoi ? Elles nient, ou interprètent différemment, le rôle du Grand Architecte de l'Univers. Depuis 1877, le Grand Orient a supprimé toute référence au GADLU, et la Grande Loge laisse à chacun la liberté de le comprendre à sa guise.

Cet isolement international n'empêche pas la franc-maçonnerie française d'être présente dans l'histoire de notre pays à travers ses institutions, à travers ses lois. Elle a su se faire une place à part, originale et particulière. Pour des raisons historiques, tout d'abord. Si elle se montre, par exemple, beaucoup moins ouverte qu'en Angleterre ou aux États-Unis, c'est en raison de l'anathème dont la frappe l'Église catholique, si longtemps toute-puissante en France.

Depuis plusieurs années, on assiste cependant à un réel effort d'« extériorisation » des obédiences françaises. La plupart se sont dotées de responsables des relations avec la presse. Un signe. Car même s'ils sont loin d'avoir retrouvé la force qui fut la leur sous la Troisième République, jamais depuis plus de cinquante ans les francs-maçons ne se sont comptés aussi nombreux qu'aujourd'hui dans les allées du pouvoir. Au gouvernement, bien sûr, mais plus encore dans les cabinets ministériels et dans la haute Administration. Certains frères, et non des moindres, ont cru que l'arrivée de François Mitterrand à la tête de l'État allait leur permettre de renouer avec les habitudes de la Troisième, oubliant que la Constitution de la Cinquième République avait transformé la règle du jeu, que le pouvoir du Parlement avait rétréci comme peau de chagrin, et que le gouvernement n'était plus l'otage des partis charnières. Sous la gauche, ces maçons connurent aussi de sérieuses désillusions. Ils s'étaient trompés d'époque.

Il se trouve que l'originalité de la franc-maçonnerie française réside dans la variété et la diversité de ses obédiences. Les frères initiés se réclament tous d'une même origine, tous sont « fils de la Veuve », tous s'attachent à « reconstruire le Temple de Salomon ». Leurs différences sont cependant loin d'être négligeables. Elles apparaissent même fondamentales lorsqu'il s'agit de comprendre l'influence des loges dans la France des années 1980.

Au risque d'apparaître simplificateur, au risque de blesser quelques susceptibilités, nous n'avons retenu en France que cinq grandes obédiences, dont une seule, au surplus, est reconnue à l'échelle internationale.

Le Grand Orient est depuis toujours l'obédience la plus importante. Elle l'est par le nombre de ses membres (environ 35 000), mais plus encore à l'aune de son poids politique. Gilbert Abergel, l'actuel grand maître, est un déçu des mouvements gauchistes. Entré en 1972 en maçonnerie (à l'âge de 23 ans), il a été psychanalyste avant d'occuper les fonctions de directeur de la communication interne au sein du groupe de la Garantie mutuelle des fonctionnaires (GMF). Républicaines et laïques, les loges du Grand Orient penchent à gauche. Cela ne les empêche pas d'accueillir des gens de droite. Sur l'échiquier politique, les maçons du Grand Orient sont proches du centre gauche et en bons termes avec le PS. Le religieux ne les attire guère : ils sont le plus souvent athées, et taxés d'anticléricalisme. Parce que le Grand Orient s'impliquait dans les débats du siècle, parce qu'il s'intéressait de trop près à la vie profane, la Grande Loge de France a vu le jour en 1894.

Deuxième obédience en nombre — 23 000 membres — la Grande Loge de France conserve la référence au Grand Architecte de l'Univers : le GADLU peut même être Dieu, le Dieu des chrétiens ou tout autre. Réfugié derrière un apolitisme de principe, le maçon de la Grande Loge évolue en réalité entre le centre droit et le centre gauche. Depuis 1981, une sensibilité socialiste s'y est affirmée.

La GLNF — troisième obédience française avec ses 17 000 membres — est la seule reconnue « régulière » au plan international. Elle regroupe un grand nombre de francs-maçons conservateurs. Ici, la référence au GADLU reste fondamentale. Bien plus, ce Grand Architecte est un Dieu révélé, le Dieu des chrétiens. Il est toujours gênant — parce que abusif — de plaquer des étiquettes politiques en fonction de l'appartenance à telle ou telle obédience. Au cours de cette enquête, nous avons pu constater qu'il n'était pas rare de voir un frère passer d'une obédience à l'autre ; nous avons également rencontré des maçons engagés à gauche en harmonie avec leurs convictions au sein de la Grande Loge nationale française. Il n'en demeure pas moins que la GLNF compte plus de « professions libérales » et de chefs d'entreprise que d'enseignants, si nombreux au GO.

Parallèlement à la franc-maçonnerie masculine, il faut encore relever l'existence de deux obédiences ouvertes aux femmes. La première est mixte : fondé en 1893 dans le but d'intégrer les femmes dans le mouvement maçonnique, le Droit humain accueille dans ses rangs 12 000 frères et sœurs. Les femmes avaient été écartées dès l'origine de la maçonnerie, du simple fait de leur statut juridique : difficile, en effet, d'être considérée comme « libre dans une loge libre » à une époque — le XVIIIe siècle — où les filles étaient placées sous la tutelle de leur père, les épouses sous celle de leur mari. La seconde de ces obédiences est, elle, exclusivement féminine : c'est la GLFF (Grande Loge féminine de France), créée en 1945, et qui compte aujourd'hui 9 000 sœurs. Pourquoi reproduire cette forme de ségrégation ? Tout simplement, selon Yvette Roudy, ancien ministre du Droit des Femmes du premier gouvernement socialiste et elle-même sœur de la GLFF, « parce que les femmes ont besoin de se retrouver entre elles pour discuter en totale liberté. Tant que subsisteront les inégalités entre hommes et femmes dans la société civile, dit-elle, il faudra que les femmes travaillent d'abord ensemble, et je suis certaine que la situation ne changera pas avant plusieurs décennies ». Serait-ce la guerre avec les obédiences masculines ? Pas le moins du monde : « Le GODF me demande assez régulièrement d'animer des conférences, précise Yvette Roudy, qui se félicite des premières tentatives d'extériorisation de son obédience, si longtemps cantonnée dans un strict isolement : « Je crois, dit-elle, que les maçonnes ne sont pas assez audacieuses. Elles se montrent trop timides dans leur action pour la promotion de la femme. Elles s'enferment dans leur débat, ne participent pas autant qu'elles le devraient au combat féministe. On serait bien en peine de leur accorder la maternité d'une seule loi récente ! Quand je me suis battue pour le remboursement de l'IVG par la Sécurité sociale, j'ai dû me tourner vers nos frères du Grand Orient pour trouver un soutien. »

Qu'ils appartiennent au GO, à la GLF ou à la GLNF, qu'ils ou elles soient membres du Droit humain ou de la GLFF, l'imaginaire collectif ne s'embarrasse guère de distinctions : les fantasmes restent vivaces pour tout ce qui touche de près ou de loin à la franc-maçonnerie. Un temps impliqué dans l'affaire Pechiney pour délit d'initié, Alain Boublil expliquait avec ironie que ses ennuis venaient du fait qu'il n'était « ni juif pratiquant, ni franc-maçon, ni énarque ». Autant de communautés qui, selon l'ancien directeur de cabinet de Pierre Bérégovoy, pèseraient de tout leur poids dans la marche de notre pays. Ne s'agissait-il de sa part que d'une boutade cynique ? Boublil fut, certes, pendant plusieurs années, bien placé pour se faire une idée précise du fonctionnement de certains rouages de l'État. Mais, homme traqué, il avait beau jeu de détourner l'attention en direction de quelques-uns des boucs émissaires les plus évidents, juifs et maçons en tête.

C'est ainsi : on colle tous les péchés du monde aux francs-maçons, qui pâtissent généralement en France d'une détestable image, bâtie à coups d'idées reçues. Que leur reproche-t-on ?

Ils seraient « laïcards et matérialistes ». S'ils ne fréquentent pas particulièrement les églises et s'ils se montrent très vigilants à l'égard de l'immixtion des religions dans la société civile, comme l'illustre la relance du débat autour de l'école privée, beaucoup appartiennent cependant à un mouvement spirituel et s'affirment au service du Grand Architecte de l'Univers. Des grands maîtres affichent leur christianisme, revendiquent (et obtiennent) le droit à des obsèques religieuses, à l'exemple de Michel Baroin ou de Richard Dupuy, de la GLF, disparu en 1985. L'anathème est pourtant en passe d'être levé. Les relations avec l'Église catholique se sont améliorées, l'excommunication papale étant tombée en 1983, après la publication du nouveau droit canon. Aujourd'hui, les catholiques pratiquants se font moins rares dans les temples et les ecclésiastiques eux-mêmes peuvent y être invités. « Certains prêtres acceptent de participer à nos

“ tenues blanches ouvertes ”, explique Jean-Michel Rosenfeld, ancien membre du conseil de l’ordre du Grand Orient. J’ai vu en loge Mgr Gaillot, l’évêque d’Évreux, et plus d’une fois. La franc-maçonnerie est laïque, mais la laïcité de 1993 n’est plus celle de 1905. »

Deuxième idée : ils seraient « plutôt à gauche ». L’obédience la plus importante, le Grand Orient, se situe à proximité du Parti socialiste. C’est devenu plus net encore depuis que François Mitterrand occupe l’Élysée. Mais nombre de représentants du RPR et de l’UDF exercent une véritable influence au sein du GO et il ne faut pas négliger que beaucoup d’initiés ne manifestent guère d’intérêt pour la chose politique. Il n’est pas évident que le candidat de gauche à l’élection présidentielle emporte la majorité des suffrages parmi les 100 000 maçons français.

Troisième critique : ils seraient « secrets ». L’ésotérisme de la symbolique, du rituel, du vocabulaire rend la démarche obscure pour le profane. D’autant que le secret maçonnique est le fruit d’une aventure personnelle qu’il serait impossible de communiquer et de faire partager. Mais la foi des catholiques n’est-elle pas, elle aussi, intransmissible ?

Ensuite, ils agiraient « dans l’ombre ». Mais les obédiences ont pignon sur rue ! Elles s’expriment à la radio, à la télévision ou dans la presse, les grands maîtres sont connus, les temples ont des adresses... Certes, beaucoup de frères préfèrent taire leur appartenance au mouvement, craignant d’éventuelles représailles.

Ils seraient encore « élitistes ». On trouve peu de représentants des professions manuelles dans les loges. Le recrutement, le plus souvent par cooptation, est propice à une certaine sélection. Observons cependant que le gros des troupes appartient à la moyenne bourgeoisie : beaucoup de fonctionnaires, de commerçants et de représentants des professions libérales, assez peu de grands intellectuels...

Ils seraient « carriéristes »... Le dernier président de la République franc-maçon, Paul Doumer, fut élu en 1931. Cela permet de relativiser l’efficacité du réseau ! La philosophie maçonnique et le devoir de solidarité qu’elle implique amènent les frères à s'entraider. Mais les profanes ne sont pas, comme on le pense, exclus de leurs préoccupations.

Ils seraient « magouilleurs ». On retrouve fréquemment des frères dans les affaires qui défraient la chronique de cette fin de Cinquième République mitterrandienne. Réflexion de François Delacroix, membre du Grand Orient et directeur du cabinet de Georges Frèche, maire PS de Montpellier : « J'ai la naïveté de penser que si nous avons nos moutons noirs, ils sont un peu moins nombreux chez nous qu'ailleurs. »

Ils seraient « misogynes ». Les trois plus grandes obédiences sont en effet masculines, et laissent les femmes à la porte du temple. Mais les maçons associent de plus en plus les sœurs des loges féminines à certains de leurs travaux. Le problème de la mixité, aujourd'hui au cœur du développement de la franc-maçonnerie dans les anciens pays communistes de l'Europe de l'Est, agite désormais de nombreux initiés français, désireux de mettre fin à une ségrégation qu'ils jugent archaïque.

Tous ces clichés ne sauraient rendre sympathiques les francs-maçons, ainsi perçus comme les derniers dinosaures d'une philosophie qui avait fait fureur sous la Troisième République. Sont-ils encore de notre temps ? Mais alors comment expliquer la croissance régulière de leurs effectifs ? Chaque année les principales obédiences déclarent une progression d'au moins 5 % de leurs effectifs.

Quelle est aujourd'hui la place de cette « chaîne d'union » dans notre société ? Quelle est sa puissance, quels sont ses pouvoirs réels ou supposés ? Quelle est son influence dans la France des années Mitterrand, et de quelle manière les francs-maçons ont-ils vécu le mitterrandisme ? En 1981, le sentiment est plutôt à l'euphorie. C'est même l'enthousiasme, tant le GO se reconnaît de convergences avec le programme du nouveau président. Mitterrand, on ne peut l'ignorer dans les loges, doit une partie de sa carrière à la franc-maçonnerie ou, du moins, au fraternel appui des initiés qui comptent parmi ses plus fidèles compagnons de route. C'est l'un de ses amis personnels, Roger Leray, qui a été élu grand maître de l'obédience en 1979 et qui le sera à nouveau en 1984. Figurent dans le premier gouvernement socialiste François Abadie, Roland Dumas, Henri Emmanuelli, Joseph Franceschi, Charles Hernu, Pierre Joxe, André Labarrère, Georges Lemoine, Jack Lang, Paul Quilès, Yvette Roudy... Tous maçons. Qui mieux que Mitterrand pourrait mettre en œuvre les transformations souhaitées par les loges ?

Les législatives qui suivent l'élection présidentielle portent à l'Assemblée nationale une bonne centaine de frères députés. Au point que le magazine d'extrême droite *le Crapouillot* s'inquiète : les obédiences ne sont-elles pas en train de « pénétrer le pouvoir » ? De fait, on voit des francs-maçons partout. Les cabinets ministériels en regorgent ; un frère, Paul Roux, est porté à la direction des RG ; un autre, Pierre Marion, prend en charge les destinées du SDECE, qui devient bientôt la DGSE. Et, durant les deux septennats de François Mitterrand, les francs-maçons ont, à de nombreuses reprises, l'occasion de monter au créneau politique. Ils jouent par exemple un rôle considérable dans le débat autour de la réforme Savary, qui prétend harmoniser les deux systèmes scolaires, le privé et le public. De même, ils dénoncent, en 1994, la mise en cause de la loi Falloux, lorsque le ministre de l'Éducation nationale, François Bayrou fait voter la loi autorisant les communes à participer au financement de l'école privée. Ils seront partie prenante de l'impressionnante mobilisation populaire. Ils interviennent aussi, en tant que maçons, dans le règlement de la guerre civile en Nouvelle-Calédonie. Au Parlement, ils facilitent l'émergence de lois libérales en matière de mœurs et progressistes en matière de protection sociale. Ils contrôlent une grande partie de l'économie sociale, ce secteur des mutuelles qui concerne trente millions de Français.

De façon moins glorieuse, on les retrouve impliqués dans bien des « affaires », dans quelques trafics d'influence : scandales politico-financiers de la Sages, d'Urba-Conseil, banqueroute de la ville d'Angoulême...

François Mitterrand, déjà, n'est plus le sauveur dont la

franc-maçonnerie avait rêvé. Trop fin politique pour se laisser enfermer dans un jeu dont il n'a pas lui-même défini les règles, trop habile stratège pour négliger un mouvement qui ne peut qu'avoir envie de le servir, il n'a fait que louvoyer. Son engagement laïque ne résiste pas à la fronde de l'enseignement privé, et c'est lui qui enterre la réforme Savary. Mais c'est lui, plus tard, qui brandit le flambeau républicain quand François Bayrou s'attaque à la loi Falloux durant la seconde cohabitation. La valse-hésitation du président finira par lasser les plus enthousiastes de ses zélateurs de 1981.

La franc-maçonnerie salie par les années Mitterrand ? On l'entend parfois aujourd'hui. Le président, dit-on dans les loges, n'a fait qu'utiliser la franc-maçonnerie : « Il a su s'entourer de frères dont il s'est servi. Comment ne pas remarquer qu'il a fait la même chose avec les juifs, les protestants, les catholiques... Il n'a jamais négligé aucun groupe de pression. Mais il n'a jamais éprouvé la moindre sympathie pour ce que nous représentons. »

On se rappelle alors la formule de Francis Viaud, grand maître du Grand Orient à la Libération : « La maçonnerie n'est jamais aussi puissante que lorsque les loges s'éloignent de la politique pour se consacrer aux travaux philosophiques. »

S'ils ne sont donc que 100 000 en France, les francs-maçons sont cependant 100 000 qui ont décidé d'œuvrer à la « construction du Temple », d'agir partout où ils se trouvent pour faire valoir leur philosophie humaniste, de se trouver là où ils peuvent être efficaces et influents, aux carrefours de la vie politique, économique, sociale et culturelle de la France. C'est là, en tout cas, que nous les avons croisés au cours de cette enquête.

Première partie

LE GRAND RAVALEMENT

I

Le secret se vend bien

« Les francs-maçons, c'est comme les juifs, la sexualité des Français ou le salaire des cadres, ironise Yves Trestournel haut dignitaire de la Grande Loge nationale française. Régulièrement, on en fait la une des *news magazines* : le sujet est vendeur ! » Michel Barat, ancien grand maître de la Grande Loge de France, est plus grave encore : « Je suis parfois chagriné, voire blessé, comme tous ceux qui appartiennent à l'ordre maçonnique quand, entre juillet et septembre, certaines revues, non pas pour informer mais pour maintenir le niveau de leurs ventes, écrivent par trop légèrement sur la maçonnerie, alors que d'autres le font avec sérieux et honnêteté intellectuelle. C'est ainsi qu'au mois de juillet 1991, un grand hebdomadaire français titrait sur les francs-maçons et les jésuites entre deux numéros consacrés aux fantasmes des Français et à l'adultère. »

De fait, les hebdomadaires nationaux ne sont pas avares de titres alléchants, pour ne pas dire racoleurs, qui promettent de percer enfin le secret des francs-maçons. Et cela ne leur réussit pas si mal...

L'Événement du Jeudi a vu à deux reprises ses ventes augmenter dans d'intéressantes proportions en proposant de tout révéler sur « Le pouvoir des francs-maçons » et « La guerre des francs-maçons » (+ 19 % par rapport à ses ventes moyennes). C'est sans doute la raison pour laquelle l'hebdomadaire aborda à nouveau le sujet en 1992, puis le traita encore à deux reprises en 1993 en procédant à un « entretien-vérité » avec Gilbert Abergel (« Le patron des francs-maçons parle ») et à une interview de la grande maîtresse de la Grande Loge féminine française.

L'Express a, depuis 1986, réalisé quatre couvertures sur le sujet, enregistrant des succès remarquables : « Francs-maçons : les secrets de leur pouvoir » (+ 53 %) ; « Francs-maçons : le retour en force » (+ 23 %) ; « Les francs-maçons à la conquête de l'Est » (+ 64 %) ; et enfin, en mai 1993, « Les francs-maçons et la droite ». *Le Nouvel Observateur* n'a pas esquivé le débat. Le magazine de gauche vit en effet ses ventes grimper de 54 % avec une accroche qui n'avait rien d'original : « Le pouvoir des francs-maçons ».

Encore ne s'agit-il que des hebdomadaires. Mensuels ou quotidiens ne sont pas en reste, et réalisent régulièrement de grands dossiers sur l'actualité de la maçonnerie. Même *Challenge,* magazine économique, ne dédaigne pas, à l'occasion, de consacrer des pages aux maçons du monde des affaires. Ne parlons pas des différents organes de presse d'extrême droite : ceux-ci sont sans doute les plus acharnés : ils voient des francs-maçons partout ! *Le Crapouillot*, notamment, a publié des numéros spéciaux, d'ailleurs fort bien documentés.

Minute ou *National Hebdo*, lectures hebdomadaires préférées des électeurs de Jean-Marie Le Pen, font, de leur côté, commerce de la franc-maçonnerie sous des accroches qui dissimulent mal les sentiments de leurs journalistes : « L'escroc des francs-maçons » *(Minute)*, « Affaire Luchaire : tous francs-maçons » *(National Hebdo)*, ou encore « Les francs-maçons contre Le Pen » *(National Hebdo)*.

Dans un autre ordre d'idées, on pourrait encore citer le numéro spécial de *Notre Histoire*, très sobrement titré : « La franc-maçonnerie », ou bien la très tapageuse Une du journal d'Alain Ayache, *le Meilleur* : « Pour la première fois dans la presse : les signes qui trahissent les francs-maçons ». Tout un programme.

Organisée au nom d'objectifs commerciaux, cette débauche de titres illustre combien le monde des francs-maçons continue d'intéresser et de fasciner. Car malgré les nombreuses interviews de dignitaires des différentes obédiences — « vendues » sous le label : « Enfin un grand maître parle » — rumeurs, odeur de soufre et mystères continuent d'entourer les temples des obédiences.

Certes, les raisons historiques ne manquent pas qui expliquent cet état de fait. A la fin du siècle dernier, un génial charlatan a su entamer une fructueuse carrière littéraire en confortant tous les fantasmes présents chez la majorité des Français. Il a pour cela « suffi » à Léo Taxil, un ancien initié, de mettre en scène sous le pseudonyme du Docteur Bataille, tout au long d'une trentaine d'ouvrages, une extraordinaire mystification qui prétendait révéler au monde que les maçons avaient un dieu. Un dieu dont il livrait bien volontiers le nom : Satan, tout simplement. Dans son œuvre principale, *le Diable au XIXe siècle ou la Franc-Maçonnerie luciférienne*, le faussaire — cautionné par le pape Léon XIII qui le reçut au Vatican — perçait les imaginaires et scandaleux secrets du palladisme, une supramaçonnerie réservée à quelques très rares initiés... et dont le but était, bien entendu, d'éliminer l'Église catholique, de dominer et diriger le monde. Taxil n'était pas avare de détails : un chef suprême du nom de Pike, un Américain installé à Charleston, dirigeait le complot... En étroite liaison avec Satan, avec qui il avait rendez-vous tous les vendredis à 15 heures !

Cette fumisterie, qui a duré plus de douze ans pour s'achever en 1897, connut un prodigieux succès auprès du public français passionné par les « révélations ». L'œuvre, en près de deux mille pages de venin savamment distillé, a imprimé les mémoires et les consciences, malgré la pirouette finale de son auteur qui avoua l'imposture au cours d'une conférence de presse. « Calomniez, calomniez, il en restera toujours quelque chose » : l'ombre de Satan n'a pas fini de planer sur la franc-maçonnerie.

Une autre affaire a encore conforté cette conviction que les maçons sont nécessairement « des gens qui agissent dans l'ombre » : c'est la très célèbre « affaire des fiches ». De quoi s'agit-il cette fois ? De l'une de ces histoires auxquelles s'intéresse de nos jours régulièrement la CNIL, Commission nationale Informatique et Libertés. Cela se pratiquait bien sûr avec les moyens de l'époque : sur fiches cartonnées, et d'une belle plume Sergent-Major. Mais le principe en était tout aussi répréhensible aux yeux de la loi comme de la morale. Pendant trois années, de 1901 à 1904, et à la demande du ministre de la Guerre le général Louis André, les frères militaires du Grand Orient avaient fiché près de 25 000 officiers français. Le but avoué était de contrôler l'attachement à la République de l'encadrement militaire. Le brave général André n'avait pas hésité à faire appel au président du conseil de l'ordre du Grand Orient, Frédéric Desmons, pour faciliter la tâche de ses services. A Paris comme en province, les loges mirent beaucoup de zèle à remplir cette curieuse mission, et des milliers de fiches vinrent grossir le dossier du ministère de la Guerre, agrémentées de détails personnels sur la vie des militaires. Côté « bon grain », le capitaine Untel apparaissait ainsi comme « républicain, libre penseur ». Côté « ivraie », le colonel qui fréquentait l'église était qualifié de « clérical », voire de « réactionnaire ». Il va de soi qu'être parent d'un ecclésiastique devenait, pour les rédacteurs de ces fiches, un grave élément de suspicion. Sous prétexte d'un contrôle politique — aux modalités déjà discutables en elles-mêmes —, on en était arrivé à une véritable surveillance des consciences. Il fallut que cette ingérence de l'État dans la vie privée de ses soldats fût rendue publique au Palais-Bourbon pour qu'il y soit mis un terme. La révélation provoqua un énorme scandale politique, entraîna la démission du général André, et, pour faire bonne mesure, la chute du ministère Combes. Une « bavure », en quelque sorte. Dont on se repent aujourd'hui encore du côté de la rue Cadet...

De tout cela — de la supercherie de Léo Taxil comme de l'affaire des fiches — s'est nourrie la haine qui devait bientôt engendrer la campagne orchestrée contre le « complot judéo-maçonnique », grand artisan de tous les malheurs de la France. Coupables, les francs-maçons ? Coupables d'abord de leur volonté de mystère... Bientôt désignés, en tout cas, comme responsables de la défaite contre l'Allemagne. Et interdits par Vichy, persécutés, déportés.

C'était il y a près d'un demi-siècle, mais les fantasmes ont la peau dure. Surtout lorsqu'ils trouvent encore à se renforcer au détour de quelques solides magouilles, fomentées par des organisations secrètes à vocation affairiste plutôt que philosophique. Tout le monde a gardé en mémoire le scandale politico-financier de la « Loge P2 », qui n'avait de maçonnique que le nom depuis son exclusion en 1976 du Grand Orient d'Italie. Licio Gelli était le grand maître de cette organisation marginale et secrète — il était seul à en connaître les 900 membres, qui n'entretenaient aucune relation entre eux. Cette nouvelle affaire éclaboussa la franc-maçonnerie en Italie et partout dans le monde. En France, elle renforça quelques convictions antimaçonniques : décidément, les maçons ne sont pas des gens comme les autres. « Ne se cachent que ceux qui ont quelque chose à cacher ! »

C'est feindre d'oublier que les obédiences ont pignon sur rue, même si leurs façades françaises sont plus discrètes que dans les pays anglo-saxons. C'est ignorer les interventions publiques des différents grands maîtres, qui ont tous un nom, un visage, et qui s'expriment de plus en plus dans les journaux, à la radio, à la télévision. En décembre 1993, le Grand Orient s'est par exemple offert une pleine page de pub dans *le Monde* pour exprimer son opposition à la remise en cause de la loi Falloux. En fait, on pourrait être tenté de se demander, *a contrario*, ce qu'ils peuvent bien avoir encore à cacher.

Daniel Ligou, dans son *Dictionnaire de la franc-maçonnerie*, propose cependant une définition simple du secret : c'est, selon lui, « l'obligation, contenue dans l'engagement que prend le profane en devenant maçon, de ne révéler à aucun non-maçon tout ce qui a trait à la franc-maçonnerie ». Concrètement, tout ce qui se fait et tout ce qui se dit entre l'ouverture rituelle et la fermeture rituelle des travaux appartient exclusivement aux initiés. Dans la pratique, il faut distinguer « le secret d'appartenance, le secret des rites, le secret des délibérations ».

Ce secret d'appartenance alimente la plus grande partie des fantasmes, faisant apparaître la franc-maçonnerie comme une société souterraine. Est-il justifié, comme le prétendent certains maçons, par l'hostilité que peut encore susciter le mouvement ? Il ne s'agirait pas de simple paranoïa si l'on en croit le grand maître Gilbert Abergel, qui nous a raconté comment deux cadres supérieurs, l'un employé chez Rhône-Poulenc, l'autre aux laboratoires Mérieux, ont été poussés vers la porte lorsqu'il est apparu qu'ils appartenaient à la franc-maçonnerie.

Le secret comme un réflexe de protection ? Daniel Ligou ne dit pas autre chose lorsqu'il écrit : « Le secret d'appartenance tend à accroître l'efficacité de l'homme dans le monde profane, en évitant de susciter contre lui une réaction qui serait dictée par la peur de l'organisation à laquelle il appartient. » Certains esprits mal intentionnés peuvent en conclure que les maçons préfèrent avancer masqués...

De plus en plus de maçons acceptent aujourd'hui de se dévoiler, nous pouvons en témoigner. Mais dans leur grande majorité, ils restent prudents, respectueux, aussi, de la règle qui leur interdit de révéler l'identité d'un frère vivant à un profane, et parfois même à un autre frère. Il s'agit, en effet, dans ce dernier cas, de protéger les francs-maçons occupant des postes « stratégiques » (dans les services publics, notamment) contre les sollicitations abusives, ou contre les indiscrétions ultérieures de frères qui auraient quitté l'ordre.

Bien différent est le secret des délibérations. Selon Patrick Kessel, ancien membre du conseil de l'ordre du Grand Orient, c'est même la condition essentielle de l'existence de la franc-maçonnerie : « La loge, explique-t-il, est un lieu de totale liberté... Et la liberté passe nécessairement par le secret ! Là, on peut tout dire, se laisser aller, parfois jusqu'au délire. Comment pourrait-on préserver un tel lieu en étalant nos délibérations sur la place publique ? La loge n'est pas, ne doit pas être un forum : tout simplement parce que le but du mouvement, sinon de l'individu, n'est pas de déboucher sur une pratique. Et puis le secret comporte encore un autre avantage : il renforce le sentiment d'appartenance, il permet de s'identifier au sein d'un groupe. Je sais qu'à la loge on me prendra comme tel. »

Quant au secret du rite, comment pourrait-il ne pas « agacer », dans le meilleur des cas, ceux qui en sont exclus ? Le profane est intrigué par les pratiques et les symboles de la franc-maçonnerie. Pourquoi voudrait-on qu'il admette d'emblée comme normal le fait que des messieurs sérieux se réunissent à l'abri des regards indiscrets pour se parer d'un tablier brodé, enfiler des gants blancs, et entreprendre de reconstruire le Temple de Salomon? Symbole, bien sûr! Mais, au-delà de la caricature, tout paraîtra-t-il plus clair au même profane lorsqu'on lui aura expliqué qu'il s'agit, en fait, de participer à l'achèvement du Temple de l'Humanité en taillant et polissant sa pierre? Les francs-maçons prétendent améliorer la société en améliorant l'homme : voilà qui est clair. Voilà un programme auquel il serait bien difficile de ne pas souscrire, pour peu qu'il soit moins hermétiquement diffusé.

Mais le mystère, savamment entretenu, commence à la porte des obédiences. Rue Cadet, le temple du Grand Orient évoque un bunker, avec sa façade aveugle. Une fois à l'intérieur, l'impression se renforce encore, pour peu que l'on emprunte l'ascenseur, défendu par une porte de trente centimètres d'épaisseur digne d'une salle des coffres de la Banque de France. A Neuilly, la Grande Loge nationale française s'abritait jusqu'à l'an dernier au fond d'une arrière-cour (et son nouveau temple, rue Christine-de-Pisan, a été édifié dans une impasse du 17e arrondissement). Rue Puteaux, la Grande Loge de France est un peu plus voyante. Mais elle a tout de même choisi une rue quasi déserte pour accueillir ses membres.

Le vocabulaire maçonnique est volontairement ésotérique. On « planche » (c'est-à-dire, on travaille, ou on disserte) en « atelier » (en loge), où se réunissent les « FF ∴ » (les frères). Lorsqu'un conférencier profane est admis au temple pour s'y adresser à un auditoire franc-maçon, c'est à l'occasion d'une « tenue blanche fermée » ; si d'autres profanes sont présents, il s'agira d'une « tenue blanche ouverte ». Etc.

Et puis, il y a les signes de reconnaissance, comme l'accolade, les attouchements, la fameuse poignée de mains maçonnique — majeur tendu venant effleurer le poignet de l'interlocuteur. Les maçons en ont récolté un vilain surnom — les « frères la grattouille » — dont ne craint pas, d'ailleurs, de les affubler François Mitterrand. Mais il est vrai que le grand maître du Grand Orient lui-même n'est pas le dernier à se moquer de certaines habitudes rituelles : « Je me méfie comme de la peste, nous a dit Gilbert Abergel, des gens qui pratiquent la poignée de main *baby-foot.* Très souvent, d'ailleurs, il s'agit d'imposteurs, nous nous en apercevons en consultant notre fichier. »

Tous ces signes, tous ces codes ont fait l'objet d'innombrables descriptions au fil des articles ou des livres consacrés à la franc-maçonnerie. Sans permettre pour autant au profane d'approcher la philosophie du mouvement ! On ne saurait, bien sûr, être plus apte à comprendre le but des « enfants de la Veuve » du seul fait d'une parfaite connaissance livresque de ses rites. Un maçon du 1er degré est un « apprenti », son frère du 10e degré est un « Illustre Élu des Quinze », celui du 23e degré un « chef du Tabernacle », celui du 30e degré un « chevalier Kadosch », celui du 33e degré un « Souverain Grand Inspecteur général »... Soit ! Mais ces secrets-là sont des secrets de pacotille.

« On peut tout savoir sur le vin, son histoire, sa fabrication, sa composition, ses propriétés, mais un véritable œnologue doit l'avoir goûté, note à ce propos Daniel Beresniak. Le goût, la saveur ne se racontent pas *. » Selon les initiés, il est en effet un secret « qu'on ne peut pas ne pas garder », la franc-maçonnerie étant une expérience vécue, incommunicable par définition.

Michel Barat a tenté de relever le défi, en expliquant que la démarche initiatique implique « cette conversion du regard qui, d'abord orienté vers l'extérieur du monde et des choses, va se tourner pendant quelques instants vers l'intérieur de soi-même, non pour se détourner du monde mais

* *La Franc-Maçonnerie,* Jacques Grancher éditeur.

pour le redécouvrir ensuite avec un autre regard * ». Le profane y retrouvera-t-il ses petits ?

Le secret maçonnique relève donc pour l'essentiel d'une démarche individuelle. L'initié va effectuer un long cheminement à travers les différents grades. Cette méthode et cette pédagogie lui permettront de progresser pour devenir un homme meilleur. La quête est individuelle, même si elle se déroule dans un cadre collectif — au motif que « l'intelligence collective est toujours supérieure à la somme des intelligences qui la composent ». Il faut, comme le remarque Daniel Ligou, « le pont de l'amour fraternel et celui du Rite pour qu'une partie de chaque vécu individuel arrive à être transmise d'un frère à l'autre, et à condition qu'il ait participé à la même tenue : c'est cette participation qui instaure cette fraternité incompréhensible entre des hommes que, par ailleurs, tout peut séparer : milieu, profession, caractère, promotion et opinions. Cela, aucun maçon ne peut le transmettre à un profane ». C'est ce qui fait dire à Gilbert Abergel que « la violation du secret n'est pas possible ». « Pour le casser, nous explique-t-il, il faudrait qu'il y ait un support : les mots. Et les mots sont ici inadéquats. » De ce qui précède, il ressort surtout que la franc-maçonnerie est condamnée à subir l'incompréhension des profanes. L'exercice s'avère de plus en plus périlleux en une fin de XXe siècle où il est urgent de tout savoir, tout expliquer et tout comprendre.

Les francs-maçons, c'est une évidence, entretiennent des relations compliquées avec les journalistes. A ceux de la presse écrite, ils reprochent leur titres accrocheurs et leurs investigations trop partielles, trop partiales. Aux journalistes de l'audiovisuel, ils font grief de vouloir montrer l'immontrable, d'installer les télespectateurs dans une position de voyeurs, de leur proposer l'écume la plus spectaculaire de la franc-maçonnerie.

* *La Conversion du regard*, Albin Michel, 1992.

« Il existe entre la franc-maçonnerie et le système médiatique une véritable incompatibilité, déplore Gilbert Abergel. La franc-maçonnerie est un lieu où le temps a une signification particulière : on prend le temps d'énoncer clairement une idée, on prend celui d'écouter. A la télévision, en revanche, l'idée doit être développée en cinq mots, il faut parler par petites phrases... et ça, nous ne savons pas le faire. Je suis totalement incapable de m'exprimer sur la franc-maçonnerie en deux minutes.

« Bref, poursuit le grand maître du Grand Orient de France, nous préférons l'écrit à l'image qui contraint à des exhibitions. Et nous souhaitons parler de ce que nous pensons, plutôt que de ce que nous sommes ou de ce que nous faisons en loge. C'est le résultat — cette pensée — qui est important, pas la manière dont nous y sommes parvenus ! Il est d'ailleurs clair que si j'autorisais aujourd'hui une équipe de télévision à venir filmer le temple, je provoquerais chez un certain nombre de mes frères des réactions de même nature que si je leur demandais de se laisser filmer nus dans leur salle de bains ! »

C'est contradictoire avec le sentiment d'Yves Trestournel, de la Grande Loge nationale française, certain pour sa part que « beaucoup de maçons seraient prêts à baisser leur pantalon pour passer à la télévision »... Mais on ne peut oublier que les responsables des différentes obédiences françaises ont connu des déboires dans leurs relations avec les gens du petit écran.

En 1976, « Les Dossiers de l'écran » consacrent une soirée aux francs-maçons. A l'issue du film, un débat doit se dérouler en compagnie des représentants des principales obédiences. A trente minutes du début de l'émission, pourtant, les frères du Grand Orient se retirent, estimant qu'on ne leur offre pas les garanties nécessaires. En régie, on s'énerve, on parlemente, on s'affole. Impossible de poursuivre dans ces conditions. L'émission est annulée, remplacée par un film, *Tintin et les oranges bleues* ! Ce qui provoque un joli scandale et des accusations : « Coupable, la franc-maçonnerie ! Capable de faire déprogrammer au dernier moment une émission-phare. Quelle puissance ! »

Quelques années plus tard, en 1989, les francs-maçons français se réjouissent à l'idée de voir programmer sur TF1 — chaîne dirigée par un frère, Patrick Le Lay — une série de deux émissions de 75 minutes réalisées par Serge Moati, lui-même fils de maçon. Cette enquête, intitulée *Voyage au pays des francs-maçons : un monastère dans le monde,* offre le grand avantage de présenter l'idéal maçonnique, de vouloir dédiaboliser le mouvement et de montrer au profane qui sont les initiés, leur donnant enfin un visage, les faisant s'exprimer. Les maçons seront pourtant une nouvelle fois déçus. Ils reprochent à Serge Moati d'avoir utilisé des documents « sulfureux » pour appuyer sa démonstration.

« Nous l'avions aidé, explique Yves Trestournel de la GLNF, mais ce qu'il a fait est pour moi rédhibitoire. Comment peut-on prétendre faire œuvre utile et expliquer la réalité de la franc-maçonnerie en utilisant un film comme *les Forces occultes,* œuvre de propagande nazie ? On y voit apparaître un vénérable horrible. Se servir de ces images s'apparente pour moi à une manipulation. Moati n'avait pas le droit ! Surtout lui, maçon et juif. » Parmi les autres reproches, on accusait encore le réalisateur de s'être rendu aux États-Unis pour y filmer une loge — puisque cela reste totalement impossible en France — et d'avoir omis de souligner combien étaient importantes les différences entre maçonnerie française et maçonnerie anglo-saxonne.

Un peu plus tard encore, Jean-Robert Ragache, alors grand maître du Grand Orient, se trouve sur le plateau de feu la Cinq pour y évoquer la tenue d'un convent maçonnique. Il n'est pas question pour lui de s'exprimer sur les « affaires » qui défraient la chronique, notamment le scandale de la Sages, une société présidée par le frère du Grand Orient Michel Reyt. Ragache en a averti les journalistes de la chaîne. Ceux-ci ont promis qu'ils ne poseraient pas de question à ce propos. Un piège ? Mauvaise surprise, en tout cas, pour Jean-Robert Ragache : c'est bien sur les affaires qu'on a envie de l'entendre ce jour-là. Il s'en rend compte dès la première seconde de l'interview, diffusée en direct.

C'est sans doute l'émission de TF1 « Le Droit de savoir », animée par Patrick Poivre d'Arvor, Gérard Carreyrou,

Robert Namias et Charles Villeneuve, qui suscite la plus vive déception — et provoque les plus sérieux remous — lors de sa diffusion en 1992. Cette émission, dont la vocation est de mener des investigations en profondeur, prétend en l'occurrence offrir au téléspectateur le droit de tout savoir sur le pouvoir de la franc-maçonnerie, mais aussi sur ses rites. Deux reportages s'y succèdent : le premier filmé à l'intérieur d'une loge, lors d'une « tenue »; le second consacré aux maçons dans la vie politique française et dans lequel interviennent nombre de ministres et parlementaires : le sénateur Henri Caillavet, l'ancien ministre du général de Gaulle Philippe Dechartre, le sénateur et ancien conseiller de François Mitterrand Guy Penne, etc. Un débat contradictoire entre maçons et personnalités *a priori* hostiles aux loges, tel le député européen du Front national Yvan Blot, doit suivre. Or, à l'exception de l'ancien grand maître de la Grande Loge Pierre Simon — qui nous a plus tard confié son regret de s'être laissé embarquer dans l'aventure —, aucun des frères pressentis n'accepte de participer à l'émission. On décommande donc, en coulisse, Yvan Blot, arrivé de Strasbourg. On entendra la voix de Jean Poperen, sommé de s'expliquer par téléphone, tandis que l'on filmera de manière appuyée son fauteuil vide sur le plateau. Les producteurs de l'émission enfonceront le clou : si le téléspectateur est privé du « droit de savoir », c'est à la franc-maçonnerie qu'il doit s'en prendre. Le Grand Orient, expliquent-ils, a interdit à l'un de ses membres, ministre de la République, de s'exprimer devant leurs caméras.

« J'ai refusé de participer à cette émission, nous a expliqué Gilbert Abergel. Six mois plus tôt, au moment où le projet m'avait été présenté, je m'y étais pourtant montré favorable. J'étais d'ailleurs présent lors du tournage de l'interview de Philippe Dechartre. Mais je suis bien obligé de dire, et je le regrette, qu'il était impossible d'accorder une confiance aveugle à l'équipe de TF1. Pendant six mois, les auteurs de l'émission ont persécuté les ministres, se livrant à des chantages désagréables pour qu'ils acceptent d'être présents sur le plateau. On avait le sentiment d'être baladé, manipulé. Ils refusaient de nous renseigner sur la nature exacte de l'émission : impossible de savoir comment serait organisé le débat, qui seraient les autres invités, ce que contiendrait le reportage du journaliste Aymar du Chatenet — qui, au demeurant, ne nous a pas paru scandaleux. »

Poperen interdit d'émission ? « Mais c'est une fable ! Nous nous sommes parlé au téléphone, et je lui ai expliqué les raisons pour lesquelles je refusais de me rendre sur ce plateau. Je lui ai également rappelé qu'il n'était encore qu'un jeune franc-maçon, et qu'il ne pouvait en aucun cas, à ce titre, s'exprimer au nom de l'obédience. S'il choisissait de participer, il n'engageait que lui. Lorsque nous avons raccroché, j'ignorais quelle serait sa décision. Il n'y a jamais eu d' “ injonction ” de ma part, comme Patrick Poivre d'Arvor et Charles Villeneuve l'ont laissé entendre au cours de l'émission ! D'autres anciens ministres, dont Alain Devaquet, m'avaient téléphoné d'eux-mêmes, après avoir été contactés par TF1, pour m'expliquer comment et pourquoi ils avaient refusé de céder au chantage. Ils avaient le sentiment que ces gens-là cherchaient à mettre le feu. Cette méthode de travail nous a incités à prendre du recul. Nous n'avons pas regretté notre choix ! »

Le grand maître de la Grande Loge n'est pas plus tendre. « Cette émission a été une escroquerie à plus d'un titre, dit en effet Michel Barat. On nous a par exemple montré une parodie de cérémonie rituelle qui n'avait rien de maçonnique. Il s'agissait d'une mise en scène, réalisée auprès d'une obédience qui ne compte pas plus de 50 membres, et filmée salle Gaveau parce que ces gens-là ne disposent même pas d'un temple ! De toute façon, il aurait été impossible d'amener des caméras dans une véritable cérémonie maçonnique. »

Barat a lui aussi refusé d'apparaître dans l'émission : « Ils voulaient me faire débattre avec un député du Front national. Je n'ai rien à dire à un député FN ! Tout cela était crapuleux, il ne fallait pas y aller. Le Dr Simon est un type bien mais, en l'occurrence, il a commis une erreur. Quand je pense que PPDA s'est permis de faire un semblant de signe maçonnique dans les premières secondes de l'émission ! Ils n'ont pas hésité, ensuite, à poser une question sur la promotion personnelle, qui serait facilitée par la franc-maçonnerie. Mais si j'avais été là, je leur aurais répondu : " Demandez plutôt ce qu'il en pense à votre président ! " » Rappelons que Patrick Le Lay est franc-maçon... tout comme, d'ailleurs, Charles Villeneuve.

Même désapprobation, encore, à la GLNF, où Yves Trestournel considère que TF1 « a voulu créer l'événement » : « Comment pouvaient-ils espérer être crédibles en allant filmer une organisation débile, montée de toute pièce par quelqu'un qui avait été foutu à la porte de partout ? » Jean-André Faucher, en l'occurrence, dont nous évoquerons plus loin l'étrange personnalité.

La réponse de TF1 ? « Il est absurde de nous accuser d'avoir filmé une cérémonie salle Gaveau ! réplique Charles Villeneuve. Nous avions d'ailleurs filmé une cérémonie funèbre — dans l'une des trois grandes obédiences, cette fois — et c'est nous qui avons choisi de ne pas diffuser le document : c'était dix fois plus grand-guignolesque que ce que nous avons montré. Cela leur aurait porté un tort bien plus considérable. » La défection de Jean Poperen ? « Il était d'accord pour venir, affirme Villeneuve, mais c'est son grand maître qui le lui a déconseillé. Fermement ! Ensuite, Gérard Carreyrou l'a un peu provoqué en faisant monter la tension sur le plateau ; il s'est senti obligé de téléphoner. »

Le contentieux est lourd entre les gens de l'image et les « enfants de la Veuve ». Une seule émission a pu, semble-t-il, trouver grâce aux yeux de ces derniers : « La Marche du siècle » consacrée, à l'occasion du Vendredi saint, à la spiritualité, et à laquelle participa Gilbert Abergel. Curieusement, c'est le représentant de l'obédience la plus laïque que Jean-Marie Cavada avait convié ce jour-là, parmi un aréopage de personnalités religieuses. Le grand maître du Grand Orient y alla cette fois de bon cœur : « C'était pour moi l'occasion, dit-il, de défendre la transcendance laïque, la seule qui vaille d'être défendue aujourd'hui. Beaucoup de frères ont eu peur quand ils ont pris connaissance des autres participants, pour la plupart des religieux. Il n'est pourtant pas possible de refuser sans cesse de paraître. La télévision peut aussi être un formidable moyen d'éduquer le citoyen, si on l'utilise bien. »

Qu'il existe des difficultés, des malentendus, des incompréhensions entre une télévision avide de tout montrer et la franc-maçonnerie si jalouse de ses secrets n'est pas surprenant. A qui la faute ? Pas seulement à la télévision, bien sûr. Car la franc-maçonnerie n'échappe pas à la règle : on est toujours responsable de sa propre image. Les obédiences semblent en être aujourd'hui de plus en plus conscientes. Il y a près de trente années déjà, sous le grand maître Paul Anxionnaz, le Grand Orient avait décidé de « s'extérioriser », afin d'être perçu non plus comme une « société secrète » mais comme une « société discrète ». Jean-Robert Ragache commente aujourd'hui avec clarté cette nouvelle attitude : « Si la franc-maçonnerie était secrète, dit-il, ses représentants n'accorderaient pas d'interviews, ne participeraient jamais à des émissions de radio ou de télévision ! Il me semble que nous avons fait un sort à cette conception-là de la franc-maçonnerie. Elle fonctionne toujours de façon discrète, c'est vrai, puisque ne peuvent assister aux réunions internes que les initiés. Mais certaines de nos réunions accueillent des participants extérieurs : c'est le cas pour les tenues blanches ouvertes. Nous organisons tout au long de l'année un certain nombre de manifestations publiques, des conférences, des colloques. Il existe donc bien une extériorisation de la franc-maçonnerie. Pas seulement au Grand Orient de France, mais dans toute la maçonnerie. »

L'évolution est indéniable, l'ouverture se pratique dans toutes les directions. Pour preuve, l'organisation en 1987 à Toulouse, d'un colloque commun avec les catholiques. Puis la signature, avec eux à nouveau, d'un appel contre l'intégrisme et le rejet de l'étranger. Les maçons se préoccupent désormais de politique étrangère : sept obédiences ont publié en avril 1993 un communiqué commun appelant à trouver par la négociation une issue à l'affrontement serbo-bosniaque qui secoue l'ex-Yougoslavie. Plus prosaïquement, tous les dimanches matin sur France-Culture, l'émission « La Pensée contemporaine » donne la parole au Grand Orient, à la Grande Loge, au Droit humain et à la Grande Loge féminine de France. Plus quotidiennement encore, c'est par minitel — 3615 code GODF — que le profane ou l'initié peuvent entrer en contact avec le Grand Orient.

Tout cela est-il suffisant ? Bernard Teper, ancien conseiller de l'ordre du GO, estime qu'il reste beaucoup à faire pour « casser cette idée persistante qui veut que les francs-maçons soient des clandestins ». Le sénateur Henri Caillavet, plus pondéré, considère que les maçons seront contraints de changer leurs règles, d'abandonner celle qui veut que seul le grand maître soit habilité à parler au nom de l'obédience. « Il faudrait trouver un juste milieu entre la pratique des pays anglo-saxons et la nôtre », dit-il.

En Angleterre et encore davantage aux États-Unis, les francs-maçons n'entretiennent pas le même goût du secret. Les frères américains, en particulier, ont pour habitude d'entourer d'un maximum de publicité leurs actions de solidarité. Ils financent ouvertement des institutions, des hôpitaux. Sans la moindre arrière-pensée, ils s'exposent à leurs concitoyens, en paradant à New York sur la Cinquième Avenue.

Le décalage fait sourire Yves Trestournel : « Aux États-Unis, on se demande parfois quel crime a bien pu commettre Untel pour ne pas être maçon. En France, nous vivons plutôt l'inverse ! Mais nous y sommes pour quelque chose, en entretenant, par un goût du mystère déplacé, tous les fantasmes les plus aberrants. Certains frères me font parfois le reproche de recevoir du courrier mal cacheté en provenance de notre obédience. Ils ont peur du regard de leur concierge. Ce sont les mêmes qui se couvrent de symboles maçonniques, bagues, pin's et autocollants ! »

La différence entre le « secret » et la « discrétion » reste difficile à saisir lorsqu'elle s'applique à la franc-maçonnerie française. La position des grandes obédiences paraît pouvoir se résumer en un credo : « Oui à l'extériorisation, non à l'exhibitionnisme. » Une seule certitude : les francs-maçons français ne sont pas encore à la veille de parader sur les Champs-Élysées revêtus de leurs emblèmes. Notre histoire leur a donné quelques raisons d'être prudents.

II

Le renouveau des maçons

Des persécutions de l'Église à celles de Vichy en passant par l'âge d'or de la Troisième République, de Voltaire et du marquis de La Fayette à Michel Baroin qui pensait s'ouvrir une voie royale vers l'Élysée, la franc-maçonnerie a connu une longue et riche histoire, ponctuée de drames et de triomphes. Tantôt excommuniée et pourchassée, tantôt porteuse des valeurs fondatrices de la société républicaine, elle n'a jamais cessé, en deux siècles et demi, de passer de l'ombre à la lumière. Aujourd'hui, et depuis une vingtaine d'années, elle connaît un rayonnement nouveau dans notre pays.

En 1376, on voit apparaître pour la première fois le terme *free mason.* A cette date, le mot désigne les confréries fermées des constructeurs de cathédrales du Moyen Age. Regroupés en « ateliers » ou « loges », ces maçons discutent de leur art et de leur savoir-faire dont ils sont si jaloux. Au fil des siècles, le discours se fait de moins en moins technique, de plus en plus philosophique : les maçons s'ouvrent peu à peu aux profanes, finissent par les admettre en leur cénacle. De la maçonnerie « opérative », on passe alors à la maçonnerie dite « spéculative ». Il ne s'agit plus d'une corporation, mais d'un mouvement spirituel, dont l'ambition proclamée est d'améliorer l'homme pour améliorer la société. En France, cette franc-maçonnerie-là se développera à partir du XVIIIe siècle. En 1773 naît le Grand Orient de France.

Il n'est pas question de retracer ici, pour la énième fois, l'histoire de la franc-maçonnerie (voir chronologie). On ne comprendra rien, cependant, aux prises de position des francs-maçons, à leur action et à leur influence présentes si l'on n'évoque pas, fût-ce de façon sommaire, leur rôle dans la société française depuis la fin du XIXe siècle. Rendons justice aux loges : elles consolidèrent l'ordre républicain et laïque sous la Troisième République.

Si le mouvement, en tant qu'institution, s'interdit d'intervenir dans la cité, le maçon en tant qu'individu a en revanche pour mission de faire profiter ses concitoyens des enseignements qu'il a reçus au temple et qui font de lui, en principe, un homme meilleur. En principe, son influence devrait donc se situer au niveau des idées. Pourra-t-on lui reprocher d'être tenté de saisir les outils qui lui permettraient de mettre en pratique ses théories ? Ces outils, ce sont bien sûr d'abord les leviers du pouvoir : où le maçon pourrait-il être plus utile, plus efficace, qu'au Parlement ou au gouvernement ?

La Troisième République a marqué l'apogée politique du mouvement maçonnique. Pendant soixante-dix ans, les frères sont au cœur de l'activité gouvernementale et parlementaire. Ministres ou députés, ils sont à l'origine, en 1882, des lois sur l'école laïque obligatoire de Jules Ferry, lui-même initié ; en 1905, ils imposent la séparation de l'Église et de l'État sous l'impulsion du petit père Combes, lui aussi initié, et sont les promoteurs d'un grand nombre de lois sociales. Cette intense activité politique cristallise autour d'eux passions, rancœurs, haines.

Jamais ils ne seront aussi nombreux qu'à cette époque, jamais ils ne s'afficheront aussi ouvertement à l'extérieur du temple. Jamais ils n'interviendront autant dans la vie politique. D'ailleurs, certains membres de gouvernements n'hésitent pas, alors, à porter plusieurs « casquettes » : ministres, ils continuent d'exercer des responsabilités au Grand Orient.

Le gouvernement d'Émile Combes (1902-1905) s'est fait le champion de la lutte anticléricale et il reçoit le soutien appuyé des loges, où planchent d'ailleurs bon nombre de ceux qui ont participé à la création du Parti radical, en 1901. En face, on se mobilise en retour avec autant d'ardeur : c'est l'époque où les journaux proches des milieux cléricaux représentent le président du Conseil sous les traits d'un diable en redingote, où les catholiques interdisent à leurs enfants de fréquenter les enfants de francs-maçons.

Le combat renforce les francs-maçons dans leur sentiment d'appartenir à un groupe dont l'adversaire est identifié et la mission définie : ils vont tout faire pour empêcher les prêtres d'exercer une influence en dehors de leurs églises. Cela va parachever leur rupture avec la Grande Loge unie d'Angleterre (GLUA) et fonder l'originalité de la maçonnerie française.

Quand le 10 novembre 1904, le président du Conseil, Émile Combes, dépose sur le bureau de l'Assemblée nationale son fameux projet de loi sur la séparation de l'Église et de l'État, le texte succède en fait à de nombreuses autres directives, actions et mesures anticléricales mises en œuvre à partir de 1880. Cette fois, c'est un aboutissement : la concrétisation de la grande revanche des francs-maçons sur les catholiques.

Leur victoire entraîne de profondes mutations dans la société française, réorganisant de fond en comble tout son système d'enseignement. Du jour au lendemain, près de 9 000 écoles religieuses sont fermées. Dans le même temps, l'école publique s'installe au centre de l'activité du village et du quartier, tandis qu'émerge le personnage de l'instituteur, souvent franc-maçon. Celui-ci est représenté en opposition avec le curé de la paroisse, qui voit ses prérogatives rétrécir. Le maître d'école exerce d'autres responsabilités, à la mairie, au sein des associations laïques qui prolifèrent. C'est le début de ce que l'on appellera la « République des instituteurs ».

Au gouvernement, au Parlement, dans les écoles, les francs-maçons œuvrent au grand jour à la construction de cette France républicaine et laïque contre les rêves catholiques d'un retour à la monarchie. Les noms des grands hommes politiques de l'époque permettent d'ailleurs à eux seuls de mesurer l'importance des loges dans la conduite du pays : Léon Gambetta, Jules Grévy, Jules Ferry, Félix Faure, Émile Combes... tous initiés. La franc-maçonnerie triomphe. Sa puissance même va se retourner contre elle. Trop visible, on l'accuse de tirer tous les fils, d'être à l'origine de toutes les manœuvres. Trop mystérieuse — c'est une société initiatique —, on lui reproche son secret, ses rites, ses complots.

Après la fumisterie de Léo Taxil et son entreprise de diabolisation des maçons, après la fameuse affaire des fiches qui illustre l'affrontement entre républicains et monarchistes, le feu ne demande qu'à se raviver. L'idée s'est imposée que les francs-maçons étaient des gens de gauche, agissant dans l'ombre afin de monter des réseaux d'influence. Au sein même du Grand Orient, où tous ne sont pas prêts à se reconnaître dans cette image, naît une réflexion : bien des frères préféreraient voir leur loge renoncer à toute implication dans la vie politique. Les nouveaux partis, d'ailleurs, sont en place : à eux d'exercer leur rôle ! Il est déjà trop tard.

Rien n'a changé, en 1934, quand éclate le scandale Stavisky. Un grand nombre de Français veulent voir une nouvelle preuve de la mainmise des maçons sur le monde des affaires. Un certain nombre de frères figurent dans l'entourage de l'escroc et ce nouvel esclandre donne à la droite l'occasion de se déchaîner. Des temples sont attaqués, mis à feu, les maçons doivent placer des gardes aux portes de leurs loges, des tracts sont distribués qui dévoilent chaque jour de nouveaux initiés. La droite catholique et l'extrême droite ne sont plus seules à jeter l'anathème sur la franc-maçonnerie : la gauche révolutionnaire n'est pas en reste. En 1920, au Congrès de Tours, les communistes avaient déjà pris soin de mettre en garde ceux de ses militants qui auraient pu être tentés d'aller frapper à la porte du temple. Il fallait choisir : la « double appartenance » n'était pas de mise. Les dirigeants communistes considéraient la franc-maçonnerie comme une association de bourgeois parvenus. L'idéal de solidarité dont ceux-ci se réclamaient n'était, selon eux, que la face cachée d'une activité destinée à assurer la progression sociale des membres de la loge, et d'eux seuls.

Combattue par la droite, rejetée par une partie de la gauche, la franc-maçonnerie française va vivre toute la Troisième République à l'ombre du Parti radical, duquel elle est plus proche que de n'importe quelle autre organisation politique. Le Grand Orient défend les mêmes valeurs républicaines que le parti d'Édouard Herriot, recrute ses membres dans les mêmes catégories sociales (beaucoup de petits-bourgeois, souvent provinciaux, beaucoup de fonctionnaires, d'instituteurs en particulier, mais aussi nombre de préfets). On parla de « complot » entre radicaux et maçons là où il fallait voir une osmose.

Pour leurs nombreux adversaires, l'affaire est entendue : les francs-maçons occupent le terrain politique, ils « mènent la danse ». De fait, leur part est déterminante lors de la victoire du Cartel des gauches, en 1924. Et ils continuent d'intervenir sur la place publique en 1934 quand le Grand Orient participe à la manifestation républicaine du 12 février. La même année, le convent du GO recommande de combattre sans merci tous les fascismes, de protéger les institutions républicaines et la démocratie. Il met l'accent sur l'urgence de réformes économiques, sur la nécessité de réduire le temps de travail. Il annonce déjà une partie du programme que mettra en œuvre le Front populaire en 1936. 1940 sonnera le glas de la franc-maçonnerie triomphante. La défaite militaire, la fin de la Troisième République, la déroute des radicaux et des socialistes vont mettre en veilleuse l'activité des maçons.

Lors des périodes clés de l'histoire française, on retrouve des maçons dans les deux camps qui s'affrontent. Ainsi, lors de la séance historique du 10 juillet 1940, tous les frères députés sont loin de faire bloc au moment du vote accordant les pleins pouvoirs au maréchal Pétain. Comme beaucoup de républicains, quelques-uns décident en effet de faire confiance au vainqueur de Verdun. Étrange aveuglement. Le gouvernement de Vichy ne tardera pas à partir en campagne contre les « artisans de la défaite », ceux que la droite et l'extrême droite n'avaient cessé de dénoncer tout au long des années 30 : les juifs et les francs-maçons.

Le 13 août 1940, Pétain signe le décret stipulant la dissolution du Grand Orient et de la Grande Loge. Pour les partisans de l'ordre nouveau, c'est l'heure de la revanche sans partage. 14 000 noms de francs-maçons sont publiés au *Journal officiel*. Il ne fait pas bon appartenir à l'administration, et en particulier à l'Éducation nationale, considérée comme place forte de la franc-maçonnerie. Les fonctionnaires sont limogés et révoqués au simple motif de leur appartenance à une obédience. Des instituteurs doivent abandonner leur école. Des perquisitions sont effectuées au domicile de maçons. Leurs familles, amis et voisins sont inquiétés. Une propagande débridée se développe, à l'intention de ceux qui n'auraient pas encore identifié les « traîtres » responsables du malheur de la France.

Des campagnes de presse sont orchestrées dans *Gringoire*, *l'Illustration*, *le Figaro*, ou *le Petit Journal*. Le film *les Forces occultes*, de Jean Marques-Rivière — un maçon « défroqué » —, est partout diffusé, et l'on atteint un sommet dans l'ignominie à l'automne 1940 lors de « l'Exposition maçonnique » organisée au Petit Palais, à Paris. Celle-ci est censée dévoiler les mystérieuses et coupables activités des francs-maçons. Elle connaît un grand succès et permet de justifier une efficace répression : les loges sont contraintes de fermer leurs portes. Pendant la guerre, le « service des sociétés secrètes » du régime de Vichy va recenser 170 000 suspects, 60 000 maçons seront « fichés », 6 000 inquiétés, 989 déportés et 540 assassinés.

En zone occupée, un mouvement clandestin, regroupant deux ou trois loges tout au plus, va cependant réussir à déjouer la traque vichyste. On retrouvera nombre de frères parmi les résistants, et en particulier le plus illustre de ces combattants de l'ombre : les francs-maçons revendiquent comme l'un des leurs Jean Moulin, le fondateur du CNR (Conseil national de la Résistance).

Ces années noires marquent de manière indélébile la franc-maçonnerie française, aujourd'hui encore traumatisée par le souvenir des persécutions. A la Libération elle a perdu les trois quarts de ses effectifs. Il lui reste à se reconstruire. Elle va tenter de le faire, lentement, s'entourant cette fois d'un maximum de discrétion. Pour ne plus jamais tomber dans les mêmes pièges...

Peut-elle espérer retrouver, à l'aube de la Quatrième République, la place qui a été la sienne sous la Troisième ? En fait la répression a payé, la franc-maçonnerie a été laminée. Elle se déchire désormais elle-même en menant une grande enquête pour recenser ceux qui, dans ses rangs, ont pu faillir à leur idéal pendant l'Occupation. Il y en eut, bien sûr : certains historiens n'avancent-ils pas que René Bousquet, l'ancien secrétaire général à la Police du gouvernement de Pierre Laval, assassiné en juin 1993, avait été initié ? Le principe même de cette « épuration » pose cependant un cas de conscience à bien des francs-maçons. A Pierre Mendès France, notamment. Insoupçonnable s'il en fut, celui qui a été l'un des plus jeunes députés radicaux et l'un des plus jeunes ministres d'avant-guerre avant d'aller se battre en Syrie, qui a été condamné par Vichy au procès de Riom, qui s'est évadé, a rejoint de Gaulle à Londres, est redevenu ministre en 1944. Mendès refuse de se plier au questionnaire. Il cessera, dès lors, toute pratique maçonnique.

D'autres paramètres freinent la résurgence des obédiences. Le Parti radical amorce un long déclin et constitue de moins en moins un tremplin pour accéder au pouvoir. La présence sur la scène politique d'un personnage de l'envergure du général de Gaulle, le développement du mouvement socialiste, l'émergence de clubs républicains viennent encore bouleverser le contexte qui leur avait permis de s'imposer.

Certes, les francs-maçons accueillent avec une certaine satisfaction l'arrivée du Général aux affaires. Ils se souviennent qu'en 1943, après le débarquement allié en Algérie, de Gaulle avait levé les lois d'interdiction vichystes. Mais le paysage n'en est pas moins différent.

La Quatrième République devient très vite le théâtre d'un jeu parlementaire exacerbé. Les majorités se font et se défont en quelques heures. Des gouvernements tombent en quelques jours. Les grands partis en sont réduits à composer avec les petites formations, les « groupes charnières ». On compte à cette époque sur la défection de tel ou tel membre d'une organisation adverse pour espérer accéder au pouvoir. Dispersés dans plusieurs organisations, les maçons appartenant au centre gauche, au Parti radical ou à la SFIO ne constituent plus qu'une composante nébuleuse, au mieux une force d'appoint, dont on tiendra plus ou moins compte lors de la formation des gouvernements.

Les francs-maçons — d'ailleurs confortés en cela par une bonne part de l'opinion — n'ont pas toujours conscience de leur perte d'influence. Edgar Faure, président du Conseil, en reçoit un jour la preuve éclatante quand, après avoir passé la nuit à former son gouvernement, il croise dans la cour du Palais-Bourbon le patron de presse (et maçon) Georges Bérard-Quélin. Les deux hommes évoquent la liste des ministres promus, ce qui arrache ce cri à Bérard-Quélin :

— Mais il n'y en a pas un?

— Pas un quoi? rétorque Edgar Faure.

— Pas un maçon. Vous allez le payer très cher, et vous n'obtiendrez pas l'investiture cet après-midi à l'Assemblée...

Il n'y avait effectivement aucun ministre maçon. Edgar Faure n'en obtint pas moins la majorité des voix.

Malgré leur présence dans de nombreux gouvernements de la Quatrième République, les maçons n'y retrouveront jamais leur rôle d'antan. Ils sont, par exemple, incapables de s'opposer au vote de textes qui se situent à l'opposé de leur idéal laïc, telle la loi Barangé, favorable à l'enseignement libre. Un signe évident de leur déclin.

Survient la guerre d'Algérie, qui mettra fin à la Quatrième République et à un régime parlementaire marqué par les combinaisons gouvernementales concoctées dans les arrière-salles des partis politiques. A nouveau, beaucoup de maçons sont prêts à réserver le meilleur accueil au général de Gaulle. Ils voient dans le nouveau chef de l'État l'homme capable de remettre de l'ordre dans cette République dont les institutions sont si fragilisées. Le frère Guy Mollet, leader de la SFIO, est de ceux-là. D'autres reprochent à de Gaulle la méthode utilisée pour reprendre le pouvoir. Une nouvelle fois, les maçons sont des deux côtés. Les obédiences ont leurs gaullistes et leurs antigaullistes, leurs partisans de l'Algérie française et leurs militants de l'Algérie algérienne. Certains se déclarent favorables au référendum instituant la Cinquième République, d'autres préfèrent s'en tenir au régime parlementaire de la Quatrième. La franc-maçonnerie a perdu l'homogénéité politique qui faisait naguère sa force. La perte de vitesse du Parti radical, la décrépitude de la SFIO, l'absence de débouchés des clubs de réflexion politique éloignent les maçons des responsabilités politiques directes. Une notable exception : c'est un frère, Gaston Monnerville, qui préside le Sénat. Il jouera d'ailleurs un rôle important dans la victoire du non au référendum de 1969, entraînant le départ de De Gaulle. Pour le reste... Les loges ne sont guère représentées dans l'entourage direct du Général qui ne semble nourrir aucune passion à leur égard. « La franc-maçonnerie, dit-il un jour d'une très gaullienne manière, n'a pas assez d'importance pour qu'on s'en occupe, elle en a trop pour qu'on s'en désintéresse. »

Parmi les ministres et secrétaires d'État maçons ayant appartenu aux différents gouvernements gaullistes, on ne pourra guère relever que les noms de Robert Boulin, Yvon Morandat, Émile Pelletier et Philippe Dechartre. Ce dernier, qui avoue près d'un demi-siècle de maçonnerie, est aujourd'hui l'un des plus anciens membres du GO. « Sous la Cinquième République, j'ai été longtemps le seul franc-maçon du gouvernement », dit-il. Résistant aux côtés de François Mitterrand, gaulliste indéfectible et ami de Mendès France, Dechartre n'a jamais fait mystère de son appartenance, ni renié aucun de ses engagements. Fidèle entre les fidèles du général de Gaulle, c'est l'homme, par exemple, qui appela bien plus tard, à voter pour François Mitterrand à l'élection présidentielle : le parti gaulliste l'avait alors marginalisé, et il considérait toujours le premier secrétaire du PS comme « un vieux copain »...

Au début des années 60, le Parti radical, la SFIO, le PSU constituent sans doute des lieux de contestation. Mais ils ne représentent aucun réel danger pour le pouvoir gaulliste, même si le succès de la campagne présidentielle de François Mitterrand en 1965 (il réussit l'exploit de mettre en ballottage le Général) puis la constitution de la FGDS (Fédération de la gauche démocratique et socialiste) laissent entrevoir aux francs-maçons des perspectives politiques plus glorieuses. Au sein du comité exécutif de la FGDS, on ne compte pas moins de treize frères : Guy Mollet, Gérard Jaquet, Arthur Notebart, Jacques Mellick, Pierre Brousse, Georges Bérard-Quélin, André Cellard, Jacques Maroselli, Georges Beauchamp, Roland Dumas, Charles Hernu, Marc Paillet et Guy Penne. Le signe d'un renouveau ? Le Grand Orient de France ne tarde guère, en tout cas, à se resituer dans le débat politique. Il se montre très proche, en 1968, du mouvement étudiant, au point d'accréditer une persistante rumeur faisant état de l'initiation de Jacques Sauvageot, l'un des principaux animateurs de la contestation, bruit dénoncé par l'intéressé lui-même.

L'arrivée de Georges Pompidou au palais de l'Élysée, en 1969, ne provoquera aucun changement important. Philippe Dechartre et Robert Boulin sont toujours les seuls ministres francs-maçons du gouvernement. Comment le nouveau président — lui-même fils de maçon — considère-t-il la franc-maçonnerie ? Il lui accorde peu d'importance. Il ignore les loges avec ostentation et elles le lui rendent bien, en ces temps où la franc-maçonnerie se refait une santé. Les temples voient affluer les nouvelles candidatures.

Il faudra attendre l'élection de Valéry Giscard d'Estaing pour entendre à nouveau parler de la maçonnerie sous les lambris des palais officiels. Avant sa campagne électorale, le futur président de la République a pris soin de participer à une tenue blanche à la Grande Loge de France, alors présidée par le grand maître Pierre Simon. Il avait été convié à s'y exprimer sur le thème de « L'humanisme dans l'État de demain ».

Que le troisième président de la Cinquième République soit attiré par le mouvement maçonnique ne fait pas de doute. Nous évoquerons plus loin l'histoire de son « initiation manquée ». Ses motivations sont-elles autant spirituelles que politiques ? Il est permis d'en douter. Le nouveau chef de l'État tente alors avec frénésie d'élargir sa base sociale et ses soutiens politiques. Les francs-maçons représentent à coup sûr un bon vecteur pour approcher le vieux Parti radical, où ils sont toujours majoritaires. Nommer au gouvernement un ancien grand maître de l'une des deux principales obédiences apparaît sans doute comme un autre moyen de se concilier les bonnes grâces des francs-maçons. Jean-Pierre Prouteau, pour le GO, et le Dr Pierre Simon, pour la GLF, ont des chances égales. Prouteau l'emporte. Mais Simon ne restera pas dans l'ombre. Dans les années Giscard, il sera l'un des principaux artisans de deux des lois les plus significatives de l'évolution des mœurs dans notre pays depuis la Seconde Guerre mondiale.

Pierre Simon a été appelé à collaborer au cabinet du ministre de la Santé, Simone Veil, en tant que médecin. Mais, en sa qualité de maçon, il a, depuis longtemps déjà, réfléchi à la mise au point et à la rédaction des nouveaux textes sur la contraception d'abord, sur l'avortement ensuite, des « lois maçonniques » s'il en est, tant va s'avérer déterminante la pression des loges. Tous ceux qui ont été concernés par ce débat de société s'accordent aujourd'hui à le reconnaître : la fameuse « loi Veil » aurait aussi bien pu porter le nom du Dr Simon.

Cette influence nouvelle de la franc-maçonnerie ne va pas s'altérer avec l'arrivée de François Mitterrand. Au contraire. Dans de nombreuses loges, et en particulier dans celles du Grand Orient, on accueille avec une immense joie et un formidable espoir l'accès à l'Élysée d'un président de la République comptant un grand nombre de maçons dans son entourage, dans le cercle de ses intimes aussi bien que dans ses relations politiques. Mais s'il est vrai que jamais les francs-maçons n'ont été aussi nombreux dans les allées — et dans les coulisses — du pouvoir, s'il est vrai que la présence de François Mitterrand à l'Élysée va leur apporter de grandes satisfactions, on ne se comprendra guère, de part et d'autre.

Qui sont aujourd'hui les francs-maçons ? « Le cheminot et l'ouvrier municipal ne sont pas légion tandis que les cadres supérieurs, les enseignants et les membres de professions libérales se multiplient * », écrivent Alain Bradfer et Cathe-

* *Les Francs-Maçons,* J.-C. Lattès, 1989.

rine Rigollet. Il est certain que l'on retrouve dans les loges beaucoup de fonctionnaires appartenant à l'Éducation nationale, à l'Intérieur, aux Finances, aux PTT. On avance parfois quelques chiffres, qu'il convient de manier avec beaucoup de précautions : 20 % des hauts fonctionnaires des institutions européennes seraient des francs-maçons...

Au plan géographique, les hauts lieux de la franc-maçonnerie se rapprochent des bastions du Parti radical : le Sud-Ouest, le Sud-Est et le Nord. Mais Paris et Lyon sont également considérées comme des villes à forte influence maçonnique.

Une certitude, toutefois : les classes moyennes sont omniprésentes au sein des obédiences, qui s'intéressent de préférence aux citoyens bien intégrés, aux « notables ». On y rencontre peu d'artisans, fort peu d'agriculteurs, mais beaucoup de médecins, d'avocats, de commerçants, d'ingénieurs et techniciens. L'ancien grand maître de la Grande Loge nationale Jean Verdun s'en justifie ainsi : « La franc-maçonnerie ne peut être un mouvement de masse, elle doit donc trouver des hommes de qualité, appartenant aux parties de la population qui sont les plus dynamiques et les plus en pointe. » Elle n'y parvient pas si mal, si l'on considère le nombre des ministres francs-maçons qui ont figuré dans les différents gouvernements socialistes.

III

Humanisme et laïcité : une philosophie très contemporaine

Les francs-maçons ne font pas de prosélytisme : ils n'ont jamais mandaté de « missionnaires » pour porter la bonne parole, ils ne visent aucune prise de pouvoir, ne prétendent à aucune hégémonie. Tout au plus, ils « essaiment » : c'est le terme qu'ils emploient lorsqu'ils créent une nouvelle loge pour réguler leurs effectifs, tout comme les abeilles en surnombre qui quittent une ruche pour fonder une nouvelle colonie. Mais cet « essaimage » s'est accéléré depuis plusieurs années.

On compte une centaine de milliers de frères et sœurs francs-maçons en France. Les raisons de cette progression sont multiples. Vouloir appartenir à cette société fraternelle et philosophique peut répondre à la quête personnelle d'un citoyen confronté à un monde offrant de moins en moins de certitudes : faillite des intellectuels, des philosophes, des hommes politiques et des idéologies... L'essor numérique est dû, en partie, à l'arrivée massive d'une nouvelle génération de jeunes en quête d'un idéal : « J'étais déçu par l'électoralisme des organisations syndicales ou politiques », dit l'un. « J'étais déçu par le conformisme et l'hypocrisie de l'Église catholique », dit l'autre. « J'étais mûr pour la franc-maçonnerie », expliquent-ils.

Il est donc logique que des Français en manque de repères cherchent à se rassurer en se tournant vers la franc-maçonnerie. Elle leur propose une philosophie, une pédagogie, un cadre normatif, en ces temps où bien d'autres certitudes s'effondrent. C'est d'abord la chute des pays communistes, et la condamnation sans appel de la philosophie et de l'économie politique marxistes qui avaient tant influencé la société française des années 70. Ce sont aussi les hésitations de l'Église catholique, elle-même traversée par de violentes secousses. Le concile de Vatican II a instillé le doute et ses résolutions ont divisé les pratiquants. Sans aller jusqu'à prétendre que l'on a alors assisté à l'apparition de deux Églises catholiques, l'une temporelle, l'autre spirituelle, il est clair que l'Église, à travers ses prêtres et ses évêques, tient aujourd'hui deux discours différents, qu'elle est loin de la belle homogénéité qui était la sienne au début du siècle.

Alors, la franc-maçonnerie comme un refuge ? « Nous offrons effectivement des points de repères plus précis, admet l'ancien grand maître du Grand Orient Jean-Robert Ragache. C'est pourquoi nous voyons aujourd'hui arriver dans notre obédience des gens de tous horizons, auxquels nous pouvons proposer le cadre rigoureux dont ils ont besoin. Quand on est militant politique ou syndicaliste, on paie sa cotisation, on vient ou on ne vient pas. Ce n'est pas le cas chez nous. Trop absent, on est radié . » L'archevêque de Bordeaux, Mgr Pierre Eyt, disait-il autre chose lorsqu'il affirmait, dans une interview accordée au *Figaro* : « Le vide idéologique ne date pas d'hier, mais on pouvait jusqu'ici se faire illusion. Aujourd'hui, tous les opiums du peuple se sont éventés : le progrès, la révolution, le socialisme réel, les mouvements alternatifs... » Et il ajoutait : « Pourtant l'Homme ne peut être rivé sur l'instant. »

L'homme d'Église et le franc-maçon sont d'accord pour expliquer que l'homme ne peut vivre sans valeurs et sans idéal, qu'il lui faut donner un sens à sa vie...

« J'avais raisonnablement réussi, mais il me manquait quelque chose sur le plan spirituel », dit celui qui a choisi un jour de frapper à la porte du temple. On devient maçon pour chercher une réponse à une quête individuelle. Entrer en loge, quelle que soit l'obédience, c'est affirmer une volonté de travailler sur soi-même, de réfléchir, de rencontrer des gens différents, de se remettre en question, d'apprendre afin de progresser. « Le GO m'a beaucoup plus apporté que le PS, avoue Jean-Michel Rosenfeld, collaborateur de Pierre Mauroy à Matignon : Il m'a armé dans ma démarche politique, moi qui avais dû quitter l'école à 15 ans. Le GO a été mon université permanente. » Le sénateur socialiste Guy Penne en est également convaincu : « La franc-maçonnerie m'a fait découvrir beaucoup de choses. C'est une pédagogie. J'ai progressé, par exemple, dans ma manière d'appréhender un débat. Dans un auditoire, je repère d'ailleurs les maçons. Ils écoutent différemment, ils écoutent mieux — et il m'est arrivé de le faire remarquer à François Mitterrand ! Cela, on l'apprend en loge quand, apprenti, on doit se taire pendant un an. »

« La franc-maçonnerie, dit de son côté Jean-Robert Ragache, ce sont d'abord les individus, et c'est la formation de l'individu au sein des loges. » Mais cette formation a aussi un but. Le maçon doit savoir sortir du temple pour faire profiter ses concitoyens de la « lumière dont il a bénéficié ».

Le travail en loge est important. Le maçon « planche » sur le rituel, sur le symbolisme. Mais il consacre beaucoup de temps à étudier des thèmes plus « profanes », plus concrets, susceptibles de contribuer à rendre notre société plus humaine. Il sera ainsi question, en loge, de la redéfinition de la valeur travail dans une économie moderne, des avancées souhaitables de la bioéthique et des limites de la science, de la décentralisation et de la citoyenneté.

Qu'ils soient hauts fonctionnaires, ingénieurs, ou employés de commerce, les francs-maçons trouvent en loge une occasion de laisser de côté leurs repères habituels, de s'ouvrir à d'autres disciplines, de se confronter à d'autres intelligences. « J'y ai noué des relations amicales profondes avec des gens qui viennent d'horizons divers, et qui, tous, ont un petit rayonnement », explique Guy Penne. Lieux de débats contradictoires où chacun, selon la formule, « s'enrichit des différences des autres », les temples favorisent l'émergence des nouvelles idées, bientôt reprises et diffusées dans le monde profane, poussées au Parlement par les frères entrés en politique. Chaque loge, dans ce sens, est un laboratoire d'idées.

« Tout ce que nous faisons n'a qu'un seul but : l'Homme », réaffirme Gilbert Abergel, grand maître du Grand Orient de France. Ce que confirme Michel Barat, ancien grand maître de la Grande Loge de France : « L'idéal maçonnique consisterait à établir une solidarité humaine fondée non pas sur telle ou telle croyance, sur telle ou telle philosophie mais sur l'attitude d'une philosophie de la quête. [...] La fraternité est au centre de l'idée maçonnique. L'initiation permet de découvrir que la relation fraternelle, que les hommes doivent entretenir entre eux, fait partie de l'essence même de l'être humain. » La dimension spirituelle de la démarche est moins affirmée au Grand Orient, puisqu'il ne fait plus référence au Grand Architecte de l'Univers. Mais l'idéal reste le même.

Cette philosophie partagée est désormais au cœur des débats contemporains. Si l'on ne se bat plus pour des idéologies, le communisme ou le socialisme, si les bancs des églises sont de plus en plus désertés, un nombre sans cesse croissant de Français scandent en revanche, dans leur vie quotidienne, les mots solidarité, fraternité, entraide. L'humanisme a-t-il rencontré l'humanitarisme ? Les terribles désillusions provoquées par la faillite des anciens modèles ont fait naître le doute... et laissé le champ libre à un mouvement de pensée fondé sur la tolérance, sur le rejet de tous les extrémismes. Ce n'est plus vers les partis politiques, vers les syndicats que l'on se tourne pour tenter de bâtir une société plus harmonieuse : leurs programmes, leurs acteurs n'inspirent plus confiance. On leur préfère désormais l'abbé Pierre, le docteur Ronny Braumann et Bernard Kouchner. Ceux-là ont su initier, appuyer des actions humanitaires. Les formidables succès enregistrés par Médecins sans Frontières, SOS-Racisme ou même la Croix-Rouge, l'extraordinaire impact d'opérations comme le Téléthon traduisent ce nouvel état d'esprit de nos concitoyens. Dans son expression externe, la franc-maçonnerie se retrouve en parfait accord avec ce type de mouvements. Ses membres sont d'ailleurs actifs au sein des diverses organisations humanitaires : les obédiences ne ménagent pas leurs aides financières.

Mais l'humanisme de la franc-maçonnerie est plus ambitieux encore : il s'agit d'un idéal — c'est-à-dire d'une ambition, jamais réalisée — soutenu par une foi en l'homme et dans le progrès de l'humanité. Il vise à réaliser la chaîne d'union, « qui doit grouper tous les maçons sur la surface de la terre », qui doit « être étendue à toute l'espèce humaine ». Ce qui compte, « c'est d'être utile, parce que le temps de vivre est court, c'est d'essayer de faire en sorte que les courants de générosité passent dans les actes. C'est de mettre en pratique la notion de solidarité ». L'humanitarisme, pour sa part, procède davantage de l'urgence, organise des actions concrètes, limitées dans le temps. L'humanisme est une philosophie, l'humanitarisme une pratique. Mais les uns et les autres agissent dans la même direction.

La laïcité reste, elle aussi, au cœur de la pensée et de l'action des francs-maçons. Elle a été au centre de nombreux débats et affrontements, tout au long des deux septennats de François Mitterrand. Selon Michel Barat, « la laïcité ouverte et authentique, c'est l'espace libre et toujours plus large qui envoie aux oubliettes de l'histoire tant les intégrismes politiques que les intégrismes religieux, les idéalismes bourreaux des corps aussi bien que les matérialismes boiteux, bâillons des esprits ». L'ancien grand maître de la GLF voit dans la séparation de l'Église et de l'État le moyen d'échapper au risque totalitaire. « Aussi, dit-il, la laïcité n'est en rien l'adversaire des Églises, encore moins la propagandiste d'une philosophie matérialiste. » Lui se déclare d'ailleurs « chrétien sans aucun doute, catholique non pratiquant comme la majorité des Français ». Il se réjouit que l'Église ait renoncé « à vouloir régenter les consciences et à combattre la République », affirme avec la dernière énergie que « la spiritualité des francs-maçons tant attachés à l'humanisme n'est pas incompatible avec celle des Églises, et encore moins son ennemie ».

Il n'est pas sûr que tous les vénérables du Grand Orient acquiescent sans sourciller à cette déclaration de leur frère de la GLF, en particulier pour ce qui concerne la dernière partie de la phrase. Toutefois, l'ensemble des maçons, quelle que soit leur obédience, s'accordent pour condamner toute immixtion d'une religion dans la vie politique, économique, sociale, culturelle et en particulier dans le domaine de l'éducation. « L'Église est une affaire privée, pas une affaire publique. »

Voilà pourquoi les maçons se montrent si pointilleux sur la définition de leur anticléricalisme, si différent d'une attitude antireligieuse primaire. Leur humanisme laïque affirme et revendique la tolérance et, en particulier, le respect des autres philosophies. Comment une telle démarche pourrait-elle ne pas trouver un écho chez ceux qui sont en recherche ? Elle explique, en tout cas, la diversité des origines des nouveaux initiés.

Les relations avec l'Église catholique ont d'ailleurs évolué... même si persiste encore une grande méfiance. Impossible d'oublier que, dès 1738, les francs-maçons ont été frappés d'excommunication ! C'est en... 1983 que le nouveau droit canon a mis fin à cet état de fait. De manière assez ambiguë, au surplus, pour que le cardinal Ratzinger, véritable gardien de la doctrine catholique au Vatican, puisse s'autoriser à lancer une solennelle mise en garde : les catholiques faisant partie de la franc-maçonnerie restent « en état de péché grave » et ne peuvent « s'approcher de la Sainte Communion »... Cette prise de position du cardinal Ratzinger n'est sans doute pas partagée par l'ensemble de la hiérarchie catholique. En France, le Révérend Père Jean-François Six, et surtout le Révérend Père Michel Riquet, disparu au printemps 1993, ont toujours adopté une attitude plus ouverte à l'égard des maçons, surtout à l'égard des frères de la GLNF. Auteur du livre *Un jésuite face aux jacobins francs-maçons*, Michel Riquet, ancien prédicateur des Carêmes de Notre-Dame, considérait en 1985, dans *L'Osservatore romano*, que toutes les loges n'étaient pas « hostiles à l'Église puisqu'elles n'acceptent que des gens qui croient en Dieu et en l'immortalité de l'âme, et s'interdisent par ailleurs toute discussion politique ou théologique : Voilà, ajoutait-il, ce que beaucoup de bons catholiques n'ont pas compris, mais que le Vatican reconnaît ». Malgré sa préférence affirmée pour la maçonnerie régulière (représentée en France par la seule GLNF), le Révérend Père Riquet ne cessa jamais de dialoguer avec toutes les obédiences.

Dans un livre récent, *Ces francs-maçons qui croient en Dieu* *, les auteurs, chrétiens et maçons, relèvent par ailleurs une certaine détente dans les relations entre l'Église et le GO lui-même. Michel Viot, pasteur luthérien, et Jean-Michel Merle, historien des religions, rappellent comment, dans les années 1981-1984, au moment où la guerre scolaire se rallumait, « le Grand Orient de France, par la voix de quelques-uns de ses dirigeants ainsi que par certaines initiatives, donna l'impression d'être revenu au temps d'Émile Combes ». Mais ils s'empressent d'ajouter : « Cela ne dura que l'espace d'un grand maître !... C'est pourquoi nous pouvons affirmer aujourd'hui que le Grand Orient de France semble ne manifester aucune hostilité virulente à l'Église catholique romaine [...]. Quant aux rituels utilisés par les loges de cette obédience, ils sont depuis longtemps débarrassés de toute référence au sacré. Dieu n'y est plus guère évoqué et le terme initiation est vidé de son sens. Ordre laïque, la franc-maçonnerie du Grand Orient de France, pourvu qu'elle demeure prudente quand il s'agit d'engager

* Éditions Quai Voltaire, 1992.

l'Ordre sur des questions éthiques, ne doit poser aucun problème à l'Église catholique romaine. » En fait, c'est plutôt dans ces obédiences où « il est clairement dit que l'initié passe du monde profane au monde sacré et que l'initiation est une démarche spirituelle accomplie à la gloire du Grand Architecte de l'Univers » (sans préciser qu'il s'agit du Dieu chrétien) que l'Église pourrait être tentée de voir « une concurrence » et peut-être « un sacrilège ». Ce débat-là n'est évidemment pas clos... Constatons cependant qu'il existe de nombreux ponts entre l'Église catholique et les francs-maçons français.

L'amélioration de leurs relations s'est concrétisée par quelques actions communes. En 1985, les obédiences maçonniques et les Églises ont par exemple signé un appel commun à la fraternité, véritable plaidoyer contre le racisme, l'exclusion et la xénophobie. En février 1987, à Toulouse, un colloque inédit a été organisé conjointement par le SIF (Service Incroyance Foi), dépendant de la hiérarchie catholique, et l'IDERM (Institut d'études et de recherches maçonniques), dépendant du Grand Orient, afin de recréer les conditions d'un profitable dialogue entre les uns et les autres. Lors d'une conférence en novembre 1992, l'évêque de Versailles, Mgr Thomas, a approuvé la reconnaissance par certains canonistes des « aspirations humanistes de la franc-maçonnerie ». Il a admis qu'un catholique pouvait « vivre dans une loge maçonnique sans pour autant perdre sa foi, puisque la maçonnerie n'est pas une religion ». Depuis, l'évêché de Versailles a accepté le principe d'une émission de télévision consacrée à ses nouveaux contacts avec la Grande Loge de France. *Jardins secrets*, un film réalisé en commun est actuellement distribué dans toutes les loges et devrait être diffusé au cours du premier semestre 1994 dans le cadre de l'émission dominicale de France 2 « Le Jour du Seigneur ». Une première ! Dans les deux camps, cette initiative aura fait grincer bien des dents.

On peut parler sans crainte de « dédiabolisation ». La tendance s'est d'ailleurs affirmée lors des obsèques religieuses d'anciens grands maîtres comme Richard Dupuy, de la GLF, et Michel Baroin, du GO, de francs-maçons aussi notoires que Charles Hernu ou Roger Fajardie. Conséquence de cette évolution : de nombreux catholiques ne craignent plus de rejoindre les temples, en particulier ceux de la Grande Loge nationale française. Certains, tel Didier Bariani, député-maire UDF du 20e arrondissement de Paris, considèrent même leur engagement maçonnique comme un prolongement naturel de leur foi religieuse.

Dans une interview accordée au quotidien catholique *la Croix*, Paul Pistre, délégué diocésain du Service Incroyance Foi de Toulouse, a exprimé certains regrets : « Le mouvement conciliaire qui a manifesté beaucoup d'ouverture à l'égard des autres confessions religieuses, déplore-t-il, n'a pas entraîné chez les catholiques un plus grand sentiment de tolérance à l'égard des francs-maçons, dont certains font des itinéraires spirituels remarquables. » Plus violent, Jean-Robert Ragache exprimait en 1992 ses craintes d'un « réinvestissement par le religieux de la société civile et du politique » et il adressait une mise en garde à l'Église catholique, l'accusant de remettre en cause la loi de séparation de l'Église et de l'État. L'ancien grand maître du GO, parlant au nom de l'obédience la plus laïque, s'inquiétait en l'occurrence de la résurgence des principes communautaristes au détriment des idées républicaines, et dénonçait au passage « la tentation de réévangélisation de l'Église catholique dans les pays de l'Europe de l'Est ».

En fait, les maçons, tous, continuent de se méfier de l'activisme du pape et de ses représentants en France, le cardinal Lustiger en particulier. A Jean-Paul II, on reproche, bien sûr, ses prises de position sur l'organisation temporelle de la cité. On critique ses déclarations répétées contre l'avortement et la contraception, son soutien à la très rigide Église de Pologne. On dénonce, enfin, l'influence du « lobby » lorsque le nouveau ministre de l'Éducation nationale, le catholique François Bayrou, remet en cause la loi Falloux.

Le « maçon de base », lui, ne se sent pas toujours aussi prompt à monter au créneau. Humaniste d'abord, il est sans doute laïque par conviction, mais ne se veut pas « le » militant d'un combat qu'il estime gagné depuis belle lurette, du temps de la Troisième République... Qu'est-il, pour sa part, venu chercher en loge ? « Dans notre société individualisée, on a besoin de se trouver une appartenance, d'échanger des vues avec des gens dont on se sent proche », dit-il. Ce sentiment d'appartenance lui importe, et va se conforter tout au long de son parcours maçonnique. Après avoir reçu la visite de frères qui ont enquêté sur sa moralité et sa personnalité, il a subi l'épreuve du « passage sous le bandeau ». D'abord isolé dans un cabinet de réflexion, un « cabinet noir », il a ensuite été emmené en loge, les yeux bandés, pour y être soumis à une sorte d'interrogatoire. Ses futurs frères lui ont posé les questions les plus diverses, les plus inattendues. Ensuite, il est passé « des ténèbres à la lumière ». Admis, il est devenu simple apprenti, avec interdiction totale de prendre la parole pendant un an, puis compagnon, puis maître, avant éventuellement d'accéder aux hauts grades.

Un tel parcours lui a donné le sentiment d'appartenir à une certaine élite, de faire partie de ceux qui réfléchissent sur la marche du monde, qui apportent leur contribution à l'amélioration de notre société, qui construisent, donc, le Temple de l'Humanité.

A ceux qui en manquent, les obédiences savent proposer un idéal. A ceux qui se sentent isolés, elles offrent un cadre de vie rassurant, une « famille », au sein de laquelle le nouvel initié va pouvoir se réchauffer, apprendre à mieux se connaître, à acquérir une nouvelle vision du monde. Pour beaucoup, la franc-maçonnerie est une véritable école de formation, avec sa pédagogie, sa méthodologie, une « université permanente », disent-ils, où ils apprennent, à l'écoute de l'autre, le respect de l'opinion divergente, les vertus de la confrontation. Pas de dogmatisme, pas d'embrigadement : le franc-maçon est « libre dans une loge libre », il préserve son indépendance et sa personnalité dans une communauté « conviviale ». Il a le sentiment d'être « utile » au sort de l'humanité puisque son objectif final est de participer à « la chaîne d'union ».

Georges Daniel était étudiant lorsqu'il a rejoint le Grand

Orient de France. Aujourd'hui, âgé de 48 ans, il n'a jamais renié son engagement maçonnique. Il se revendique « frère de base », affirme qu'il a d'abord trouvé dans la maçonnerie « une réponse à la solitude qui est le lot de chacun dans nos sociétés contemporaines ». Il y a aussi ressenti une véritable stimulation intellectuelle. Tous les quinze jours, il participe à des « tenues » qui lui permettent d'aborder les thèmes spirituels les plus divers, de se pencher sur la signification du rituel et des symboliques, mais également de s'intéresser à des problèmes d'organisation sociale. « A 80 %, le travail effectué dans ma loge consiste en une recherche sur soi-même, dit-il. Comment pourrions-nous prétendre améliorer la société sans d'abord tenter de nous améliorer personnellement ? »

Qui prétend apporter sa pierre à la construction du Temple de l'Humanité peut être amené à vouloir agir sur l'aménagement et l'organisation de la cité. C'est pourquoi on ne saurait s'étonner de retrouver, à gauche comme à droite, nombre d'élus, de militants, de responsables politiques. Les différentes obédiences n'entretiennent pas toutes le même rapport à la politique. Le Grand Orient lui consacre un grand nombre de « planches », au point d'avoir diffusé parfois des documents qui pouvaient faire prendre les frères de la rue Cadet pour les militants d'un parti. Mais c'était, il est vrai, à une époque où le grand maître Roger Leray ne faisait mystère ni de son appartenance au PS ni de son amitié personnelle pour François Mitterrand... Ailleurs, on se montre plus réservé. L'ancien grand maître de la Grande Loge Jean Verdun n'a eu de cesse de dénoncer toute expression politico-politicienne au sein de la franc-maçonnerie, vitupérant au passage la « politicardie du Grand Orient ». Il est rare, aujourd'hui, que les francs-maçons interviennent ouvertement dans le débat politique, si ce n'est pour condamner les thèses extrémistes. Leur refus de la xénophobie et du racisme était aussi destiné à dénoncer l'action de Jean-Marie Le Pen et les positions du Front national. Le véritable pouvoir politique de la franc-maçonnerie réside en fait dans sa capacité à influencer les débats parlementaires en utilisant les travaux menés en loge. Nul ne conteste l'origine maçonnique d'un certain nombre de lois votées depuis 1974 : celles concernant entre autres l'insémination artificielle, la contraception, les greffes d'organes, les droits des homosexuels, l'internement psychiatrique, l'euthanasie, le RMI, ou la peine de mort. Cette influence connaît ses limites : « Nos frères font hélas souvent passer leur allégeance partisane avant leur conscience maçonnique », regrette le sénateur Caillavet. Le docteur Pierre Simon, ex-grand maître de la Grande Loge, veut croire « qu'il est possible, dès que l'on touche à l'éthique, de transcender les barrières partisanes ». Possible, en effet. Mais pas systématique...

IV

Les maçons du président

« Vous avez largement contribué à la fondation de la République. Vous êtes ici chez vous. C'est la France qui vous reçoit et je suis fier de la représenter. »

C'était le 15 mai 1987, à l'Élysée. François Mitterrand accueille ce jour-là les représentants du Rassemblement maçonnique international réuni à Paris. Plus qu'une simple civilité : c'est la première fois en ce siècle que Paris voit se dérouler une telle manifestation — le rassemblement précédent s'était tenu en 1889. C'est la première fois aussi qu'un président de la République française lui accorde son haut patronage.

Rien n'y manque : hommage appuyé au « juste combat » des francs-maçons « pour la liberté, l'égalité, la fraternité et la promotion de chaque individu en dépit des barrières sociales et des dominations » ; exaltation de l'action des loges « pour une société plus juste et pour une plus grande fraternité », dans un souci constant de « servir partout la liberté plutôt que l'oppression ». Le grand maître du Grand Orient de France, Roger Leray, remercie comme il se doit le chef de l'État d'avoir ainsi contribué à la « reconnaissance » de la franc-maçonnerie, « suspecte tout au long de son existence » : « Il y avait une anomalie, une injustice. Nous vous savons gré d'y avoir mis un terme officiel. » Le bonheur des hôtes de l'Élysée pourrait bien être total, en fait, si une seule petite phrase ne venait rétablir les distances : le président prend soin de souligner qu'il n'est pas lui-même franc-maçon.

Il doit sembler à François Mitterrand que la précision s'impose. Elle ne s'adresse pas aux maçons qu'il reçoit — comment pourraient-ils l'ignorer? — mais à l'opinion, si prompte à tirer des conclusions hâtives...

Mitterrand maçon? Beaucoup de Français le croient encore. Souvent parce qu'ils se rappellent avoir vu associés le nom et la qualité, à une époque (de 1961 à 1964, et de 1969 à 1971) où un autre Mitterrand — Jacques — était grand maître du Grand Orient, et accessoirement auteur de *la Politique des francs-maçons* *. Fausse piste : Jacques et François, bien que tous deux socialistes, n'ont aucun lien de parenté.

Tout le monde se souvient de la cérémonie du Panthéon, le 21 mai 1981, quand la gauche triomphante honorait les gloires de la République. Qui François Mitterrand alla-t-il saluer ce jour-là, dans le temple consacré à ses grands hommes par la patrie reconnaissante? Jean Jaurès, Victor Schoelcher et Jean Moulin : les deux derniers étaient francs-maçons. La rumeur se renforça.

La « vague rose », aux législatives de 1981, aboutit à une déferlante des enseignants, et donc des maçons, sur l'Assemblée nationale et a des répercussions sur la composition du gouvernement. Au Palais-Bourbon, où on ne les recense pas en tant que tels, les francs-maçons sont désormais près d'une centaine. Fait inédit sous la Cinquième République, ils sont dix à siéger au premier Conseil des ministres du gouvernement Mauroy : François Abadie, Roland Dumas, Henri Emmanuelli, Paul Quilès, Joseph Franceschi, Charles Hernu, Pierre Joxe, Georges Lemoine, Yvette Roudy et Jack Lang. A titre comparatif, chacun des trois gouvernements Pompidou n'en a compté qu'un, toujours le même, Robert Boulin. Il a été rejoint par Philippe Dechartre sous les gouvernements Couve de Murville et Chaban-Delmas. Il y

* Éditions Roblot, 1976.

en avait trois dans le gouvernement Chirac, en 1974 : André Rossi, Olivier Stirn et René Tomasini. Trois, enfin, dans le gouvernement Barre en 1976 : Rossi, Stirn, et Jean-Pierre Prouteau... Oui, Prouteau, l'ancien grand maître du Grand Orient. Preuve s'il en était besoin que les choses ne sont jamais tout à fait aussi simples qu'elles le paraissent... Et qu'il est possible d'être ministre d'un gouvernement « de droite », après avoir été à la tête d'une obédience classée « à gauche ».

Dix ministres francs-maçons, donc, dans le premier gouvernement d'une France qui se réveille socialiste. Certes, ils le sont à des degrés divers. Joxe n'est pas d'une remarquable assiduité en loge, ce qui lui aurait valu quelques remontrances de son obédience, et même une sanction. Jack Lang, fils d'un vénérable, s'est, semble-t-il, déjà écarté de sa loge à Nancy quand il enseignait le droit. Quilès, selon les méchantes langues, ne se fera véritablement initier que lorsqu'il lui faudra aller à la pêche aux voix dans le Sud-Ouest. Mais tout de même, que de maçons autour du Président ! Interrogé sur ce point, il prend d'ailleurs ses distances : « Il y a eu assez d'histoires avec la loge P2, de grâce, ne créez pas la loge PS * ! »

Il est vrai qu'on ne les aimait guère dans la famille de François Mitterrand. Son père, Joseph, un conservateur, fut tenté par l'aventure des Croix-de-Feu du colonel de La Rocque, après l'avoir été par celle de l'Action française : c'est une encyclique du pape Pie XI condamnant le mouvement de Charles Maurras qui l'en aurait dissuadé... Car on est très catholique chez les Mitterrand. Joseph met en pratique sa piété : il est brancardier à Lourdes, président des écoles libres de la Charente.

Enfant, François sera donc élève, comme ses trois frères, du collège Saint-Paul d'Angoulême. Il y passera huit années, et écrira plus tard : « La Bible a nourri mon enfance. Huit

* *Le Matin de Paris* du 7 septembre 1981.

ans dans une école libre m'ont formé aux disciplines de l'esprit. Je ne m'en suis pas dépris. J'ai gardé mes attaches, mes goûts et le souvenir de mes maîtres bienveillants et paisibles *. » A 18 ans, il poursuit ses études chez les pères maristes au « 104 » : 104, rue de Vaugirard à Paris. Il s'y fait remarquer par son engagement (il est membre d'une association charitable, la Conférence Saint-Vincent-de-Paul) et par une certaine piété (on le voit communier tous les dimanches). Il est loin, encore, de se sentir attiré par la gauche. Il ne manifeste pas d'aversion pour les Croix-de-Feu, dont le leader est d'ailleurs venu prononcer une conférence au « 104 », le 16 mai 1935 : « Il s'agit de réinstaller la patrie dans la tradition française et, pour cela, de détruire l'action malfaisante de la franc-maçonnerie dans la haute finance et l'industrie, a tonné de La Rocque. Demain, je donnerai l'ordre de mobilisation contre la révolution de MM. Blum, Daladier, Cachin et consorts. »

La guerre — qui lui vaut une blessure et la croix avec citation à l'ordre de la division — et dix-huit mois de captivité vont remettre en question bien des certitudes du jeune François Mitterrand. Si au moment de son retour à la vie civile, après une évasion réussie, il entre à Vichy au Commissariat aux prisonniers de guerre, c'est pour y entamer ses premières activités de résistance : la fabrication de faux papiers. Mais il va prendre ensuite bien d'autres risques dans la clandestinité, avec le grade de capitaine et sous le nom de Morland. Son engagement, son courage ne font aucun doute, lorsqu'il organise un service de renseignement pour les Alliés, part rencontrer de Gaulle à Alger, s'embarque pour un séjour à Londres... Une très « belle guerre », au total, saluée en 1945 par une seconde citation à l'ordre de la division. Mais il a reçu, au passage, une gênante distinction au titre de son appartenance à l'officine vichyste : la francisque, qui le rendra suspect à jamais aux yeux de beaucoup de francs-maçons. Il ne cessera plus, après la Libération, de la porter comme une croix.

Dans la Résistance, François Mitterrand rencontra Chris-

* *L'Abeille et l'Architecte*, Flammarion, 1978.

tine Gouze *, qui lui présenta un jour sa sœur Danielle. Rien, *a priori* — sinon une commune volonté de lutter contre l'envahisseur — ne devrait rapprocher les deux jeunes gens. Elle a 19 ans, il en a déjà 27. Il vient d'une famille de la bourgeoisie charentaise pétrie de catholicisme ; ses parents à elle sont laïques. Antoine Gouze, le père, est principal du collège de Villefranche-sur-Saône, Renée la mère est institutrice. Ils sont SFIO. Comme nombre de ces « hussards noirs » de la Troisième République, qui se sont tant battus contre l'omniprésence du clergé, Antoine est franc-maçon. En 1940, il a refusé de recenser, comme on le lui demandait, les élèves et professeurs juifs de son établissement. Il a été révoqué...

Leurs différences culturelles n'empêcheront pas François et Danielle de s'épouser, le 28 octobre 1944. En fait, le jeune homme qui plaisantait volontiers devant ses amis (« Je vous présente ma fiancée laïque et républicaine ») apprend à apprécier les valeurs de sa belle famille. Même si son beau-père ironise en retour : « Mon gendre est un calotin **. »

Loin de Jarnac, d'Angoulême et du « 104 », confronté à la tourmente, Mitterrand découvre dans son entourage bien d'autres francs-maçons qu'il apprend à estimer et à aimer. Au premier rang, il y a Georges Beauchamp, le compagnon de résistance, qu'il a chargé, dans son réseau, de lutter contre le STO, et qui lui restera fidèle tout au long de sa vie. Il y a aussi Philippe Dechartre, qui choisira d'autres voies en devenant, lui, ministre du général de Gaulle, mais qui lui conservera toujours une réelle amitié.

A la Libération, pourtant, François Mitterrand n'est pas considéré comme un ami des francs-maçons. Il pourrait même apparaître comme leur ennemi, si l'on considère son hostilité déclarée au Parti radical qu'ils ont incarné. Il ne peut pas pardonner Munich et le désastre de 1940 aux hommes de la Troisième République, c'est donc l'UDSR (Union démocratique et socialiste de la Résistance) qu'il

* Épouse de Roger Hanin, elle est pour sa part franc-maçonne.

** Cité par Catherine Nay in *le Noir et le Rouge, ou l'Histoire d'une ambition*, Grasset, 1984.

rejoindra. Les socialistes de la SFIO ? Trop marxistes ! Et puis, ils ont déjà un leader, en la personne de Guy Mollet, franc-maçon lui aussi.

Battue à plate-couture à l'élection de la première Assemblée constituante, en octobre 1945, l'UDSR est contrainte de s'allier avec ce qui reste du Parti radical. C'en est trop pour certains de ses membres, issus de la Résistance, qui décident de s'en aller. Mitterrand reste, lui, malgré ses préventions. Tout comme Bastien Leccia, un autre fidèle entre les fidèles : frère de la Grande Loge et indéfectible compagnon de route du futur président. Tout comme Roland Dumas, aussi. Sous une autre étiquette, celle du RGR (Rassemblement des gauches républicaines, que l'on pourrait en fait classer au centre droit), Mitterrand se présentera donc à l'élection de la seconde Assemblée constituante.

Il est battu, mais on l'a remarqué. Henri Queuille, le chef des radicaux, ne l'a pas oublié lorsqu'il s'agit de présenter des candidats RGR aux législatives de novembre 1946. La Vienne ou la Nièvre ? Va pour la Nièvre. Cette fois, il est élu. Son parti arrive en deuxième position derrière le PC, contre lequel il va entamer son long combat.

Sa profession de foi, enregistrée comme celle de tous les autres candidats aux législatives dans le *Barodet* de 1946, vaut d'ailleurs le détour :

« Vous direz non, dit-il alors, au déficit et à l'inflation. Non à la loi électorale bâtarde. Non à la faillite : le gouvernement a emprunté 650 millions de dollars, le total annuel de nos charges est de 140 milliards de francs, la totalité des revenus est engloutie par le budget. Non à la gabegie administrative : 276 000 postes de fonctionnaires ont été créés. Non aux nationalisations hâtives qui alourdissent nos charges. Non à l'installation au pouvoir du Parti communiste, ce parti que Léon Blum appelait dans son livre *A l'échelle humaine* un parti nationaliste étranger.

« Pour faire cesser le désordre, il faut :

« — Défendre toutes nos libertés et au premier chef la liberté de l'enseignement, car l'enfant appartient à ses parents et non à l'État.

« — Combattre afin d'assurer le redressement économique du pays : en encourageant la production par la suppression des réglementations qui briment les libertés ; en exigeant le retour aux méthodes saines de gestion budgétaire ; en luttant contre l'État-trust qui se substitue partout à l'initiative privée ; en luttant pour la suppression des emplois inutiles.

« — Que le droit de propriété ne soit plus hypothéqué par le bon plaisir du législateur et soit respecté intégralement.

« — Que la paix religieuse soit maintenue dans un climat débarrassé de tout sectarisme. »

L'on ne peut pas soupçonner ce Mitterrand-là de complaisance envers la franc-maçonnerie.

C'est pourtant encore un maçon, le président du Conseil Paul Ramadier, qui va lui offrir son premier maroquin, en l'appelant en 1947 au ministère des Anciens Combattants — où il prend, déjà, Georges Beauchamp pour chef de cabinet. A ce poste, il se signale à nouveau par sa fermeté vis-à-vis des communistes, même s'il n'est pas de ceux qui entendent mener une croisade contre les « cosaques ». C'est sans doute là le début de sa stratégie à l'égard d'un parti qu'il sait « incontournable » : l'utiliser avant de l'abattre.

On le retrouve ensuite secrétaire d'État à la présidence du Conseil, chargé de l'Information, avec cette fois son ami Georges Dayan pour chef de cabinet. Et puis, il quitte le gouvernement en octobre 1947, quand Georges Bidault en prend la tête. Il en profite pour voyager. Il découvre l'Afrique où il donne une série de conférences. Du Sénégal au Niger, en passant par le Soudan, le Liberia et le Dahomey, il se forge un certain nombre de convictions, jette les bases de sa future politique envers le continent africain. Est-il déjà frappé par l'influence qu'y exercent les francs-maçons, si nombreux dans l'administration coloniale ? Voit-il tout le parti qu'il pourra en tirer un jour, lorsqu'il faudra décoloniser et aider les jeunes États indépendants à faire émerger leurs élites pour devenir des démocraties ? C'est Guy Penne, un chirurgien-dentiste mais surtout un éminent frère du Grand Orient, qu'il appellera beaucoup plus tard à l'Élysée, comme conseiller chargé des affaires africaines et malgaches.

En 1950, René Pleven accède à la présidence du Conseil. Mitterrand demande et obtient le ministère de la France d'outre-mer. « A ce poste, dit aujourd'hui André Laignel, il s'est beaucoup appuyé, c'est certain, sur les maçons africains, afin d'entreprendre la transition du continent noir et préparer la loi cadre de Gaston Defferre. » Mais cette fois encore, il dirige d'abord ses coups contre les communistes. Ceux-ci ont noyauté le RDA (Rassemblement démocratique africain) qui ne cesse de prendre de l'ampleur en Afrique noire. Mitterrand a compris le danger. Il va permettre au parti africain d'acquérir une véritable légitimité en échange de gages donnés à l'Union française. Il incite ses députés, jusque-là apparentés au PC, à se rapprocher, à l'Assemblée, de l'UDSR. Il s'appuie pour cela, sans la moindre réticence, sur les réseaux maçonniques. Quelques mois plus tard, quittant son ministère de la rue Oudinot, en juillet 1951, il est prêt à envisager la prise de pouvoir au sein de son parti.

Pleven en est encore le chef. Pour peu de temps. En novembre 1953, tout est joué lorsque Mitterrand le lâche sur la question de l'Indochine, rejoignant ainsi les positions de Pierre Mendès France en faveur du désengagement. Si Mendès France est, bien sûr, franc-maçon (qui a oublié son fameux : « Je suis juif, je suis franc-maçon, que le procès commence » ?), ce n'est pas ce qui séduit son jeune interlocuteur, fasciné en revanche par sa rigueur intellectuelle et par l'ampleur de sa pensée en matière d'économie, un domaine qui le rebutera toujours. Tous deux font, à cette époque, assaut d'exercices d'admiration réciproque.

En juin 1954, Mendès forme son cabinet et lui confie l'Intérieur. Aucun socialiste dans le nouveau gouvernement, mais de cela Mitterrand se féliciterait plutôt, si l'on en croit cette déclaration, prononcée en octobre suivant, lors du congrès de son parti à Aix-les-Bains : « Les notions de droite et de gauche ont perdu beaucoup de leur sens, cette vieille division est emportée par le vent de l'histoire parce que le talent et l'autorité du président du Conseil l'ont désigné pour être le catalyseur qui a permis à des éléments épars de se rejoindre. » Est-ce un clin d'œil à l'intention des initiés ? Voilà en tout cas une petite phrase qui ressemble fort à un élément de formule rituelle : « Rassembler ce qui est épars. » Mais pourquoi, après tout, Mitterrand ne se serait-il pas amusé, à l'époque, à laisser planer un doute sur son appartenance à la franc-maçonnerie ?

Les événements qui s'annoncent le rejetteront pourtant dans un camp qui n'est pas forcément celui de la Rue Cadet. Il est toujours ministre de l'Intérieur quand éclatent les soulèvements qui dégénéreront en « guerre d'Algérie ». « Pas de négociation », dit-il.

« Sa responsabilité devant l'histoire est évidente et il le sait, accuse Franz-Olivier Giesbert. Il cherchera bien entendu à supprimer la torture en remplaçant ou en mutant les policiers tortionnaires : s'il entend réprimer, c'est le plus proprement possible. Il cherchera aussi à ne pas couper l'Algérie en deux, entre Musulmans et Européens. Mais son objectif premier, c'est d'écraser le mouvement fellagha. De l'écraser vite. Difficile de lésiner...[...] Le 5 novembre, François Mitterrand déclare ainsi devant la commission de l'Intérieur de l'Assemblée nationale que l'action des fellagha [...] ne peut " trouver qu'une forme terminale : la guerre " *. » Phrase terrible qui a été très vite resserrée en cette petite formule lapidaire : « La seule négociation, c'est la guerre. »

Devenu garde des Sceaux du gouvernement Guy Mollet, c'est lui qui signe le décret donnant en Algérie les pleins pouvoirs aux militaires en matière de justice. En mars 1958 encore, dans les tout derniers jours de la Quatrième République, il écrira dans *le Courrier de la Nièvre* : « L'abandon de l'Algérie serait un crime. » Arrive de Gaulle, investi président du Conseil le 1er juin par l'Assemblée nationale, par 329 voix contre 224. Mitterrand a livré un baroud d'honneur devant les députés. Mais même au sein de son propre parti, l'UDSR, dix élus ont voté pour le Général, trois seulement l'ont suivi, dont Roland Dumas. Commence alors sa traversée du désert.

* *François Mitterrand, ou la Tentation de l'histoire*, Seuil, 1977.

Avant le grand retour de De Gaulle, Mitterrand avait pu s'imaginer bientôt président du Conseil. Tout pouvait le lui faire espérer. Battu par un gaulliste aux législatives de novembre 1958, il s'est plus modestement replié vers le palais du Luxembourg, sénateur parmi d'autres, quand éclate l'« affaire de l'Observatoire », ce pseudo-attentat qu'on le soupçonnera d'avoir organisé contre lui-même. « Pour provoquer des perquisitions dans les milieux d'extrême droite, et aussi pour revenir au premier plan de l'actualité », précise quelques jours plus tard Robert Pesquet, un ancien élu poujadiste, l'homme qui s'accuse de s'être prêté au simulacre en tirant sur la voiture du sénateur de la Nièvre. Le coup est rude. Mitterrand se débat avec maladresse. On vote la levée de son immunité parlementaire. Mais on ne prouvera jamais rien...

Il est en tout cas humilié, on le dit fini, marginalisé. Il met cependant à profit les années qui viennent pour se constituer de nouveaux réseaux. Il ne néglige rien, prend et entretient des contacts avec tout ce qui est association, groupement, communauté. Inlassablement, il fédère. Il n'oublie pas les francs-maçons. Quelques-uns de ses amis les plus sûrs sont en mesure de lui procurer des ouvertures. C'est l'époque du virage à gauche, seule voie susceptible de lui ouvrir la route du pouvoir, face à de Gaulle. Deux clubs obscurs se sont regroupés derrière lui : la Ligue pour le combat républicain, auquel il appartient et qui comprend déjà, outre l'inévitable Georges Beauchamp, Louis Mermaz et François de Grossouvre, futur conseiller du président à l'Élysée ; le Club des Jacobins, ensuite, présidé par un homme jeune qui a déjà acquis une certaine importance dans les loges lyonnaises et qui en aura beaucoup plus encore dans les futurs gouvernements socialistes : Charles Hernu.

Il est fils d'un gendarme maçon. Après avoir vécu une enfance sans histoire à Lyon, il s'est retrouvé adolescent dans la tourmente de l'Occupation, sans un diplôme en poche. Il a 20 ans en 1943, rejoint cette année-là les Chantiers de Jeunesse, qui tiennent alors lieu de service national. Et puis il s'égare... On sait en effet aujourd'hui que Charles Hernu ne fut jamais le glorieux résistant dépeint par certains de ses biographes. C'est, en fait, au sein d'une organisation pétainiste, la Propagande ouvrière, dépendant du ministère de l'Information de Vichy, qu'on allait le retrouver en 1944. Puis à la prison de Grenoble, au mois d'octobre de la même année : incarcéré pour faits de collaboration... Le journaliste Jean-Moïse Braitberg, qui a mené la plus sérieuse enquête sur cette période de la vie d'Hernu, a réuni les preuves de ce qu'il avance : les notes des renseignements généraux évoquant le zèle du jeune délégué à l'Information de Vichy, les témoignages d'anciens compagnons et aussi d'anciens résistants, les coupures de presse des années 50 évoquant une sombre histoire de gifle reçue au Mont-Valérien. C'est le capitaine Georges Jouvent, un grand résistant, membre pendant la guerre du BCRA (Bureau central de renseignement et d'action) du colonel Passy et ancien déporté, qui a souffleté en 1956 Hernu, jeune député mendésiste, le traitant selon *Paris-Presse* de « collaborateur ». Jouvent est pourtant un ami politique d'Hernu : il a même été son second de liste aux législatives à Saint-Denis !

Hernu démentira cette gifle, Jouvent la revendiquera haut et fort : « Sa place n'était pas ici. »

« De notre enquête personnelle, renchérit aujourd'hui le journaliste Jean Guisnel *, nous avons tiré la conviction que les éléments portant sur la participation de Charles Hernu au ministère vichyssois de l'Information sont exacts. [...] Un seul de nos interlocuteurs — un prêtre — a pu nous affirmer [qu'il] avait évoqué devant lui, en pleurant, cette époque de sa vie, en lui disant simplement qu'il s'était “ fourvoyé ” ». On oubliera tout cela pendant une trentaine d'années...

Les francs-maçons sont-ils pour quelque chose dans cette opération réussie de « blanchiment » politique ? On l'a dit, on l'a même écrit. Le secrétaire du comité d'épuration de Lyon, Maurice Berla, était en tout cas un personnage influent, radical et maçon tout comme le père du jeune Charles. Hormis la « bavure » du Mont-Valérien, Charles

* *Charles Hernu, ou la République au cœur*, Fayard, 1993.

Hernu a depuis longtemps retrouvé une virginité lorsque son destin se lie à celui du futur président. Oublié le temps où, député radical de la Seine, il réclamait à cor et à cri la démission d'un garde des Sceaux qui s'appelait François Mitterrand. Mendésiste, il est passé avec armes et bagages dans le camp de celui qui lui paraissait le mieux incarner l'opposition au gaullisme triomphant. Il ne ménage pas ses efforts pour plaider sa cause chez ses frères maçons, comme il le fera plus tard auprès des militaires. Initié au Grand Orient en mars 1950, Hernu est un maçon voyant. Son appartenance lui ouvre bien des portes, son pouvoir de séduction fait le reste. C'est de toutes ces amitiés nouées que naît un an plus tard le Club des Jacobins où, selon Jean Guisnel, une règle non écrite fait obligation aux membres du comité directeur « d'appartenir également à la franc-maçonnerie ».

Hernu fut-il un bon maçon ? Les avis de ses frères sont parfois divergents. Il fut en tout cas un frère actif : du Grand Orient d'abord, de la Grande Loge ensuite, puis à nouveau du Grand Orient... Et, finalement, des deux à la fois. Le GO convenait sans doute mieux à ses options politiques que la GLF qui, elle, était plus en accord avec ses convictions catholiques : la solution passait par la double appartenance.

Cet homme-là s'impose bientôt comme le meilleur lieutenant du futur président, le plus dévoué, en tout cas. « D'Hernu, Mitterrand a dit un jour : “ Quand ils m'auront tous lâché, Charles sera toujours là ” », rapporte Franz-Olivier Giesbert *. Hernu, lui, sera lâché quand, fidèle entre les fidèles, il paiera seul, en 1985, l'addition du *Rainbow Warrior*. Ministre de la Défense, il devait faire figure, aux yeux de l'opinion, de seul responsable de l'opération menée en Nouvelle-Zélande par la DGSE (Direction générale de la sécurité extérieure) contre le bateau de l'organisation pacifiste Greenpeace, qui entendait protester contre les essais nucléaires dans le Pacifique. Foin de la « solidarité maçonnique » lorsqu'il demanda à Pierre Joxe, ministre de l'Intérieur, de freiner l'ardeur des services chargés de l'enquête : les deux hommes, il est vrai, ne s'appréciaient guère. Le

* *Le Président*, Seuil, 1990.

président laissa le Premier ministre Laurent Fabius le sacrifier sur l'autel de la raison d'État.

A l'époque où Hernu commence à jouer les ambassadeurs auprès de ses frères, les francs-maçons n'ont, c'est certain, aucune raison de porter Mitterrand dans leur cœur. Ils sont aussi méfiants envers lui qu'il peut l'être à leur égard. Et ils ont de quoi argumenter ! L'éducation cléricale, les prises de position politiques depuis la Libération ? Passe encore. Mais la francisque ! En 1946, on lui refuse d'ailleurs, pour ce motif, l'accès à la loge de « l'Abbé Grégoire », où il était prévu qu'il effectue une visite. Mitterrand est-il homme à oublier pareille humiliation ? Oui... Si cela peut servir son dessein...

Car les deux clubs, en s'unissant à d'autres plus évanescents encore, vont donner naissance au parti qui le ramènera sur le devant de la scène. En juin 1964 apparaît en effet la Convention des institutions républicaines. Bastien Leccia en est, qui présidera la CIR départementale des Bouches-du-Rhône. Tout comme Guy Penne, secrétaire général du Club des Jacobins d'Hernu — et membre avec lui de la loge parisienne « Locarno » —, qui siégera au groupe permanent de la Convention. Tout comme Jean-André Faucher, venu apporter dans l'escarcelle son Club des Montagnards. Ce personnage est une énigme à lui seul : condamné à mort à la Libération pour crime de trahison en temps de guerre, plus tard haut dignitaire de la Grande Loge de France, il participera à la campagne présidentielle de François Mitterrand en 1965, collaborera cependant à *Minute* et *National Hebdo*... mais participera néanmoins aux missions de paix en Nouvelle-Calédonie, où l'enverra Jacques Fournet, alors directeur de cabinet du secrétaire d'État socialiste — et frère du GO — Georges Lemoine... Son obédience le désavoue-t-elle qu'il crée la très confidentielle « Grande Loge d'Orient et Occident ». Il est exclu de la GLF ? Que lui importe ! Il n'en est pas moins élevé au grade de chevalier de la Légion d'honneur au titre du secrétariat d'État aux Départements et Territoires d'outre-mer, en bonne place dans une promotion qui porte les signatures de Georges Lemoine et de Jean-Claude Colliard, directeur de cabinet de François Mitterrand, et lui aussi franc-maçon. Les voies du Grand Architecte de l'Univers ne cèdent décidément en rien à celles du Seigneur...

La CIR va voir défiler bien d'autres maçons encore. Il y aura André Labarrère, proche de Mauroy, transfuge de la SFIO, plus tard haut dignitaire du PS et ministre des Relations avec le Parlement sous Laurent Fabius. Il y aura aussi André Laignel, venu lui du PC mais membre tout de même de la Grande Loge, auteur en 1981, au lendemain de la victoire de la gauche, du fameux « Vous avez juridiquement tort parce que vous êtes politiquement minoritaires », ce qui lui vaudra des remontrances de son atelier. Il sera plus tard secrétaire d'État à l'Aménagement du territoire. Il y aura Georges Lemoine, élève en politique de Defferre, puis de Mitterrand, secrétaire d'État de Fabius aux DOM-TOM et maçon influent dans les négociations sur la Nouvelle-Calédonie ; Pierre Joxe, futur ministre, entre autres, de l'Intérieur, puis de la Défense ; Yvette Roudy, membre elle aussi du groupe permanent de la CIR, ministre de la Condition féminine de 81 à 86. Et il y aura encore Gérard Jaquet, qui jouera un rôle déterminant dans l'émergence d'une nouvelle gauche socialiste.

Dirigeant de la SFIO, grande figure de la Résistance, secrétaire d'État à l'information sous Guy Mollet (dans le même gouvernement que François Mitterrand), ministre de la France d'outre-mer sous Bourgès-Maunoury puis Félix Gaillard, Jaquet permettra plus tard de jeter les bases du PS en créant les conditions d'un rapprochement entre Gaston Defferre et Jean-Pierre Chevènement.

En ce milieu des années 60, pour Mitterrand, le temps presse désormais. Comme il l'écrira dans *Ma part de vérité**, il pense déjà au rendez-vous de 1965 : « Depuis 1962, c'est-à-dire depuis qu'il a été décidé que l'élection du président de la République aurait lieu au suffrage universel, j'ai su que je serais candidat. Quand ? Comment ? Je ne pouvais le pré-

* Fayard, 1969.

voir, j'étais seul. Je ne disposais de l'appui ni d'un parti, ni d'une Église, ni d'une contre-Église, ni d'un journal, ni d'un courant d'opinion. Je n'avais pas d'argent et je n'avais pas à en attendre des sources de distribution aussi classiques que discrètes que tout le monde connaît... Autant de raisons pour ne pas être candidat. A moins que ce ne fussent autant de raisons pour l'être. »

Il a désormais un parti, peut-être un courant d'opinion. Il se trouve même un providentiel allié, si l'on considère la bienveillante attention dont François Mauriac l'honore dans les colonnes du *Figaro littéraire*. Quant à la « contre-Église », quel autre candidat pourrait se vanter d'en avoir séduit autant de disciples ? Et de disciples aussi actifs !

Gérard Jaquet, lui, a commencé par soutenir, au sein de la SFIO, l'éphémère candidature de Gaston Defferre, qui a en effet pris un faux départ, dès le 18 décembre 1963, dans la course à l'Élysée. Le maire de Marseille rêve d'un centre gauche, qui regrouperait SFIO, Parti radical et MRP. Mais, à la SFIO, Guy Mollet s'inquiète de voir se diluer les grands principes socialistes. Jaquet va donc quitter le bureau national... mais pas le parti. Un temps membre de la SFIO et membre du groupe permanent de la CIR jusqu'à ce que la double appartenance devienne impossible, ami de Pierre Mauroy, proche de Gaston Defferre et désormais de François Mitterrand, il multiplie les contacts. Hernu, Beauchamp et Dumas, mais aussi la vieille garde des « profanes » comme Georges Dayan ou André Rousselet — qui a abandonné une carrière dans la préfectorale pour le suivre, qui deviendra PDG des taxis *G7*, puis d'Havas, puis de *Canal* + — sont tout aussi actifs. Mitterrand parvient à s'acquérir Defferre, à contourner Mollet, à obtenir la caution de Mendès, trop opposé à l'élection du président de la République au suffrage universel pour envisager d'être lui-même candidat. Il se retrouve enfin seul en lice pour aller affronter de Gaulle.

La « contre-Église » est active dans la campagne qui suit l'annonce officielle de la candidature de François Mitterrand, le 9 septembre 1964. Dans le tout petit cercle des organisateurs (une dizaine de personnes, au plus), on trouve outre Jaquet, Beauchamp, Dumas, Hernu, un autre frère du

Grand Orient, Jacques Maroselli, et encore deux frères de la Grande Loge : un journaliste de l'AFP, Marc Paillet (plus tard conseiller du président, membre de la Haute Autorité de l'audiovisuel de 1982 à 1986) et un industriel, Roger Chipot (qui rejoindra le Conseil économique et social en 1983). Difficile de faire plus. Sauf à se constituer en une nouvelle loge...

Alors que se décide la candidature de Mitterrand naît la FGDS, Fédération de la gauche démocrate et socialiste, qui regroupe la SFIO, le Parti radical et la CIR. C'est la CIR qui en impose l'idée au cours d'une réunion à laquelle participent à nouveau bon nombre de francs-maçons : Mollet, Jaquet, Maroselli, Hernu, Beauchamp... Il est décidé que le président de la nouvelle fédération changera tous les six mois, afin de laisser la porte ouverte aux ambitions de chacune de ses composantes. Mais comment ce poste pourrait-il, pour l'heure, échapper à celui qui doit porter les couleurs de la gauche à l'élection présidentielle ?

Le *leadership* de François Mitterrand va d'ailleurs se trouver conforté par les résultats du scrutin : 32 % au premier tour, 44,8 % au second. De quoi lui donner des ailes face à Guy Mollet, lorsqu'il propose une véritable fusion des partis de la fédération, et même, pour faire bonne mesure, la désignation — par lui-même — d'un contre-gouvernement bâti sur le modèle du *shadow-cabinet* britannique. Mollet y récupérera tout de même la Défense, Hernu le secrétariat général. Et le « jeune » Mauroy la Jeunesse. Aux législatives de mars 1967, la FGDS fait certes bonne figure, en envoyant cent vingt et un de ses membres à l'Assemblée nationale. En mai 68, le pouvoir chancelle et Mitterrand est tout prêt à le ramasser. Il s'emploie à former un gouvernement provisoire, songe à placer Pierre Mendès France à sa tête, mais ne laisse pour autant planer aucune ambiguïté : il sera candidat à l'élection présidentielle qui suivra. Il a tout prévu. Sauf la manifestation du 30 mai sur les Champs-Élysées, le retour en force de De Gaulle. Cette fois encore, le rendez-vous est manqué. C'en est fini de la Fédération, et la gauche s'en ira désunie à la présidentielle de 1969. Les socialistes ont désigné Gaston Defferre pour les représenter. Michel Rocard portera de son côté les couleurs du PSU, et Jacques Duclos celles du PC... Un désastre : Defferre n'obtiendra que 5,01 % des voix, Duclos 21,52 %.

On voit alors réapparaître Gérard Jaquet, l'homme de tous les contacts. Avec Mauroy, numéro deux de la fédération du Nord, un « maçon sans tablier », et Defferre, patron de celle des Bouches-du-Rhône, il entreprend un fantastique travail de sape contre Alain Savary qui lors du congrès d'Issy-les-Moulineaux avait pris la tête du nouveau parti socialiste, première formule. L'objectif est clair : il faut placer Mitterrand à la tête des socialistes.

Numériquement, ils n'ont pas l'avantage. En fait, les forces en présence paraissent s'équilibrer. Qu'à cela ne tienne : c'est l'apport des voix du CERES (Centre d'études, de recherches et d'éducation socialistes) de Jean-Pierre Chevènement qui fera pencher le plateau de la balance, une fois ce dernier convaincu de rejoindre les positions du député de la Nièvre. Tout est déjà joué, dans l'ombre, lorsque se réunit le congrès d'Épinay, le 11 juin 1971. Et les francs-maçons y ont pris une très large part. « Le complot s'est noué au Grand Orient, affirme aujourd'hui Gilles Martinet, ambassadeur de France, et membre jusqu'en 1972 du PSU, qu'il quittera pour se rapprocher, un temps, du CERES : C'est rue Cadet que se sont déroulées les rencontres secrètes entre Mauroy, Mitterrand, Defferre, puis Chevènement, récupéré au dernier moment. Il n'était pourtant pas facile d'unir l'autogestionnaire du CERES à un Defferre ! J'imagine que c'est Fajardie qui avait réservé la salle... Je sais, en tout cas, que Guy Mollet a été ulcéré quand il a appris l'histoire ! »

Roger Fajardie est apparu dans la vie de François Mitterrand en 1970. Il est maçon, tout comme Gérard Jaquet qui a provoqué la rencontre entre les deux hommes, même si son goût pour une certaine liturgie l'a fait surnommer « le Chanoine ». Il a suivi Guy Mollet, s'est vu confier la responsabilité des Jeunesses socialistes, s'est ensuite rapproché de Mauroy, est enfin entré, en 1963, au comité directeur de la SFIO, où il suit les affaires électorales. Il en a acquis une connaissance de la carte électorale socialiste qui émerveillera Mitterrand et qui s'avérera d'une rare efficacité à Épinay.

« En deux mots, voici la manœuvre telle que l'a conçue l'état-major mixte Convention-PS qui se réunit hebdomadairement chez Gérard Jaquet, expliquent Roger Faligot et Rémi Kauffer*. Au congrès, Savary présentera sa propre motion, en principe majoritaire. Pour mieux appâter l'élu socialiste de base, les mitterrandistes se diviseront en deux. Côté cour, une motion Defferre-Mauroy [...], côté jardin une motion commune Mermaz (Convention)-Pontillon (PS). Des négociations menées en coulisse avec les animateurs du CERES, hier poulains de Mollet, permettront à ceux-ci de rentrer à leur tour dans ce jeu complexe tout en défendant pour la forme leur propre motion. Rassuré par cette apparente division de ses adversaires, Savary ne manquera pas de tomber dans le piège en menant une campagne sans relief. Et puis, le jour du congrès, les masques tomberont... »

Les deux motions ont, en fait, été mises au point par Jaquet et Fajardie. Et s'il manquait de quoi étayer leurs soupçons, ceux qui accusent la Rue Cadet de s'être immiscée dans un débat bien temporel disposent maintenant d'une preuve : une même petite phrase dans les deux textes, échappée à la vigilance de ses auteurs... A n'en pas douter, les deux frères Gérard Jaquet et Roger Fajardie.

Reste un dernier acte, qui se déroulera à nouveau du côté de la rue Cadet. Si Roger Fajardie acquiert de plus en plus d'importance au Grand Orient — il va accéder au conseil de l'ordre —, Guy Mollet, pour sa part, renonce à « tailler la pierre » plus longtemps au sein d'une obédience qu'il accuse de trahison. Il cessera dès lors toute relation avec le Grand Orient, coupable selon lui d'avoir fait la part trop belle à François Mitterrand. Guy Mollet ne frappera plus jamais à la porte d'un temple.

* *Éminences grises*, Fayard, 1992.

Au lendemain d'Épinay, c'est entouré des mêmes hommes que François Mitterrand peaufine le Programme commun et poursuit sa marche vers l'Élysée. Un autre maçon, Joseph Franceschi, député-maire d'Alfortville et plus tard secrétaire d'État à la Sécurité publique, est venu se joindre à la troupe des fidèles chargés d'organiser la campagne de la présidentielle de 1974. Cette fois, les grognards du mitterrandisme y croient. Mais, le 19 mai, il manque 300 000 voix. Valéry Giscard d'Estaing est élu.

Fajardie n'a pourtant pas fini d'être utile au premier secrétaire du PS. Celui-ci lui accorde quelque chose comme de l'amitié, cheminant parfois en sa compagnie dans les campagnes du Cher, son département, voisin de la Nièvre. Il « a ses raisons, notent Faligot et Kauffer : Il compte sur Fajardie, le plus proche de lui parmi les cadres de l'ex-SFIO, pour mettre au pas les " barons " socialistes de province, épines de la rose PS qui pourraient chercher à brider son pouvoir ». Pas d'investiture du PS, en tout cas, si l'on déplaît au « Chanoine ». Tout aussi influent en franc-maçonnerie qu'en politique, celui-ci n'a même pas à balancer entre le temple et le forum, puisqu'on le retrouve bientôt propulsé à la présidence de la Fraternelle Ramadier, qui réunit tous les élus socialistes maçons. Il finira cependant par s'empêtrer dans ses convictions, incapable de choisir entre son amitié pour Mauroy et son admiration pour Mitterrand, au moment du congrès de Metz, en 1979. Cette année-là est celle du divorce entre les deux hommes. Mauroy soutient Rocard contre Mitterrand pour la direction du parti. « A l'époque, je croisais souvent la bande de Fajardie au Grand Orient, lorsque j'allais y déjeuner, raconte Gilles Martinet. Il y avait là tous les gens qui gravitent encore autour de Mauroy : ils préparaient l'alliance avec Rocard, en réplique à l'accord de Mitterrand avec le CERES. » Fajardie paiera le prix de ses hésitations. Mais même quand il aura été remplacé aux affaires électorales par Paul Quilès (assisté en l'occurrence par Jean Auroux, Henri Emmanuelli et Christian Nucci, tous quatre déjà ou bientôt francs-maçons, tous quatre futurs membres du gouvernement socialiste) ; même quand il aura été évincé de toutes ses fonctions au PS, il recevra la récompense de son dévouement à Mitterrand. Il figurera en bonne place sur la liste socialiste aux élections européennes de 1979. Il siégera effectivement à Strasbourg, où il animera la Fraternelle du parlement européen. Il sera encore directeur adjoint de la campagne présidentielle de 1981. Et enfin, conseiller de Pierre Mauroy, premier chef du gouvernement de la France mitterrandienne.

La gauche au pouvoir, la franc-maçonnerie se retrouve aux premières loges de la République. Aux frères ministres, s'ajoutent les frères de l'Élysée. Guy Penne en est ainsi que Michel Vauzelle, ancien membre du cabinet de Jacques Chaban-Delmas à Matignon, rallié au second tour seulement à la candidature de François Mitterrand à la présidentielle de 1974, mais directeur adjoint de sa campagne en 1981. Michel Charasse, nouvelle éminence grise du président, ancien bras droit de Gaston Defferre et futur ministre du Budget de Michel Rocard avant de se réfugier au Sénat, est-il déjà franc-maçon ? Il se donne en tout cas beaucoup de mal pour accréditer son appartenance* ! Quant aux cabinets ministériels, ils regorgent de tant de frères que Roger Leray, alors grand maître du Grand Orient, les réunira tous rue Cadet dès les premiers jours du septennat.

Roger Leray déjeune, d'ailleurs, chez le nouveau président, rue de Bièvre, dès le 12 mai 1981. Voilà le vrai « maçon de Mitterrand », celui qui tire le Grand Orient du côté du socialisme. Fils d'un chauffeur-livreur de Levallois-Perret, d'abord ouvrier tourneur, c'est par le biais du radicalisme qu'il est venu en loge. Il a rejoint le parti de Mendès France dès 1954, et il a, comme Roger Fajardie, mené de pair sa vie politique et son engagement maçonnique. Depuis toujours, il se situe au Grand Orient dans la lignée du courant le plus progressiste, incarnée au début des années 60 par le grand maître Jacques Mitterrand. Comme

* On le verra plus tard, à Rouen, refuser avec ostentation de pénétrer dans l'église où se célébraient les obsèques d'un fonctionnaire des douanes.

lui, il va rejoindre le socialisme. Et comme lui, il sera élu grand maître : il le restera de 1979 à 1981, puis de 1984 à 1988.

« Pour moi, la franc-maçonnerie est une institution éminemment politique, dit-il. Elle est un microcosme, elle reflète la société dans laquelle elle se développe. » En 1979, alors que la gauche s'apprête à triompher en France, Leray succède à Michel Baroin. Face à lui, il y avait deux candidats : Georges Fontès, maire RPR de Béziers, secrétaire d'État aux Anciens Combattants de Jacques Chirac, entre 1986 et 1988, qui finira d'ailleurs par être exclu du Grand Orient pour une « malencontreuse » alliance avec le Front national ; et un rocardien, Edmond Corcos, proche de l'ancien grand maître Fred Zeller. Mais Leray dispose d'appuis plus « contemporains », celui, notamment, de Fajardie et de sa Fraternelle Ramadier.

Les socialistes de la rue Cadet, pour le coup unis, ont imposé la candidature de Leray, ami personnel de François Mitterrand. Son attitude, dans les années 70, en faveur de l'union de la gauche et du Programme commun ne lui vaut pas que des amis au sein de l'obédience : est-ce vraiment compatible avec la philosophie maçonnique ? Il exaspère, en réalité, nombre de ses frères par son militantisme. Dans *le Monde* du 13 août 1981, le nouveau grand maître n'en affiche pas moins ses positions, entraînant ainsi au passage la totalité de son obédience : « Les projets du gouvernement, dit-il, correspondent à la sensibilité des francs-maçons du Grand Orient de France. » Leray nourrit « déférence et affection » pour François Mitterrand : « Quoi qu'il arrive, c'est un homme que je continuerai de porter dans mon cœur. » Le président le lui rendra bien.

Alerté par Guy Penne, Leray fait le ménage autour de Mitterrand quand l'Élysée est submergé de demandes des maçons : il adresse alors à toutes les loges du Grand Orient une circulaire par laquelle il rappelle chacun à la bienséance, transmet copie de ce courrier à toutes les obédiences. Bien des frères, peu ou mal informés, croient encore, à cette époque, que Mitterrand a été initié... Leray n'est pas seulement un appui précieux, il est aussi un garde-fou. Le contraire, dans l'esprit du président, de Paul Gourdot, grand maître du Grand Orient entre deux mandats de Leray, qui indignera le chef de l'État en lui adressant des « remontrances » en 1982, en pleine bataille de l'enseignement privé. (Voir sa lettre en annexe.)

Car si François Mitterrand a compris tout l'intérêt d'entretenir de bonnes relations avec les francs-maçons — et particulièrement ceux du GO, plus ouverts aux thèses socialistes —, il n'est pas homme à se laisser enfermer dans un système qu'il ne contrôle pas. Encore moins disposé à se laisser dicter une conduite et à se voir « fermement » rappelé à l'ordre. Sous le règne de Gourdot, les relations entre l'Élysée et la Rue Cadet marquent le pas. Jusqu'à ce que Leray, en 1984, préside à nouveau aux destinées de l'obédience. Mais l'attitude de Mitterrand ne sera plus jamais la même à l'égard de la franc-maçonnerie.

Si à nouveau il fait appel à Leray au moment de l'affaire calédonienne, s'il envisage en avril 1988 de l'envoyer comme médiateur pour négocier avec les rebelles kanaks qui retiennent des gendarmes en otages dans une grotte d'Ouvéa, et s'il le fait participer à la mission de conciliation mandatée par Rocard avant les accords Matignon, ce n'est assurément pas pour s'attirer les bonnes grâces des francs-maçons. Ceux-ci feront d'ailleurs payer à Leray le fait de s'être ainsi laissé utiliser par le pouvoir politique en ne le réélisant pas à la grande maîtrise en 1988. Si Mitterrand accepte de placer le convent international de 1987 sous son haut patronage, est-ce vraiment comme s'en réjouit Leray une « habilitation », une « reconnaissance du fait maçonnique au plus haut niveau de l'État » ? Si le président se rend discrètement au chevet de Leray atteint d'un cancer, s'il tient à assister à la levée de son corps après qu'il s'est éteint le 4 septembre 1991, c'est à l'homme qu'il rend hommage, bien plus qu'à l'ancien grand maître. François Mitterrand n'a plus besoin des maçons...

« Il ne m'a pas encore reçu, et ce n'est certainement pas normal, se plaignait Gilbert Abergel, nouveau grand maître du Grand Orient, lorsque nous l'avons rencontré en 1993, six mois après son élection rue Cadet. Il m'a simplement fait adresser une belle lettre, dans laquelle il assurait qu'il " ne manquerait pas de m'inviter ", mais il n'y a jamais eu aucune suite. Cela m'a d'autant plus étonné qu'il était un ami de Roger Leray, avec qui j'étais moi-même très lié. Je crois qu'une explication s'impose : il n'éprouve pas une grande admiration pour ce que nous sommes. Seuls les hommes l'intéressent, pas les institutions. »

Que François Mitterrand soit méfiant à l'égard de la franc-maçonnerie est une évidence. Le Grand Orient n'est pas près d'oublier sa petite phrase de janvier 1992, à propos du scandale politico-financier de la Sages, l'une des « pompes à finances » du PS, dont le président Michel Reyt venait d'être entendu par la justice. Dans un article intitulé « Les colères de Mitterrand », *le Monde* rapportait comment le chef de l'État, recevant des journalistes en privé, avait tenu des propos très durs contre « ce petit groupe maçonnique », « ce petit groupe de copains ». Rue Cadet, on est alors frappé de stupeur. Un communiqué est aussitôt adressé à la presse. Rédigé au conditionnel. Comme pour bien marquer qu'on ne peut totalement se résoudre à admettre la réalité de ces accusations : « De telles assertions, par un risque d'amalgames, contribueraient à jeter le discrédit sur l'ensemble des francs-maçons. Dans la période actuelle, caractérisée par la montée des thèmes d'extrême droite, de tels propos, préjugeant de surcroît les conclusions des enquêtes judiciaires, seraient d'autant plus inacceptables qu'ils auraient été tenus par le premier magistrat, garant des institutions républicaines. »

« Il est certain que l'affaire en elle-même aurait pu prendre des proportions inquiétantes, provoquer bien d'autres attaques contre la franc-maçonnerie, dit Jean-Robert Ragache, alors grand maître du GO. Pour tout dire, nous nous attendions à une campagne, dans laquelle nous aurions une fois de plus joué le rôle de bouc émissaire. Or, il n'y a eu que François Mitterrand pour se laisser aller à une réflexion malheureuse. Cela pouvait d'ailleurs prouver, *a contrario*, que notre image s'améliorait dans l'opinion. »

« Que » François Mitterrand... La dernière personne, tout de même, dont on aurait attendu une manifestation d'antimaçonnisme primaire. Lui, l'intime des Beauchamp, Hernu, Dumas, Penne; l'ami de Fajardie et de Leray; lui, le président de « la reconnaissance du fait maçonnique au plus haut niveau de l'État ».

Les maçons, aujourd'hui, ne sont pas tendres pour lui. Que Michel Reyt ait pu nous dire qu'il ne s'était pas seulement senti « lâché » mais « attaqué » par le président ne nous a pas surpris : « C'est pourtant moi qui l'avais accueilli à la porte du Grand Orient, lors de sa visite en 1971 », dit-il amer. Que Guy Penne minimise l'importance de « l'incident », et même la réalité d'un quelconque intérêt de François Mitterrand pour le fait maçonnique, ne nous a pas plus perturbés : « Ses attaques contre les maçons? Quelles attaques? interroge-t-il. Traiter quelqu'un de " copain " , ce n'est tout de même pas méchant! En fait, il s'en fout, Mitterrand, de la franc-maçonnerie! Je crois même pouvoir dire qu'elle ne l'a jamais tenté. Avec son beau-père, il aurait pourtant pu y trouver une voie royale, s'il l'avait voulu. Il n'est ni pour ni contre, tout au plus agacé, comme toujours lorsqu'il ne peut pas contrôler. » Anecdote à l'appui : « Je me souviens d'une soirée passée avec lui à Lyon, en 68, en compagnie d'Hernu et de nos épouses. A un moment, il s'était penché vers ma femme et lui avait demandé : " Et vous, vous en faites partie de leur petit club? Non? Vous avez raison : ça ne va pas très loin, tout ça "... »

Un ancien grand maître adjoint, Patrick Kessel, avoue, lui : « Je crois qu'il nous hait. » Voilà qui est significatif d'un état d'esprit.

« Il a jeté les maçons en pâture à la vindicte, argumente Kessel. Il n'aurait évidemment pas désigné de la même façon des " copains juifs pieds-noirs "! L'affaire Reyt? Personnellement, j'en ai vu bien d'autres en trois années passées dans un cabinet ministériel! Il faut bien que quelqu'un paie. Mitterrand, qui n'a jamais un sou sur lui, devrait être le premier à le savoir. Je finis par me demander si toute cette histoire n'est pas un fer au feu pour faire porter le chapeau aux maçons. Comme par hasard, tous les noms qui sortent sont des noms de maçons ! » Après Michel Reyt, Henri Emmanuelli se retrouve en effet accusé : le 14 septembre 1992, le président de l'Assemblée nationale est inculpé de complicité et recel de trafic d'influence en tant qu'ancien trésorier du PS. Après Emmanuelli, c'est au tour de Jean-Yves Le Drian, maire de Lorient et ancien secrétaire d'État à la Mer d'Édith Cresson...

Où se situe, en fin de compte, François Mitterrand par rapport à cette institution qu'il a tant côtoyée, et tant utilisée ?

« J'ai pour lui une grande estime et beaucoup d'amitié, dit Henri Caillavet, mais c'est un homme éclaté. Ah, ses atermoiements ! Je l'imagine déchiré entre sa sœur, catholique fervente, son beau-père maçon, sa femme, sans doute beaucoup plus proche que lui de la maçonnerie... N'oublions jamais qu'il a été élevé chez les maristes ! Il se dit agnostique, mais je ne le crois pas. Il se protège. Sa statue intérieure est une icône ! C'est en tout cas quelqu'un qui n'a absolument aucune des qualités nécessaires pour être franc-maçon, ct c'est pourquoi il ne nous comprend pas, il a toujours eu peur de nous. Je le compare volontiers à Louis XI, pour qui j'ai une grande admiration ».

Henri Caillavet a eu, lui aussi, l'occasion d'aborder le sujet de la franc-maçonnerie avec François Mitterrand : « Je me souviens de ses reproches, dit-il : " Pourquoi vous cachez-vous ? Pourquoi entretenez-vous des secrets ? Pourquoi vous engagez-vous dans des débats qui blessent ceux qui n'y participent pas ? " Un jour, il m'a dit : " Des maçons, j'en ai autour de moi. Peut-être trop... " »

Tout au long de sa vie, le président aura en tout cas été avare de gestes gratuits : rien qui n'ait un sens, rien qui n'ait un but. Beaucoup de maçons autour de lui? Incontestablement. Mais aussi beaucoup de juifs, de protestants, de catholiques : un formidable réseau, en fait, développé dans tous les milieux, une fédération de groupes d'appartenances dont lui-même s'est toujours bien gardé de faire partie. Dont il a été le protecteur, jamais le prisonnier. Aujourd'hui, à l'issue de son second septennat, le président n'a plus besoin de personne. Pas même des maçons.

V

Du temple au forum

« Il y a quelques années, quand notre obédience a dû envisager la construction d'un nouveau temple pour remplacer celui, devenu trop exigu, du boulevard Bineau, nous sommes allés voir Jacques Chirac », raconte Yves Trestournel, ravi de l'opération réalisée ce jour-là par la GLNF. « Nous lui avons exposé notre problème, et il s'est montré bienveillant à notre égard. La mairie de Paris nous a vendu à moitié prix un terrain de 8 500 mètres carrés rue Christine-de-Pisan ! » Mais l'opération n'est pas terminée : « Ensuite, nous avons rencontré les dirigeants de la Caisse des Dépôts et Consignations, alors dirigée par le socialiste Robert Lion. Eux se sont engagés à devenir nos locataires. Ils nous ont signé un bail de 30 années, qu'ils nous ont payées immédiatement, pour 4 200 mètres carrés de bureaux. Financer la construction du nouveau temple parisien de la GLNF sur les 4 200 mètres carrés restants devenait dans ces conditions un jeu d'enfant. Comme nous bénéficions en outre d'une détaxe, de par notre vocation cultuelle... »

A droite comme à gauche, les hommes politiques n'accomplissent guère de gestes gratuits. Les faveurs accordées à la GLNF étaient destinées à courtiser autant qu'à ne pas froisser une obédience qui, pour ne pas être la plus importante du mouvement maçonnique, ne manque pas d'influence au sein de la droite humaniste. Par son recrutement même, la franc-maçonnerie a toujours été proche des pouvoirs. Mais les relations entre les hommes politiques et les francs-maçons n'en sont pas moins complexes. Les premiers s'acharnent à vouloir séduire les seconds. Les seconds s'obstinent — avec un inégal bonheur selon l'obédience à laquelle ils appartiennent — à maintenir les premiers à distance. « Le pouvoir continue d'exercer sa fascination sur certains de nos frères, reconnaît un maçon du Grand Orient. On assiste depuis une dizaine d'années à un retour en force des hommes politiques dans les loges. » Sont-ils entrés en maçonnerie pour mieux négocier leur carrière ? Ou bien ont-ils ressenti un jour le besoin d'une formation spirituelle susceptible de les rendre meilleurs, plus efficaces, plus utiles ?

A tous les niveaux de la vie politique, il est impossible d'ignorer le fait maçonnique. Aucun candidat à la présidence de la République ne peut déroger à l'obligation d'aller s'expliquer devant les initiés. François Mitterrand, Valéry Giscard d'Estaing, Jacques Chirac, Michel Rocard — et même Coluche ! — ont tous participé, à des « tenues blanches ouvertes », ces réunions au cours desquelles une loge invite une personnalité extérieure à venir s'exprimer devant un auditoire d'initiés et de profanes. Les « présidentiables » se déplacent. Signe de l'importance qu'ils accordent au mouvement et à ses représentants.

L'idéal du maçon étant de participer à la construction du Temple de l'Humanité — en « rassemblant ce qui est épars », en contribuant au perfectionnement collectif par le perfectionnement individuel —, il n'est pas extravagant de le voir s'intéresser à la politique, au sens premier du terme, c'est-à-dire à l'organisation de la vie dans la cité. Convaincu que la volonté politique doit primer sur les contingences économiques — et non l'inverse — il va donc concevoir sa plongée dans le forum comme un aboutissement logique de son cheminement spirituel. Pour le Dr Pierre Simon, ancien grand maître de la GLF, le maçon ne serait rien d'autre qu'un homme perpétuellement en question, se mettant au service d'autrui. « Je suppose, dit-il, que leur volonté de se dévouer au bien public suffit à expliquer la présence de nombreux maçons au Parlement. » Guy Penne, aujourd'hui sénateur des Français de l'étranger, est certain que « les maçons sont des militants, pas des citoyens lambda ». Michel Barat, hier encore grand maître de la GLF, les voit comme « des gens qui s'intéressent à la vie de leurs contemporains, qu'il serait donc surprenant de ne pas retrouver dans les associations, les conseils municipaux, au Parlement et au gouvernement ».

Daniel Ligou, prolifique exégète de la franc-maçonnerie, a défini la portée et les limites de l'engagement politique du maçon : « Le maçon, explique-t-il, doit s'occuper de politique. Il peut être un homme politique. Il doit s'informer, participer. C'est un devoir de citoyen. Mais il doit aussi laisser les métaux à la porte du temple, c'est-à-dire ne pas laisser la politique intervenir dans les rapports entre frères, créer la diversion entre eux ou entre les loges. Les francs-maçons ne doivent avoir d'allégeance envers aucun parti politique. La seule politique est définie par les articles fondamentaux de la Constitution : solidarité, tolérance, croyance au progrès*. » Car le frère, quel que soit son engagement, ne représente que lui-même, jamais l'obédience dans sa globalité.

Cela, c'est la règle. Est-elle toujours appliquée ? A l'évidence, non. En premier lieu, toutes les obédiences, toutes les loges, tous les maçons, ne vivent pas la politique de la même manière. « De sensibilité, nous sommes pour notre part plutôt conservateurs, confesse Claude Charbonniaud, grand maître de la GLNF. Un certain nombre de nos frères sont membres du RPR. Mais cela ne nous empêche en rien de réaffirmer que la GLNF se veut étrangère au débat politique, d'ailleurs interdit en loge. Nos réunions sont consacrées à des discussions, des recherches sur le rituel, le symbolisme,

* *Dictionnaire de la franc-maçonnerie*, PUF, 1991.

l'ésotérisme. Nous n'évoquons jamais les institutions ou l'évolution de la société, et nous tenons à ce qu'il en soit ainsi. Le temple doit constituer une parenthèse dans la vie quotidienne. » On retrouve le même discours à la GLF, considérée comme plutôt centriste. Elle aussi exclut tout débat politique. On y exprime même une vive aversion à l'égard de la politique politicienne, cette « politicardie » que l'ancien grand maître Jean Verdun dénonçait violemment en 1986, en évoquant « le retour catastrophique dans les rouages de l'État d'une franc-maçonnerie à la spiritualité délavée ». Une franc-maçonnerie, disait-il, « qui redeviendrait l'instrument des partis, qui servirait d'appât pour les petites ambitions, qui referait [des] loges des alvéoles électorales ». Le message était clair. Jean Verdun montrait ainsi du doigt le Grand Orient, trop présent à son goût dans les coulisses du pouvoir : une « franc-maçonnerie d'État », selon lui. Les termes sont aujourd'hui plus mesurés, mais le message est resté le même : chaque membre de la Grande Loge de France est libre de s'engager, à titre individuel et comme il l'entend dans l'action sociale, politique et syndicale ; mais les loges — et la Grande Loge qui les fédère — doivent se tenir à l'écart des disputes de la compétition politique.

Pourquoi tant de vindicte envers le Grand Orient de France ? L'obédience de la rue Cadet s'est impliquée dans la vie politique du pays. Proche des socialistes, elle n'a pas toujours su résister à l'envie de faire entendre sa voix. Tantôt, c'est un grand maître qui se prononce en faveur d'un candidat à l'élection présidentielle : c'est arrivé en 1965, et le candidat s'appelait François Mitterrand. En 1988, c'est un autre grand maître, Jean-Robert Ragache, qui se déclare convaincu que les frères de son obédience ont fait leur choix : en faveur de François Mitterrand, à nouveau. Cet engagement provoque d'ailleurs de sérieux remous au sein de l'obédience, loin d'être unanimement socialiste. Gilbert Abergel, actuel grand maître du GO, a d'ailleurs jugé nécessaire de faire une mise au point sur cette question, rappelant que la franc-maçonnerie se devait de rester « en amont du débat politique ». Pour lui, l'urgence de la maçonnerie consiste à travailler à la création de nouvelles pensées, et à pousser chaque homme à participer à la vie collective et sociale. « Il y a des engagements communs, dit-il, qui relèvent de la philosophie politique. Il n'y a pas de synthèse politicienne du type adhésion à un même parti, ou pire à un même courant du PS. Nous comptons parmi nous des républicains de gauche et de droite. Seuls les membres du Front national sont exclus. »

Les francs-maçons n'aiment pas les étiquettes. Ils ont quelques solides arguments à opposer à ceux qui s'acharneraient à vouloir les classer politiquement à partir de leur appartenance à telle ou telle obédience. S'il est vrai que la GLNF, par exemple, penche à droite, il est non moins vrai qu'on y retrouve nombre de progressistes, tel l'ancien député socialiste des Vosges Christian Pierret, aujourd'hui directeur général du groupe Accor. Si la GLF se situe, elle, plutôt au centre, cela ne l'empêche pas de compter parmi ses adhérents quelques personnalités très engagées à gauche, tel André Laignel, ancien ministre socialiste et champion du camp des laïcards. A plusieurs reprises, le Grand Orient, supposé être aux mains des socialistes, a porté à sa tête des grands maîtres classés à droite : Michel Baroin, proche de Jacques Chirac, ou Jean-Pierre Prouteau, secrétaire d'État de Valéry Giscard d'Estaing.

Ces paradoxes apparents sont explicables. D'une part — et c'est le principe de base de la franc-maçonnerie — tout maçon est « un homme libre dans une loge libre », c'est-à-dire libre dans ses choix religieux, politiques ou philosophique au sein d'un « atelier » lui-même libre par rapport à l'obédience. D'autre part, il est évident qu'un nouvel initié frappera d'abord à la porte du temple de la personne qui l'a sollicité : « C'est le hasard du parrainage qui a conduit mes pas vers la GLF, avoue à ce propos André Laignel. Mais cela ne m'a jamais empêché de me sentir à l'aise au sein de ma loge, que l'institution soit ou non marquée à droite. »

L'œcuménisme politique de la franc-maçonnerie souffre cependant quelques exceptions. Adhérer au Parti communiste n'a jamais été le meilleur moyen de se faire admettre au sein d'une obédience, même si, dans les loges, l'exclusion n'est pas automatique. Il existe en revanche une incompatibilité fondamentale entre les thèses du Front national et la philosophie maçonnique. Toutes les obédiences affirment rejeter l'organisation, l'idéologie et les représentants de Jean-Marie Le Pen. Oh, bien sûr, certaines peuvent avoir laissé entrer un « loup » FN dans la bergerie. Elles ont pu être abusées, et parfois victimes d'infiltrations. Mais elles s'emploient à faire le ménage : « Nous avons éjecté du Grand Orient quelqu'un qui s'était présenté comme tête de liste du Front national aux élections municipales de Montereau », avoue par exemple Bernard Teper.

Il reste que la réalité s'avère, cette fois encore, plus complexe. Yvan Blot, député européen du Front national, transfuge du RPR, ancien directeur de cabinet d'Alain Devaquet — et accessoirement fils de maçon —, nous a affirmé qu'on lui avait proposé à trois reprises d'entrer en maçonnerie, lui laissant clairement entendre, dit-il, que cela ne pouvait qu'être favorable à sa carrière : « Les deux premières fois, j'appartenais encore au RPR ; mais la troisième fois, alors que la proposition émanait d'un frère de la GLNF, j'étais déjà membre du Front national. » Yvan Blot s'interroge, d'ailleurs, sur l' « ostracisme » dont serait victime son parti. L'incompatibilité des philosophies ? Il n'y croit pas une seconde : « J'ai des amis au Grand Orient qui nous rejoindraient volontiers, affirme-t-il. Ils ne le font pas parce qu'ils seraient aussitôt exclus de leur loge : je pense en particulier à un député du Nord... Il faut bien se rendre compte que, pour certains maçons, l'exclusion du Grand Orient signifie une perte de clientèle et d'électeurs... » Blot, qui se flatte d'avoir reçu Michel Baroin au Club de l'Horloge, s'insurge contre ce qu'il appelle l'« intégrisme » de la franc-maçonnerie : « Il y a manque de démocratie dans ce mouvement puisqu'il y est interdit d'appartenir à un parti légal. Le Front national fait partie de l'arc républicain, que je sache ! Cette interdiction n'est-elle pas contradictoire avec le fondement de la maçonnerie, " un homme libre dans une loge libre " ? »

Comment le Front national, à l'inverse, considère-t-il la franc-maçonnerie ? Avec une certaine indifférence, à en croire Yvan Blot : « Le Pen n'est pas obsédé par le sujet, dit-il. Il est de toute façon trop pragmatique pour avoir envie de se lancer dans une croisade à laquelle notre clientèle ne serait pas réceptive. Certes, il lui est arrivé de répondre aux attaques, mais jamais d'attaquer... » Avec toutefois une certaine vigueur, si l'on se rappelle l'épisode de l'exclusion du Parti radical d'Hervé de Fontmichel, le maire de Grasse, pour l'alliance qu'il avait conclue en 1987 avec le Front national. Le Pen n'avait pas du tout apprécié l'attitude du parti d'André Rossinot, frère du GO, derrière lequel se profilait, selon lui, « un nouveau terrorisme ». Jeu de mots à l'appui : « Après le terrorisme moyen-oriental et proche-oriental, voici le terrorisme grand-oriental ! »

Les publications d'extrême droite ne se privent pas de dénoncer le « complot judéo-maçonnique », même si elles semblent s'évertuer à pratiquer des distinguos entre les obédiences. Selon l'hebdomadaire *Minute,* « la GLNF, la GLF ou la GLNF Opéra — loge minoritaire issue de Bineau — acceptent parfaitement que leurs adhérents militent au Front national ». On trouverait des frères dans l'entourage de Jean-Marie Le Pen... C'est clair : l'ennemi juré de l'extrême droite, c'est le maçon du Grand Orient. Mais comment, dans ces conditions, ne pas s'étonner de la vigueur avec laquelle le Front national s'est attaché à faire mordre la poussière au frère de la GLNF Michel Mouillot, maire UDF de Cannes, lors des élections législatives de mars 1993 ?

Plus troublant encore, la presse d'extrême droite est parfaitement informée sur le sujet. Régulièrement, *le Crapouillot* publie un numéro spécial consacré au « monde secret des francs-maçons », dans lequel il s'attache, en particulier, à dévoiler les identités des initiés du monde politique. « A deux ou trois erreurs près, leurs listes sont étonnamment précises ! » affirme un frère du Parti socialiste. A en croire le Dr Pierre Simon, ils devraient beaucoup, dans ce domaine, à un maçon renégat, Jean-André Faucher : « Il nous a vendus au *Crapouillot* et à tout le monde ! » Plus qu'une simple intuition, si l'on dissèque par exemple le n° 104 du *Crapouillot*, qui reprend mot pour mot un chapitre du livre *les Francs-Maçons et le pouvoir*, du même Jean-André Faucher...

En comparaison, la situation peut apparaître simple du côté du RPR. Le parti gaulliste compte dans ses rangs un certain nombre de frères qui forment un groupe au sein de son conseil national. Ceux-ci ne manquent pas de s'y exprimer lorsqu'il s'agit, par exemple, d'émettre des doutes sur l'opportunité de la suppression de la loi Falloux. Minoritaires, ils se heurtent parfois à une franche hostilité. Yvan Blot rapporte une anecdote significative, vécue à l'époque où il appartenait au RPR : « Lors du congrès de Grenoble, dit-il, j'avais proposé comme slogan " Liberté, égalité, fraternité ", ce qui provoqua la colère de Claude Labbé, alors patron du groupe parlementaire : " Ça pue la franc-maçonnerie ! C'est un slogan qui ne nous convient pas du tout ! " » C'est devenu « liberté, nation, progrès ».

Au RPR, les maçons bénéficient d'une certaine bienveillance de la part de Jacques Chirac. Mais il est vrai que ce dernier — dont le grand-père fut vénérable d'une loge du Grand Orient de Brive — a su s'attirer l'estime des initiés. Jusqu'à se voir décerner — y compris par des frères socialistes — ce véritable brevet de moralité : « C'est un maçon sans tablier. »

Chirac s'est entouré, à la mairie de Paris, de deux adjoints maçons : Jacqueline Nebout, sœur de l'obédience mixte du Droit humain, et Manuel Diaz, du GO. Sur les 4 000 employés de l'Hôtel de Ville on compterait même, selon *l'Express*, plus de 680 frères ! L'hebdomadaire, citant ce chiffre faramineux, affirme le tenir de Jacqueline Nebout elle-même. En 1986, lors de la première cohabitation, Chirac Premier ministre a en outre appelé plusieurs frères ou sœurs au gouvernement : Lucette Michaux-Chevry, Christian Bergelin, André Santini, Didier Bariani, Alain Devaquet, Georges Fontès, André Rossinot... L'histoire de la nomination de ce dernier a fait florès : « Tu es gros, lui dit un jour Chirac, tu aimes bien bouffer, tu es franc-maçon... Tu auras les relations avec le Parlement ! »

Une cohabitation chasse l'autre... Et la seconde, celle d'Édouard Balladur, est loin de compter autant de représentants des obédiences que la première. On y retrouve Lucette Michaux-Chevry et André Rossinot tous deux « en sommeil » vis-à-vis de leur loge, auxquels d'aucuns ajoutent Michel Roussin, le ministre de la Coopération, et Roger Romani, chargé des relations avec le Sénat et des Rapatriés. Relevons que Roussin et Romani, avant leur entrée au gouvernement, comptaient parmi les plus proches collaborateurs de Chirac.

Moins nombreux sous la férule directe de Balladur, les maçons sont en revanche très présents dans les cabinets ministériels — « On pourrait parfaitement créer une fraternelle des anciens de l'ENA », plaisante un frère de la GLF. Après Roger Leray, Jean-Robert Ragache a d'ailleurs organisé rue Cadet des réunions de ces frères, hommes de l'ombre des ministères : « Pour que chacun se reconnaisse, plaide-t-il. Pour qu'il y ait un lien entre nous. » De là à envisager un réseau...

Charles Pasqua, lui, l'a compris. L'actuel ministre de l'Intérieur a toujours su composer avec les circuits maçonniques, auxquels il fait appel, notamment, lors de ses incursions en terre africaine. Son discours n'est jamais neutre lorsqu'il évoque la question de la laïcité : ce n'est pas un hasard. « Je suis catholique et je vais à la messe, mais je suis profondément laïc, affirmait-il dans une interview accordée au journal *le Monde* en date du 2 juin 1993. J'ai été élevé dans une tradition qui était à la fois celle de l'école de Jules Ferry et celle de l'Église catholique. » Républicain, donc. Mais tolérant, autant qu'on peut l'être... Ne s'est-il pas entouré de plusieurs francs-maçons depuis son retour place Beauvau :

Philippe Massoni, qu'il a ensuite nommé préfet de police de Paris, le député des Hauts-de-Seine Jean-Jacques Guillet, ou Bernard Tomasini, fils de René, un gaulliste historique. Dans son département, le ministre de l'Intérieur cohabite plutôt bien avec les frères Patrick Devedjian, député-maire RPR d'Antony, et André Santini, député-maire UDF d'Issy-les-Moulineaux. Michel Barat, ancien grand maître de la GLF, y est devenu depuis peu, et par sa grâce, directeur général du futur pôle universitaire des Hauts-de-Seine, qui devrait ouvrir ses portes à la Défense à l'automne 1995. Quant à son poulain, le député RPR de Haute-Vienne Alain Marsaud, il se contente de commenter sans infirmer : « Les gens se plaisent à me faire passer pour un maçon. » Bien des initiés se demandent aujourd'hui s'il ne faut pas attribuer à ses nouvelles fréquentations l'origine de la notable évolution du discours de Pasqua...

La plupart des maçons gaullistes se retrouvent par ailleurs dans le « CA 25 » ou « Cercle des amis du 25 mars 1977 », une association — une fraternelle, en fait — ainsi baptisée en référence à la date de l'élection de Jacques Chirac à la mairie de Paris. Créé en 1982 par Michel Sy, directeur de recherche au CNRS, ancien député UDR du 18ᵉ arrondissement de Paris et membre du GO, le « CA 25 » ne poursuivait qu'un but, selon son fondateur : « Montrer à Chirac qu'un certain nombre de maçons étaient derrière lui et que le GO n'était pas totalement inféodé au PS. » « Avec nos sections de province — Orléans, Rouen, Marseille, Toulouse — nous avons compté jusqu'à 2000 membres, dit aujourd'hui Michel Sy. Nous organisons toujours, trois fois par an et avec des responsables politiques, des dîners qui réunissent entre 60 et 100 personnes. Sous la première cohabitation, nous comptions parfois jusqu'à 200 convives. »

Et à l'UDF ? L'attitude à l'égard de la franc-maçonnerie y est contrastée, dans la mesure où cette fédération de partis réunit deux philosophies politiques qui n'ont cessé de se heurter au cours de l'histoire : celle de la démocratie chrétienne avec le CDS et celle de la laïcité avec le Parti radical. Pour d'évidentes raisons historiques, le Parti radical fournit le gros des troupes maçonniques de l'UDF. A nouveau élu président du Parti radical, André Rossinot n'a jamais dissimulé son appartenance, pas plus que l'un de ses prédécesseurs, Didier Bariani. Ce dernier l'admet volontiers : « Plus de la moitié du Parti radical, dit-il, appartient à la franc-maçonnerie. » L'ancien secrétaire d'État aux Affaires étrangères du gouvernement de la première cohabitation n'évoque pas l'attitude de Valéry Giscard d'Estaing à l'égard des loges. Mais comment pourrait-il ignorer l'anecdote mille fois racontée de son « initiation manquée » ? Un conseiller du président de la République, Victor Chapot, avait entrepris d'effectuer une sorte de « tournée » des obédiences afin de déterminer laquelle réserverait le meilleur accueil à son grand homme. Or, il advint que l'hebdomadaire satirique le mieux informé de France — *le Canard enchaîné* — dévoila la manœuvre. Giscard avait porté son choix sur la GLF. Las, c'est à l'Élysée qu'il souhaitait être initié, plutôt qu'au temple comme c'est la règle. Ce n'était pas une première, puisque Frédéric de Prusse, avant lui, avait eu les mêmes exigences. Il avait obtenu gain de cause : à une époque et dans un pays où il n'existait pas de *Canard enchaîné*... La révélation fit capoter l'affaire.

Valéry Giscard d'Estaing nie cet épisode ; il envoie régulièrement du courrier à ceux qui prétendent en faire état. Cela n'empêche ni la GLNF ni le GO de continuer à accréditer la version du *Canard*. Au Grand Orient, Gilbert Abergel ne laisse planer aucun doute sur la réalité des contacts qui avaient été établis : « Nous avons encore ici des frères qui peuvent en témoigner, dit-il. La démarche de Giscard nous avait d'ailleurs fait sourire : pensait-il vraiment pouvoir s'inféoder les maçons ? » Il n'aurait suffi pour cela ni d'une initiation arrangée ni de l'octroi d'un portefeuille ministériel à un ancien grand maître du GO. Ce qui se produisit, pourtant, lorsque Jean-Pierre Prouteau fut appelé au gouvernement...

On retrouve aussi quelques maçons au sein du Parti républicain, membres pour la plupart de la GLNF. Michel

Mouillot, le maire de Cannes, en est la figure de proue. Mais il ne semble pas que le parti de Gérard Longuet et François Léotard soit disposé à les accueillir.

A l'inverse, les radicaux de gauche, pour les mêmes raisons que leurs frères ennemis valoisiens, sont, eux, tout disposés à accepter dans leurs rangs les héritiers de ces maçons qui imposèrent l'idéal républicain de la Troisième République. Mais l'influence maçonnique y est-elle encore aussi déterminante ? On pourrait évidemment en douter à l'heure où ce parti — ou ce qu'il en reste — tente de retrouver une seconde jeunesse en s'offrant à un personnage aussi profane que Bernard Tapie... Il n'en demeure pas moins que les radicaux de gauche envoyèrent des ministres maçons dans les gouvernements de gauche : sous Pierre Mauroy, François Abadie ; sous Laurent Fabius, Jean-Michel Baylet ; sous Michel Rocard, François Doubin et Jean-Michel Baylet ; les deux mêmes, à nouveau, sous Édith Cresson. S'il fallait retenir un nom pour symboliser la démarche maçonnique radicale depuis plus d'un demi-siècle, c'est sans conteste celui d'Henri Caillavet qui s'imposerait : « Lui c'est un vrai maçon, apprécient ses frères des différentes obédiences. A travers toutes les lois dont il fut l'initiateur, sur le divorce par consentement mutuel, sur la protection des droits des homosexuels, sur les dons d'organes, etc., il a traduit en langage politique et juridique l'évolution de la société. »

Lorsqu'ils ont dû faire face à la dégénérescence puis à l'éparpillement de la sensibilité radicale, les francs-maçons ont essaimé, investissant d'abord la SFIO, puis le Parti socialiste. On a vu comment, à l'intérieur du PS, François Mitterrand s'était appuyé sur les frères pour assurer son *leadership*. C'est donc dans l'ancien courant mitterrandiste, aujourd'hui coupé en deux, que se sont regroupés la plupart des maçons, auprès de Laurent Fabius et dans le courant « Avenir socialiste » présidé par André Laignel, et dirigé, en fait, par Lionel Jospin. Ceux qui se sont rangés sous la bannière de Pierre Mauroy viennent plutôt de l'arrière-garde de la SFIO ou des anciens bastions du molletisme. Rocard ? Bien qu'il soit viscéralement laïc, on remarque peu de maçons autour de lui. Cela ne l'empêche pas d'entretenir d'excellentes relations avec les obédiences. Elles sont d'ailleurs facilitées par son directeur de cabinet, Yves Colmou, frère du GO, et par son bras droit, Jean-Paul Huchon, considéré comme un « maçon sans tablier ». Huchon serait, dit-on, resté profane à la demande de son patron. Enfin, à l'intérieur du Grand Orient, l'ancien Premier ministre dispose encore d'un véritable agent électoral en la personne d'Edmond Corcos, autrefois candidat malheureux à la grande maîtrise. Reste Chevènement, dont les francs-maçons apprécient sans réserve le tonitruant discours républicain... mais qu'ils ont été peu nombreux à rejoindre. Peut-être estiment-ils qu'ils n'auraient, en fin de compte, rien à lui apporter de plus...

On connaît l'âpreté des débats internes qui animent le Parti socialiste. L'esprit maçonnique qui souffle sur beaucoup de ses responsables est-il de quelque utilité pour apaiser les passions ? A cette fin, les frères du PS disposent en tout cas d'un outil, le « Cercle Paul-Ramadier », auquel appartient tout responsable socialiste maçon. Présidée par le sénateur Guy Penne, la « Fraternelle Ramadier », comme on l'appelle également, n'exerce en fait qu'un bien modeste rôle au sein du parti. Selon son président, elle permettrait tout au plus aux uns et aux autres de « s'identifier » et de « faire en sorte qu'il n'y ait pas trop de coups bas ». Pour le reste... « Comment pouvez-vous imaginer, interroge Guy Penne, que je puisse donner une consigne de vote à un rocardien lors du congrès de Rennes ? Je me suis souvent engueulé avec des frangins rocardiens ! Perdre ou gagner un congrès n'a d'ailleurs aucune importance pour la maçonnerie. Tout cela est dérisoire. La franc-maçonnerie, elle, est éternelle ! »

« Au congrès socialiste de Rennes, la Fraternelle aura au moins permis à certains, qui venaient de se colleter à la tribune, de se donner l'accolade », commente pourtant Patrick Kessel. A la veille de chaque congrès, les maçons organisent en effet leur propre déjeuner. Et même si, comme le soutient André Laignel, « le Cercle Ramadier n'a jamais décidé quoi que ce soit pour le parti », on peut imaginer la teneur des propos échangés au cours de ces « agapes » socialistes autant que maçonniques. La rencontre favorise le dialogue entre des militants aux sensibilités opposées : comment cela pourrait-il ne pas avoir d'incidence sur ce qui se décide ensuite en « commission des résolutions », cette séance nocturne du samedi soir, au cours de laquelle les représentants des différents courants tentent de se mettre d'accord sur un texte commun et de se distribuer les postes à l'intérieur du parti ? Il est encore un autre lieu où les maçons peuvent mettre en pratique leurs théories fraternelles, leur art du compromis et de la négociation : c'est la commission des conflits, où ils occuperaient les trois quarts des sièges.

Pendant des décennies, Roger Fajardie a représenté la plus parfaite image du maçon socialiste : « La maçonnerie, c'est ma mère ; le PS c'est ma femme », ironisait-il volontiers. Membre du comité directeur de la SFIO puis du PS, celui qu'on avait surnommé « le Chanoine » était un fidèle entre les fidèles de Pierre Mauroy. Mais il « servait » aussi François Mitterrand. Très « enveloppé », apparaissant souvent dans des tenues vestimentaires à l'élégance approximative, il était une incontournable silhouette du PS, un remarquable convive, connaissant sur le bout du doigt les petites et grandes tables parisiennes. Mais ce n'est pas par son érudition gastronomique que ce permanent du parti avait su se rendre indispensable. Doté d'une solide culture et d'une prodigieuse mémoire, il aurait été capable, selon ses amis, de réciter sans hésitation la carte électorale française : « Un cerveau beaucoup plus puissant qu'un ordinateur, disent-ils admiratifs. Il connaissait les noms de tous les députés, de tous les sénateurs, pouvait situer toutes les circonscriptions... et toutes les loges de France. » Secrétaire de la Fraternelle Ramadier, il était devenu un personnage clé lors de la désignation des candidats aux différentes élections. Mais Fajardie ne fut jamais autre chose que député européen... Membre du conseil de l'ordre du Grand Orient, il aurait voulu en être le grand maître : « L'idée avait quelque chose d'absurde, dit Jean-Michel Rosenfeld, également frère du GO, qui fut son ami et son collègue au sein du cabinet de Pierre Mauroy à Matignon : On ne peut pas être à la fois grand maître d'une obédience et permanent politique. »

Sa double appartenance — maçonnique et politique — permettait cependant à Fajardie d'être présent au cœur de tous les débats. Et même quand on lui reprochait l'un ou l'autre de ses deux engagements, il savait se tirer d'affaire avec une incroyable rouerie. Patrick Kessel nous a par exemple raconté comment « le chanoine » avait été attaqué, un jour, au cours d'une réunion de la SFIO, sur le thème : « Le parti vire à droite ! » « C'est la faute des maçons qui sont au coude à coude avec les banquiers ! disaient les contradicteurs de Fajardie. On ne peut pas être à la fois maçon et membre du parti de la classe ouvrière. » Selon Kessel, Fajardie fit alors un numéro fantastique : « Camarades, vous me mettez dans une situation impossible. Je crois à la tolérance, je crois au combat pour la progression sociale... et je suis torturé. Car si vous m'écartez, que se passera-t-il ? Je ne vous dévoilerai pas évidemment les frères qui sont ici parmi nous. Mais leur vengeance sera terrible... » « Les participants se sont regardés, poursuit Kessel. Ils n'ont pris aucune mesure et l'affaire en est restée là. Fajardie a toujours juré, par la suite, que ce jour-là il était le seul maçon dans l'assemblée ! »

On ne forma pas la « chaîne d'union » au petit cimetière de Saint-Laurent-du-Cher lorsque Roger Fajardie, terrassé par une rupture de l'aorte, y fut enterré en 1987, en pleine cohabitation : il reçut en effet des obsèques religieuses. Mais les politiques étaient présents. Les socialistes savaient qui ils perdaient. Ils n'ont jamais remplacé Fajardie.

Depuis 1981, la composition des différents gouvernements socialistes a toujours été très marquée par la présence des francs-maçons. Ils ne seront jamais moins d'une dizaine au conseil des ministres lorsque Pierre Mauroy, Laurent Fabius, Michel Rocard, Édith Cresson et Pierre Bérégovoy occuperont tour à tour l'hôtel Matignon. Certains détiendront des portefeuilles de la plus haute importance : Pierre Joxe, successivement ministre de l'Industrie, de l'Intérieur puis de la Défense ; Charles Hernu, à la Défense également ; Roland Dumas aux Affaires étrangères. Mais il y eut encore Henri Emmanuelli, Yvette Roudy, Michèle André, Christian Nucci, André Labarrère, Georges Lemoine, Roger Bambuck, Martin Malvy, Guy Lengagne, Paul Quilès... Relevons au passage que les maçons affectionnent le ministère des DOM-TOM, où se sont succédé Olivier Stirn, Georges Lemoine Louis Le Pensec et Christian Nucci.

Si dispersés soient-ils dans les différents partis politiques, les francs-maçons partagent une philosophie commune. Chantres de la tolérance et du respect d'autrui, ils sont allergiques aux extrémistes, aux intégristes et aux dogmatiques. « Nous devons nous unir contre tout ce qui s'oppose à la liberté, contre tout sectarisme, y compris religieux, en France comme à l'égard des pays du Sud », proclame Michel Barat, grand maître de la GLF jusqu'en 1993. Laïques, ils combattent l'idée selon laquelle un pays pourrait n'être que l'assemblage de communautés vivant en parallèle, sans jamais se rencontrer, sans points d'ancrage communs. En général, ils sont progressistes : leur philosophie ne les invite-t-elle pas à agir pour changer l'homme et la société ? Ils seront donc attentifs aux questions qui touchent à la solidarité ou à l'évolution des mœurs. Au Parlement sous l'impulsion du sénateur Caillavet, longtemps président de la fraternelle parlementaire (qui réunit, elle, sénateurs et députés des différents partis), les maçons se sont mobilisés pour faire aboutir des textes de loi essentiels : la contraception et l'IVG, le divorce par consentement mutuel, les greffes d'organes, l'internement psychiatrique, ou, plus récemment, le RMI. Cette unanimité de façade laisse pourtant entrevoir ses lézardes. Car chaque maçon reste « un homme libre »...

Ainsi, on aurait pu penser que la loi de Robert Badinter abolissant la peine de mort était de celles qui pouvaient réunir dans un même camp maçons de gauche et maçons de droite, toutes appartenances politiques et toutes obédiences confondues. Il n'en a rien été. Certains se sont prononcés pour le maintien de la peine capitale. Et certains, parmi ceux-là, appartenaient d'ailleurs à la gauche... « C'est tout de même dans une instance comme la fraternelle parlementaire que l'on peut voir deux députés, un RPR et un PS, se mettre d'accord sur le lepénisme en s'exclamant : " Nous ne nous laisserons pas embarquer ensemble dans un wagon plombé " », affirme Patrick Kessel. Certes. Mais s'il faut en arriver là pour parvenir à un accord minimal, c'est tout de même placer la barre un peu haut ! Didier Bariani a beau affirmer qu'il ne lui viendrait pas à l'idée de « faire une vacherie à Guy Penne » et qu'il a « d'excellentes relations avec Jean Poperen », il ne semble pas si facile, en politique, de rassembler ce qui est épars.

Que le Parlement reste une place forte de la maçonnerie ne fait aucun doute. Il est à cet égard assez remarquable de constater que, depuis la création de la Cinquième République, tous les ministres chargé des Relations avec le Parlement ont appartenu à la franc-maçonnerie, à la seule exception de l'actuel titulaire du portefeuille, Pascal Clément. Ne nous en étonnons pas outre mesure : un Premier ministre a tout intérêt à nommer à ce poste une personnalité capable de séduire — voire de débaucher — les représentants du camp adverse. Dans un tel contexte, les liens maçonniques ne constituent pas un handicap. Peut-être Édouard Balladur a-t-il pour sa part estimé, au lendemain de l'écrasante victoire de la droite aux dernières élections législatives, qu'il n'avait nul besoin d'aller à la pêche aux voix au Palais-Bourbon ou au palais du Luxembourg ?

Les clivages politiques demeurant ce qu'ils sont, c'est sur le terrain des grands combats humanistes que les francs-maçons feront le plus facilement front commun : en matière de lutte contre le racisme, par exemple. La franc-maçonnerie a toujours milité contre l'exclusion. Le GO et la GLF ne cessent de réaffirmer leur condamnation de toute xénophobie et dénoncent régulièrement le Front national. En novembre 1985, ces deux obédiences, en compagnie de la Grande Loge féminine de France, du Droit humain, du MRAP (Mouvement contre le racisme et pour l'amitié entre les peuples), de la LICRA (Ligue internationale contre le racisme et l'antisémitisme), de la Ligue des droits de l'homme, du conseil permanent de l'Épiscopat, et de la Fédération protestante, lancent un « appel commun à la fraternité » pour affirmer leur solidarité « avec les personnes et les minorités victimes de discrimination », pour appeler à « leur reconnaître les mêmes droits à la justice, à la liberté et à l'égalité ». Quelques mois auparavant, au cours de son convent, le Grand Orient avait déjà décidé de refuser « tout postulant à la maçonnerie qui aurait été ou serait en contact avec des membres du Front national ». Cette mesure parachevait un décret explicite : « Considérant les thèses racistes, dogmatiques, donc antimaçonniques développées par certaines associations politiques, en particulier le Front national, le conseil de l'ordre du GODF estime que l'appartenance d'un de ses membres à l'une de ces organisations est incompatible avec l'engagement maçonnique. »

Michel Barat, au nom de la GLF, ne redoute pas tant la montée du Front national que « l'émergence dans les esprits français des idées qu'il véhicule ». « Il y a incompatibilité parfaite entre eux et nous, dit-il. Il était du devoir des autorités maçonniques de leur dire non. Mais nous ne nous laissons aller à aucune paranoïa... »

En 1992, le grand maître du Grand Orient Jean-Robert Ragache a pourtant jugé la menace suffisamment sérieuse pour apporter le soutien de son obédience à une manifestation contre le racisme et pour l'égalité des droits, à l'initiative cette fois des organisations antiracistes et des partis de gauche. Déplorant une « résurgence des principes communautaristes au détriment des idées républicaines et laïques », il appelait à lutter contre « la banalisation de l'extrême droite ». Et l'on vit, à l'occasion de cette manifestation, plusieurs dizaines de francs-maçons descendre dans la rue, arborant leurs emblèmes.

C'est le combat maçonnique par excellence. Génération après génération, les frères reprennent le flambeau des mains de leurs aînés. Après Jean Pierre-Bloch, initié depuis plus de cinquante ans et à la pointe de toutes les luttes de la LICRA depuis 1968, le jeune maçon Kofi Yamgnane, ancien secrétaire d'État chargé de l'intégration, y a mêlé sa voix, en créant récemment avec le journaliste Claude Sérillon et l'académicienne Hélène Carrère d'Encausse une « Fondation pour l'intégration républicaine », dont l'objectif est de soutenir les projets de jeunes issus de l'immigration et de « valoriser les apports étrangers dans le patrimoine français ». Dans le cadre de ce combat, le GO avait, un moment, songé à accueillir dans ses rangs Harlem Désir, l'ancien leader de SOS-Racisme. L'annonce prématurée de son initiation avait suffi à faire avorter le projet.

On le sait moins, mais la construction européenne est un autre grand sujet de préoccupation des obédiences françaises, qui redoutent un démantèlement par le haut de l'État et de la République, au profit de rouages économiques ou administratifs qui seraient indépendants — ou presque — du pouvoir politique. Le GO, considérant que le traité de Maastricht faisait la part belle à l'économie de marché — et péchait par timidité en matière sociale —, a réagi en créant en 1992 un Centre européen de protection et de cohésion sociale (CADMOS), dont la mission est de « contrôler l'application et dénoncer les carences des textes européens en matière de droits sociaux et de protection sociale ». Le même GO se montre réservé à l'égard du droit de vote qui pourrait être concédé aux étrangers communautaires : « Impossible, dans la mesure où il n'y a pas de véritable citoyenneté européenne », estime Jean-Robert Ragache. Réserves, encore, à l'égard de la décentralisation en France, qui entraîne un morcellement des responsabilités, ce qui peut encore une fois affaiblir la République...

L'écologie ? Ce n'est pas une démarche propre à enthousiasmer les maçons, assez enclins à n'y voir qu'une philosophie du retour à la nature. « Je déteste le mot " écologie ", dit pour sa part Michel Barat. Que penserait-on d'un parti " théologique " ou " physiologique " ? On avance des arguments scientifiques pour bâtir un parti politique ou philosophique ? Mais je trouve cela dangereux ! Il y a là une grave confusion. De quel environnement parle-t-on ? La nature pour la nature ? Mais alors, que fait-on de l'homme par rapport à la nature ? Cela laisse craindre tous les dérapages : le retour à la terre et puis au travail... et puis à la famille et à la patrie. » C'est peut-être ce scepticisme qu'a voulu combattre Brice Lalonde en participant à un dîner au très maçonnique Club républicain.

Si sur la question européenne, la décentralisation ou l'écologie, les francs-maçons semblent en retrait, ils sont, en revanche, au cœur du débat contemporain lorsqu'ils travaillent à une nouvelle définition de la laïcité, lorsqu'ils planchent sur la bioéthique et le statut de l'embryon, sur la dépénalisation ou non des drogues douces, sur le code de nationalité. La philosophie maçonnique peut transcender les obédiences lorsqu'il s'agit de soutenir la République des citoyens, de lutter contre l'exclusion et le racisme. Pourtant, le Grand Orient est parfois tenté de s'engager sur des terrains où on ne l'attendrait guère. L'ancien grand maître Roger Leray était, par exemple, intervenu, lors de la première cohabitation, contre la suppression de l'autorisation administrative de licenciement ou encore contre la privatisation de TF1. Jean-Robert Ragache a beau affirmer : « Les francs-maçons n'ont pas de gouvernement, nous ne sommes pas un organisme de pouvoir, nous défendons seulement des valeurs », il n'empêche que son obédience n'hésite guère à descendre dans l'arène. Lui-même n'a pas craint, en mai 1992 à l'occasion d'un « Forum républicain », de préconiser certaines mesures qui auraient pu s'inscrire dans le programme d'un parti politique : suppression des procédures de vote bloqué et des pouvoirs spéciaux, type article 16 ; réduction du mandat présidentiel à cinq ans renouvelable une fois ; suppression du droit de dissolution de l'Assemblée par le chef de l'État ; financement des campagnes électorales et des partis par l'impôt... Ces propositions, issues d'un travail de réflexion, ont, un jour ou l'autre, été élaborées en loge !

Mais les hommes politiques sont-ils de bons maçons ? A quelques notables exceptions (Dechartre, Caillavet...), ils sont ceux dont nous avons eu le plus de mal à comprendre l'engagement, ceux qui semblaient le plus mal à l'aise pour nous exposer le sens de leur adhésion à telle ou telle obédience : ils « manquaient de temps » ; ou ils invoquaient un secret maçonnique que nous ne leur demandions en aucune façon de trahir. Alors, contentons-nous d'enregistrer le jugement de leurs pairs en maçonnerie.

Disons-le tout net : les politiques n'ont pas la cote. Les conseillers municipaux, les maires, tous ceux qui sont sur le terrain parviennent à tirer leur épingle du jeu : « On peut faire de la politique à l'échelle de la cité. Au-delà, on se compromet et on perd son âme, c'est inéluctable. Car la quête du pouvoir relève toujours de la bagarre : il y a un choix à faire entre l'engagement politique et l'engagement humaniste. » Quant aux parlementaires et ministres, « ce sont le plus souvent des maçons de pacotille ! Ils viennent très peu en loge ». « La politique les intéresse davantage que la maçonnerie. Ils adhèrent, attirés par une image de la franc-maçonnerie type Troisième République, sollicités par des gens flattés d'avoir des hommes politiques dans leur loge. Mais ils n'ont guère le temps de venir. Et ils en arrivent même à se créer leurs propres loges, pour ne plus se voir qu'entre eux. » Ce frère-là pensait sans doute à la loge « Demain », fondée par l'ancien grand maître du GO Roger

Leray, dont la finalité était de réunir les hommes politiques d'envergure : membres du gouvernement, anciens ministres. Présidée aujourd'hui par Alain Devaquet, on y retrouve Jean-Pierre Soisson, l'ex-secrétaire d'État socialiste Alain Vivien, Roger Bambuck. « Je ne vois pas ce qu'il peut y avoir de maçonnique dans le métier de député, nous a dit un autre frère. Cette fonction est dévalorisée. Ils votent automatiquement et n'ont même pas besoin d'être là pour le faire. Ils passent leur temps à se pousser du coude pour se retrouver, le temps d'une photo, aux côtés de leur président de groupe à l'Assemblée : c'est important pour leur journal local ! A la limite, je pense qu'il faudrait interdire aux politiciens d'être francs-maçons. »

D'autres reproches ? « Beaucoup de ministres socialistes sont de jeunes maçons qui n'ont même pas encore la parole dans leurs ateliers. Poperen ou Yamgnane se sont rattachés à une famille parce qu'ils sentaient bien que le PS était foutu ! » Autant de propos de maçons qui ont préféré garder l'anonymat, mais auxquels Didier Bariani semble donner raison : « J'ai conscience d'être un mauvais maçon, faute d'assiduité régulière. » Relativisons : ces jugements-là correspondent, malheureusement, à ce que les Français en général pensent de leurs hommes politiques.

Réussit-on mieux en politique parce qu'on est maçon ? Le dernier président de la République initié fut Paul Doumer, et le dernier président du Conseil, Guy Mollet. Ce n'est donc pas un sésame ! Les hommes politiques rejoignent-ils la franc-maçonnerie par ambition, carriérisme ou arrivisme ? Un certain nombre d'entre eux passent sous le bandeau, tel Jean Poperen, alors que leur carrière politique est déjà accomplie. Certaines mauvaises langues prétendent que Pierre Joxe n'a fait connaître son identité de maçon que lorsqu'il est devenu ministre de l'Intérieur : cela pouvait huiler les rouages de ses relations avec la police, dans laquelle on compte de nombreux initiés.

En politique, les contacts sont essentiels. Le « simple » fait d'être maçon peut faciliter les choses, ouvrir des portes. Faut-il suivre Jean-Michel Rosenfeld lorsqu'il met en garde contre des conclusions trop hâtives : « J'ai toujours entendu dire : “ Untel a eu cette promotion parce qu’il était maçon. ” Il se trouve qu’une fois sur deux c’était faux. » Est-il absurde, dans ce cas, d’en conclure qu’une fois sur deux c’était vrai ? Est-il déraisonnable d’imaginer que les carrières politiques d’Olivier Stirn ou de Jean-Pierre Soisson, « miraculeusement » gagnés à la cause socialiste, auraient pu être différentes s’ils n’avaient pas tous deux bénéficié de l’appui de leurs frères maçons ?

Qu’il s’agisse ou non de fantasmes, l’appartenance maçonnique fait figure de sésame. Au point que nombre de profanes s’évertuent à faire croire qu’ils ont été initiés ou à laisser planer le doute. Des exemples ? Edgard Pisani, donnant l’accolade aux maçons venus l’accueillir à sa descente d’avion en Nouvelle-Calédonie ; ce ministre de la Santé agrémentant abusivement sa signature des trois points maçonniques...

Pourquoi se donner tant de mal ? Les maçons ne passent pas leur temps à faire de la politique : « 80 % de nos réunions sont consacrées à des travaux symboliques », nous ont affirmé des frères du GO, considéré comme l’obédience la plus engagée dans le siècle. Qui les dément ? Les politiques, parbleu ! « Arrêtons l’hypocrisie qui voudrait qu’on ne se préoccupe pas de certains sujets en loge, proteste André Laignel. Dès l’instant où l’on parle de la société, dès l’instant où l’on planche, même sur les symboles, on est obligé d’évoquer l’Homme et son organisation sociale. Je suis de ceux qui pensent que la “ chaîne d’union ” ne peut pas être perçue de la même manière par un maçon de gauche et par un maçon de droite. Mon engagement politique est plus important que mon engagement maçonnique. Je suis plus proche d’un socialiste profane que d’un maçon RPR. »

André Laignel parle en son nom. Beaucoup de maçons souscrivent-ils à cette dernière affirmation ? Pas Henri Caillavet, par exemple. Le sénateur regrette pour sa part qu’il n’y ait eu, en 1986, aucun soutien des parlementaires maçons, quel que soit leur bord, au projet Devaquet, qui prétendait réformer l'enseignement supérieur (trois points contestés, concernant les droits d'inscription, les diplômes et l'orientation allaient entraîner une formidable mobilisation des étudiants, le retrait du projet et la démission du ministre). Une fois encore, Henri Caillavet déplore que ses frères fassent passer leur allégeance partisane avant leur conscience maçonnique. Ce que justifie pourtant un haut dignitaire du GO : « Quand on est membre du gouvernement, on est lié d'abord par une solidarité gouvernementale, cela implique certaines compromissions... »

Au Parlement, la pratique du vote bloqué, imposée par les partis, a de toute façon écarté la menace d'un vote maçonnique. Il suffit désormais de tourner une manette pour enregistrer une voix, et la présence du parlementaire ne s'impose d'ailleurs même plus. La franc-maçonnerie a, du même coup, perdu beaucoup de son pouvoir. Elle n'agit plus aussi directement que sous la Troisième République. Elle est éparse, exhibe ses divisions, y compris sur des questions qui l'auraient autrefois rassemblée : la réforme Savary, en particulier, qui se voulait pourtant une étape vers un enseignement plus laïc. Qui aurait pu imaginer qu'il y aurait des maçons des deux côtés ?

Depuis les législatives de 1993 et l'avènement de la nouvelle majorité, la présence maçonnique au gouvernement s'est réduite comme peau de chagrin. Les obédiences s'en inquiètent-elles ? Pas le moins du monde, à en croire le grand maître du GO : « La gauche n'avait réglé ni le problème de l'intégration ni celui de l'école, dit Gilbert Abergel. La laïcité était mise à mal. On avait choisi un personnage comme Tapie pour s'occuper de la Ville... Nous n'avons pas pris la défaite de la gauche pour la défaite du Grand Orient de France ! J'ai presque envie de dire, à l'inverse, que nous nous sommes débarrassés d'amitiés encombrantes ! Aujourd'hui ? Eh bien, nous avons toujours un gouvernement républicain. Cette droite-là ne nous gêne pas. Il est vrai que nous avons perdu au passage un certain nombre de députés, mais ce serait faire fausse route que dévaluer l'influence de la franc-maçonnerie au nombre de ses parlementaires ou ministres. L'influence que nous visons se situe au niveau des idées, et nous essayons d'être présents dans tous les lieux où l'on réfléchit. Nous ne réfléchissons pas pour aujourd'hui, pas même pour demain : pour après-demain. » La GLF est tout aussi sereine : « Oui, nous revendiquons un pouvoir d'influence. Mais il serait ridicule de mesurer celle que nous pouvons exercer à l'aune ministérielle ou parlementaire, précise Michel Barat. La maçonnerie comme institution est beaucoup plus libre, quand elle n'apparaît pas comme la courroie de transmission d'un pouvoir. Je ne veux pas d'un lien ombilical entre lui et notre obédience. »

« Prétendre qu'un ministre initié est le représentant de la maçonnerie au gouvernement, dit encore Henri Caillavet, cela reviendrait à dire que Michel Rocard était le représentant des protestants lorsqu'il était Premier ministre. Il y a un pouvoir moral de la franc-maçonnerie. C'est là que réside son influence. On trouve des maçons à tous les carrefours de la société. Plus les milieux sont complexes et émotionnels, plus les maçons voient leur pouvoir de médiation grandir. »

En fait, les francs-maçons retrouvent aujourd'hui leur vocation. Ils font fonctionner leurs loges comme autant de laboratoires d'idées où sont étudiés, en amont, les grands problèmes philosophiques de l'époque. Les lois s'y élaborent parfois, celles qui procèdent d'une lente maturation des esprits. Les maçons ont l'éternité devant eux. Ils planchent. Ils ont conscience, en polissant leur pierre, de jouer un rôle dans les domaines du progrès social, des droits de l'homme, de l'évolution des mœurs. Rejetant les extrêmes, ils sont les agents d'une politique du centre, sans jamais devenir les apôtres d'une idéologie du consensus, d'une idéologie molle. Bien au contraire.

Car ils savent aussi se mobiliser, comme aujourd'hui, contre la montée des intégrismes. En Europe, c'est d'abord aux nouvelles croisades de l'Église catholique qu'ils ont décidé de s'opposer, dans les anciens pays communistes, en particulier, mais également en France. Le combat droite-gauche ? « Totalement dépassé ! disent-ils. La véritable opposition se joue désormais entre Démocratie chrétienne et République. » Même le Grand Orient ne veut plus croire aux anciens clivages : « La gauche, cela ne veut plus rien dire... »

Au sein du PS, le message a sans doute été reçu, si l'on considère avec quelle détermination Michel Rocard, candidat à la candidature présidentielle, s'est mobilisé contre la réforme de la loi Falloux. Une attitude appréciée des courants laïques, si réservés, en revanche, à l'égard du social-démocrate chrétien Jacques Delors. La franc-maçonnerie, à l'évidence, aura encore son mot à dire dans les grands combats politiques qui se préparent. Au croisement des réseaux, elle a une expression diversifiée et une action moins monolithique que sous les Troisième et Quatrième Républiques. Les francs-maçons n'ont plus le pouvoir de faire et défaire les majorités. Ont-ils moins d'influence pour autant ? Pas sûr. Car ils sont présents dans un nombre de lieux de réflexion et de décision sans cesse grandissant.

VI

« Les francs-maçons doivent être présents partout... »

Si l'on s'en tient aux chiffres avancés, environ 100 000 Français, soit moins de 0,2 % de la population, appartiennent à une obédience. Pas de quoi alimenter les fantasmes de ceux qui prétendent dénoncer leur omniprésence ! Pour hasardeuse que puisse apparaître la comparaison, les Témoins de Jéhovah sont aujourd'hui plus de 110 000. Leurs rassemblements sont plus voyants, leur prosélytisme moins discret, leur philosophie moins tolérante, et leurs relations avec l'Église catholique tout aussi chaotiques... Ils demeurent pourtant « invisibles », absents des préoccupations de l'opinion. Parce que leur importance est analysée en fonction de leur nombre. Ce n'est pas le cas en ce qui concerne les francs-maçons...

Ces derniers sont-ils « partout », comme le souhaitait Michel Baroin, lequel voulait les voir « assumer un rôle essentiel dans la cité », et « répandre leur idéal d'humanisme » * ? Non, si l'on s'amuse à les recenser dans les usines ou dans nos campagnes, chez les petits employés, petits artisans, tout petits commerçants. Oui, en revanche, sitôt que l'on s'intéresse aux classes dirigeantes.

En schématisant, on peut identifier certaines administrations ou grandes entreprises parapubliques où la présence

* *Un homme, une voix*, Entretiens avec Michel Baron, CIEM, 1985.

maçonnique est plus forte qu'ailleurs. Depuis 1923, tous les directeurs des Postes, ou presque, ont été maçons. Le président de la fraternelle des PTT ne manquait jamais d'être consulté par son ministre pour les nominations importantes. Dérogeait-on à ces deux règles de bonne conduite que le président de la République se voyait rappeler à l'ordre de façon quelque peu incongrue. Qu'on ne sourie pas : cela s'est bel et bien produit récemment, en 1981, lorsque Louis Cumain a trouvé intolérable que l'Élysée ne fasse pas plus grand cas des avis autorisés de la fraternelle qu'il présidait alors.

Les maçons sont tout aussi présents au ministère de l'Économie et des Finances, à l'Éducation nationale bien sûr, au ministère de l'Intérieur, dans l'administration préfectorale, au Conseil économique et social, à l'Équipement. On les retrouve encore en nombre à la SNIAS ou à Air France (au sein du conseil d'administration et dans toutes les directions régionales). Jacques Friedmann, ami de toujours de Jacques Chirac, ancien président de la compagnie aérienne nationale, et aujourd'hui éminence grise d'Édouard Balladur et président de l'UAP, n'a jamais fait mystère de son appartenance à la franc-maçonnerie. Pierre Eelsen, ancien président d'Air Inter, s'est lui-même dévoilé sur le tard.

Beaucoup de maçons, encore, dans le... bâtiment, en particulier dans les grosses entreprises : à la SAE (Société auxiliaire d'entreprise), chez Fougerolles, chez Bouygues. Si Francis Bouygues lui-même ne semble pas avoir été initié, il comptait en revanche beaucoup de frères dans son entourage. Il suffit d'apercevoir, à Saint-Quentin-en-Yvelines, la silhouette de son siège social aux allures de temple (il a été construit par un architecte maçon) pour réaliser que le « grand maître » des Compagnons du Minorange n'était hostile ni à un certain humanisme ni à la manifestation la plus spectaculaire de ses symboles.

Ailleurs ? Peu de maçons dans le textile, par exemple. Mais beaucoup, en revanche, chez les géants de la vente par correspondance (La Redoute), ou dans la grande distribution (Galeries Lafayette). Un certain nombre d'artisans également, et quelques commerçants, en particulier dans les métiers du tourisme, dans l'hôtellerie et la restauration. Avocats, médecins, pharmaciens, chirurgiens-dentistes, architectes — l'ensemble, en fait, des professions libérales — sont présents dans les différentes obédiences, et un peu plus qu'ailleurs à la Grande Loge nationale française. Toutes ces corporations possèdent bien entendu leur fraternelle.

Les francs-maçons sont nombreux dans la police, et au plus haut niveau. Depuis le début des années Mitterrand, ils sont solidement représentés place Beauvau, où l'on a vu défiler un secrétaire d'État chargé de la Sécurité publique, Joseph Franceschi, un éminent conseiller technique, Gérard Monate — ancien leader syndicaliste et futur inculpé dans l'affaire Urba —, puis un ministre, Pierre Joxe, et un second, Paul Quilès. Joxe a-t-il pris ses distances avec la franc-maçonnerie ? On l'a beaucoup dit. Mais cela ne l'a pas empêché de participer à de très fraternelles réunions professionnelles, dont étaient tenus à l'écart les membres profanes de son cabinet.

Charles Pasqua, lui, n'est pas maçon... mais il est bien considéré par les obédiences, pour s'être entouré d'un certain nombre de frères que nous avons déjà évoqués : Raymond Sasia (l'ancien « gorille » du général de Gaulle) qui l'a rejoint place Beauvau lors de la première cohabitation, Bernard Tomasini, aujourd'hui son chef de cabinet, ou Philippe Massoni, préfet de police depuis 1993, après avoir été directeur central des RG en 1987. Même Robert Pandraud a pu apparaître, un temps, comme un probable initié. Jusqu'à ce qu'il livre cette abrupte confidence au détour d'une interview : « Je n'ai jamais été dragué. Ni par un pédé, ni par un franc-maçon... »

C'est à un franc-maçon, Paul Roux, que la gauche confie dès 1981 le poste si stratégique de directeur des Renseignements généraux — auxquels avait appartenu le jeune policier Michel Baroin, futur grand maître du GO, futur patron de la GMF. Un autre franc-maçon (non socialiste), le commissaire

Serge Devos, dirige alors la BRB, brigade de répression du banditisme. Il a rejoint, depuis, l'IGPN (Inspection générale de la Police nationale).

C'est, d'ailleurs, sans conteste dans la « police des polices », à l'IGPN et à l'IGS (Inspection générale des services), que l'on recense le plus grand nombre d'initiés des différentes obédiences : là, en fait, où l'on s'applique au plus près à faire respecter les règles de la déontologie policière...

Les commissaires ou les contrôleurs généraux — est-ce une surprise ? — sont beaucoup plus souvent francs-maçons que les gardiens de la paix. Nombreux sont ceux qui affichent leur humanisme militant en accrochant au mur de leur bureau le fameux poème de Kipling « Tu seras un homme, mon fils », un signe de reconnaissance à l'adresse du visiteur averti. Quand le « patron » d'un commissariat de province est membre d'une obédience, il n'a pas besoin de se signaler à l'attention de ses frères : il les côtoie en loge où bien des problèmes locaux trouvent leur solution. Un proviseur de lycée initié recevra par exemple le meilleur accueil auprès de son frère commissaire pour organiser des actions de sensibilisation à la drogue ou à la délinquance à l'intérieur de son établissement.

On aurait tort de penser, pourtant, que les « flics de base », hommes en tenue, inspecteurs et enquêteurs, ne sont pas tentés par l'aventure maçonnique : ils seraient environ 4000, souvent syndicalistes, au sein de la fraternelle qui leur est réservée, les commissaires fréquentant plus volontiers la fraternelle des hauts fonctionnaires. Les obédiences ne les négligent pas : Bruno Léridon, longtemps journaliste à *France-Soir* avant de devenir chargé de la communication auprès du directeur général de la Police nationale François Roussely, organisa par exemple en 1991 un déjeuner au Sénat qui rassemblait, sous la présidence de Jean-Robert Ragache, plus d'une centaine de policiers et CRS maçons.

Jean-Pierre, un jeune officier de paix que nous avons rencontré, n'était encore que gardien lorsqu'il a fait acte de candidature auprès du Grand Orient : « Par curiosité, avoue-t-il. Je ne connaissais rien de la franc-maçonnerie. Je venais de découvrir que certains grands policiers en avaient été. Je voulais voir... »

En compagnie d'un collègue gardien de la paix, il décide un jour de sauter le pas. Les deux jeunes gens ne connaissent aucun initié, c'est donc par courrier qu'ils contactent la Rue Cadet. Première déconvenue : s'ils sont admis ils ne resteront pas ensemble. On les renvoie, en effet, vers les loges dont ils dépendent géographiquement en fonction de leurs domiciles et non de leur lieu de travail, un commissariat parisien. Seconde déconvenue : le « passage sous le bandeau » — l'interrogatoire auquel doit se soumettre, les yeux bandés, le futur initié — s'avère une véritable épreuve :

« Ils se méfiaient vraiment, raconte Jean-Pierre. Ils voulaient absolument comprendre ce qui avait poussé deux simples flics à se porter candidats ensemble. Est-ce que cela ne cachait pas quelque chose, une “ mission ” peut-être, une tentative d'infiltration ou je ne sais quoi ? »

D'ordinaire, « l'oral » ne dépasse guère une vingtaine de minutes. Il s'agit d'une ultime formalité avant l'initiation, les membres de la loge disposant déjà de tous les autres éléments recueillis au cours de l'enquête de personnalité. Mais Jean-Pierre est questionné pendant une heure et demie. C'est presque désespéré qu'il regagne son domicile, ce soir-là. Il sera avisé plus tard, comme c'est la règle, de la décision de l'atelier. Pour lui, elle sera positive. Pas pour son collègue...

Depuis, comme tous ses frères, où qu'ils se trouvent, Jean-Pierre travaille à la « reconstruction du Temple ». En tentant, pour sa part, d'améliorer l'homme qu'il rencontre le plus souvent : le gardien de la paix. Et sa tâche n'est pas toujours simple...

« Il est hors de question que je me dévoile en tant que maçon, dit-il. Si je veux prétendre exercer une influence sur les hommes, c'est en procédant par petites touches, au quotidien, que je pourrai y parvenir, non pas en tenant de grands discours humanistes. Je me bats contre un certain racisme ambiant, pour le respect de la dignité des gens que nous interpellons. Mais je sais que si j'en fais trop dans ce sens, je serai rejeté, et deviendrai donc inutile. » Contrairement aux commissaires, Jean-Pierre se sent isolé dans l'exercice de son métier. Contrairement à ses frères d'atelier, membres de professions libérales ou cadres d'entreprise, il a le sentiment de « jouer sa carrière » s'il est démasqué. Mais deux autres officiers de paix sont déjà, grâce à lui, entrés en franc-maçonnerie...

L'armée ? Elle aussi compte ses ministres maçons dans les années Mitterrand : Pierre Joxe, brièvement, et Paul Quilès. Charles Hernu, surtout, qui fit appel à ses frères, dès 1981, pour l'assister dans ses nouvelles fonctions. A l'un d'entre eux, il confie aussitôt la direction de son cabinet : François Bernard, un conseiller d'État qui lui a été présenté, une bonne dizaine d'années auparavant, par Georges Dayan, l'ami du président. A la tête du SDECE — Service de documentation extérieure et de contre-espionnage, qui deviendra la DGSE en 1982 —, il nomme Pierre Marion. Marion s'affirme le premier surpris par ce choix. Pourquoi le ministre de la Défense vient-il lui proposer ce poste ? « Je crois tout d'abord avoir mal compris [...]. Je dis ma surprise ; cela ne correspond en rien à mon expérience de quarante années d'industriel ; je ne connais rien de cette activité. J'exprime mes réserves, mes réticences, mon refus même. [...] Comment pourrais-je remplir une telle fonction alors que je ne connais pratiquement personne au gouvernement, au Parti socialiste, parmi les militaires ? * » Marion oublie de préciser que son appartenance au Grand Orient de France, l'obédience d'origine de Charles Hernu, a pu jouer en sa faveur. Faut-il chercher ailleurs l'origine des relations privilégiées qu'il entretenait avec le ministre ?

Un autre franc-maçon, le lieutenant-colonel Henri Paris — bientôt général —, est nommé à Matignon directeur adjoint du cabinet militaire de Pierre Mauroy. C'est même lui, selon Jean Guisnel **, que l'on charge d'annoncer son départ à son prédécesseur, le général de Llamby :

* *La Mission impossible*, Calmann-Lévy, 1991.

** *Charles Hernu, ou la République au cœur, op. cit.*

— Mon général, je suis à vos ordres, mais je suis venu vous demander de partir.

— Bien, dit-il, faisons un pot.

« Et Pierre Mauroy, poursuit Guisnel, l'a nommé gouverneur militaire de Lille. »

Le colonel de gendarmerie Jean-Jacques Gérardin commande à l'époque la garde de l'Élysée. Il est franc-maçon... mais membre du RPR. Il sera remplacé en 1982. Maçons, eux aussi, le général Jean-Louis Deiber et le major-général de gendarmerie Armand Wautrin sont un peu plus tard les hommes de confiance d'Hernu pour partir en mission en Nouvelle-Calédonie. Le premier y est envoyé en décembre 1984, au lendemain des premiers barrages sérieux des indépendantistes, le second en février 1985 après les « événements » de Thio, la mort du rebelle Éloi Machoro, abattu par les tireurs d'élite du GIGN.

La gendarmerie fief maçonnique ? On le dit, et cela ne date pas d'hier, si l'on s'en tient aux observations de ce visiteur du musée de l'Arme, à Melun, encore tout étonné par certains portraits d'officiers de jadis : en tenue, ils portaient les symboles de leur appartenance. Mais il y a mieux : au 8e régiment de hussards d'Altkirch, la tradition maçonnique a été érigée en folklore. On ne dit pas d'un officier qu'il sert au 8e RH, on dit qu'il « est chez les frères »...

Nous ne prétendrons pas dresser une liste exhaustive de tous les secteurs où les francs-maçons peuvent exercer une influence dont il serait absurde de vouloir systématiser l'importance. S'il n'est pas douteux, par exemple, que les patrons maçons préfèrent traiter des affaires ensemble — et ils ne s'en privent pas —, ils ne réservent pas leurs bonnes relations à leurs seuls frères. Si, par exemple, Jean-Louis Pétriat, alors à la tête de la GMF, s'entend fort bien avec le président d'Havas, Pierre Dauzier, il est loin de tenir dans la même estime son frère de la GLNF Patrick Le Lay, patron de TF1, qu'il ne craint pas d'égratigner à l'occasion. Que lui reproche-t-il exactement ? Par exemple de « pratiquer dans l'audiovisuel un terrorisme qui ne [lui] convient pas du tout », d'avoir fait de TF1 la chaîne du « moins-disant culturel ». On ne saurait être moins... solidaire.

Si François Caries, inspecteur des finances, président de société et banquier, confesse : « J'ai rendu des services à des personnes parce que la maçonnerie me l'avait demandé », combien d'anathèmes, pourtant, lancés sur le « copinage » ! L'ancien PDG d'Air Inter Pierre Eelsen affirme avec la dernière énergie que jamais la franc-maçonnerie n'a exercé une quelconque influence sur le déroulement de sa carrière. Vieux maçon — il est membre de la Grande Loge depuis 1956 — il n'est pas naïf : « Il est vrai, admet-il, que certains essaient de tirer profit de la confrérie. Mais ils sont vite repérés et neutralisés. » Michel Reyt, patron de la Sages, pompe à finances du PS, ne s'embarrassait guère, il est vrai, de tels scrupules en déclarant, avant que n'éclate le scandale qui devait le mener en prison : « Je ne vois pas pourquoi on reprocherait aux maçons de s'entraider. Je trouve cela normal. Moi, si j'ai un marché à passer, je m'adresserai à un maçon, je lui demanderai une fleur. Et je lui passerai le marché ! »

C'est tout le problème posé par les fraternelles, en fait des rassemblements, sur une base corporatiste, de maçons de toutes obédiences. Bernard Teper ne les met pas toutes dans le même panier : « Si des instituteurs se regroupent, ça ne fera de mal à personne, dit-il. S'il s'agit d'entrepreneurs du bâtiment, c'est plus grave : tous les risques sont réunis pour favoriser l'émergence d'une maçonnerie d'affaires. Et si un frère se mêle de vouloir fédérer les fraternelles pour organiser un super réseau d'amitiés, disposant de correspondants dans tous les compartiments de la société, tout est à craindre. »

Il existe, de fait, des fraternelles d'instituteurs et de hauts fonctionnaires, de chirurgiens-dentistes et de golfeurs, de journalistes, d'élus, de chercheurs, de comédiens, de policiers, de militaires, d'architectes, de professionnels de la formation continue, et même une fraternelle des HLM.

Certaines peuvent exercer une grande influence. Les journalistes maçons, par exemple, ont été très présents dans les affaires Touvier, Papon et Bousquet — quelles qu'aient pu être les affinités maçonniques de ce dernier, assassiné en 1993. Ils ont travaillé à faire resurgir des oubliettes du passé les exactions collaborationnistes de ces trois personnages dont la justice préférait oublier l'existence. De la même manière, ils auraient pesé de tout leur poids, selon le sénateur Caillavet, dans la dénonciation du scandale du sang contaminé, avant d'opérer, en toute discrétion, une relative marche arrière « sur les conseils de frères hématologues ». On leur attribue même un rôle dans l'affaire Villemin, si l'on en croit Laurence Lacour *, qui raconte comment le correspondant de RTL, Jean-Michel Bezzina, aurait eu beau jeu d'entretenir les meilleures relations avec Gérard Welzer, avocat de Bernard Laroche, et Jacques Corrazzi, commissaire du SRPJ chargé de l'enquête, puisque tous trois « appartenaient à la même loge nancéienne du Grand Orient »...

Les journalistes restent parmi les plus secrets des initiés, comme s'ils craignaient que leur appartenance puisse parfois laisser planer un doute sur leur déontologique objectivité. « La franc-maçonnerie est représentée dans les médias, nous a dit le grand maître du Grand Orient, mais ce ne sont pas forcément les meilleurs qui sont maçons. » Une gentillesse... Il y avait pourtant une bonne cinquantaine de confrères initiés, lors du banquet organisé en 1991 à Lyon à l'intention des journalistes francs-maçons du seul groupe Hersant. Mais il est vrai que, hormis des hommes comme Marc Paillet, qui fut rédacteur en chef de l'AFP puis membre de la Haute Autorité de l'audiovisuel, Roger-Xavier Lantéri, candidat malheureux à la grande maîtrise en 1988, ou Louis Pauwels, qui opta ensuite pour la GLF avant de quitter la franc-maçonnerie, ce n'est pas au GO que l'on croise les représentants d'un certain *establishment* journalistique. Charles Villeneuve, de TF1, est, comme son président, membre de la GLNF. Jean Miot, homme-lige de Robert Hersant et son

* *Le Bûcher des innocents*, Plon, 1993.

meilleur ambassadeur auprès des maçons, appartient, lui, à la Grande Loge, même si, au *Figaro*, on penche plutôt du côté de la Grande Loge nationale française. Faut-il rappeler ici tous les titres de Jean Miot ? Administrateur de la Socpresse, membre du directoire et directeur délégué du *Figaro*, président du Syndicat de la presse parisienne, président de la Fédération nationale de la presse française, président de l'OJD (Office de justification de la diffusion), vice-président du Conseil supérieur des messageries de presse, administrateur de l'AFP (Agence France-Presse), administrateur de la Société professionnelle des papiers de presse et président de la Coopérative nationale d'approvisionnement des quotidiens, vice-président de la Commission Presse-Enseignement... Arrêtons-nous là : il en manque la moitié ! De quoi renforcer, en tout cas, le sentiment d'un chef d'entreprise initié rue Cadet qui nous confiait : « On rencontre surtout dans la presse des maçons de pouvoir, et ceux-là sont rarement chez nous. J'ai moi-même bien du mal à trouver des gens du GO lorsque je veux m'adresser à des journalistes... »

« Il existe des fraternelles de tout et de n'importe quoi, déplore l'ancien grand maître du Grand Orient Jean-Robert Ragache : J'ai toujours pensé, pour ma part, que tout cela était antimaçonnique. Il ne faut tout de même pas oublier que la franc-maçonnerie a pour vocation de rassembler des gens de toutes origines ! Je ne suis pas gêné par l'existence d'une fraternelle de chercheurs : ils ne peuvent rien faire de condamnable. Mais laissons ces groupements fonctionner comme de simples amicales. » C'est-à-dire en dehors de toute attache avec les obédiences, qui les considèrent désormais comme des organisations profanes. Interobédientielles, échappant au contrôle d'une instance supérieure, lieux de connivence — et parfois de complicité ! — plutôt que lieux de réflexion, les fraternelles n'ont décidément pas bonne presse. Deux exceptions : la fraternelle parlementaire et, plus encore, le « GITE » — que l'on pourrait parfois confondre avec une sorte de mutuelle, du style « Maçons Assistance ».

Le GITE — pour Groupement interprofessionnel du tourisme européen — se présente comme « une association fraternelle de membres qui ont une occupation ou une profession qui se rapporte aux activités de loisirs en général, de tourisme et d'hôtellerie en particulier ». Ce n'est pas, selon ses responsables, « une fraternelle au sens corporatif du terme », mais plutôt « une chaîne d'hommes et de femmes de bonne volonté qui extériorisent dans le monde profane les principes de fraternité et d'entraide reçus au sein des ateliers, quelles que soient les obédiences d'appartenance ».

Mais concrètement ? C'est simple : le GITE édite une fois par an un petit carnet de moleskine aux allures de calepin, anonyme, sans titre apparent, mais bourré de noms de frères et sœurs prêts à réserver le meilleur accueil aux frères et sœurs de passage. Discrétion de rigueur : « Cet annuaire est un document confidentiel et personnel, avertit un préambule. Il est absolument recommandé de ne jamais s'en dessaisir ni le transmettre, et de le détruire chaque année. Il est conseillé de ne s'ouvrir de sa qualité qu'avec la plus grande discrétion à la personne nommément désignée sur l'annuaire, [...], de ne tenir devant des tiers ou en public aucun propos indiscret pouvant dévoiler l'appartenance de nos membres, ceci pouvant leur causer des préjudices dans leurs activités professionnelles. » Une précision encore : « La qualité d'utilisateur ou de détenteur de l'annuaire n'entraîne de la part des membres du GITE d'autres faveurs que celle d'un accueil loyal et fraternel. » En d'autres termes, inutile de s'attendre à un repas gratuit chez les grandes toques initiées, qu'elles figurent dans le GITE (comme Georges Blanc à Vonnas, les Lyonnais Christian Bourillot et Gérard Nandron), ou qu'elles n'y apparaissent pas (comme, entre autres, Gaston Lenôtre, Alain Senderens, Joël Robuchon, Charles Barrier ou Jean Delaveyne, l'un des « papes de la nouvelle cuisine »).

Qu'on ne s'y trompe pas : il s'agit en réalité d'un formidable réseau de pure amitié, comme en témoignent les professions — pour le moins éclectiques — des membres du GITE dans l'édition 1993 de l'annuaire. Dans les vingt premiers cités, par ordre alphabétique, on relève certes trois restaurateurs, un agent de voyages et deux hôteliers... mais aussi un PDG de radio, un « fruits et légumes », un directeur de casino, un agent immobilier, un administrateur civil retraité, un professeur de patin, un pharmacien, un géologue, un psychanalyste, un fabricant de robinets, un VRP retraité, un notaire... Un inventaire à la Prévert ! De quoi, aussi, rassurer les obédiences : ce n'est pas un intérêt corporatiste qui réunit ces gens-là. Mais au-delà de leurs identités professionnelles, justement, ils ont le sentiment d'appartenir à une famille de pensée et éprouvent un réel plaisir à rencontrer des gens qui leur ressemblent. « Il m'est arrivé de me retrouver en panne de voiture, un soir, du côté de Marseille, nous a confié un maçon parisien. J'ai appelé au secours un frère dont j'avais trouvé le nom dans le GITE. Non seulement il m'a permis de résoudre mon problème dans les meilleures conditions, mais j'ai, de plus, passé une soirée formidable, en compagnie de quelqu'un que j'aurais eu plaisir à connaître dans n'importe quelle autre circonstance. »

Recensés chaque année par ordre alphabétique, mais aussi répertoriés géographiquement en fonction de leur lieu de résidence, les membres du GITE n'ont aucune autre ambition apparente que d'être, comme ils l'indiquent souvent dans leur annuaire, « à la disposition des amis de passage ». Nombre d'entre eux apposent d'ailleurs sur leur voiture l'autocollant du « Groupement interprofessionnel tourisme européen » qui suffira à les signaler aux automobilistes initiés. On se saluera par exemple, sur autoroute, de trois petits coups de « klaxon ». Mais en cas de difficulté, l'entraide sera de rigueur.

En parallèle aux fraternelles, il existe une profusion de clubs ou associations dans lesquels les maçons occupent le devant de la scène. Ce sont souvent des clubs politiques, celui des Jacobins, par exemple, jadis dirigé par Charles Hernu, actuellement présidé par Guy Penne. Pour y adhérer, il n'est pas nécessaire d'être socialiste, mais il faut appartenir à la franc-maçonnerie. Le Club de la rue de Poitiers, fondé par André Rossi, ministre de Raymond Barre de 1976 à 1981, membre de la GLF puis de la GLNF, rassemble des frères de l'UDF. Le Club Condorcet est, lui, résolument orienté à droite. Il y a aussi des lieux où se rencontrent les maçons du monde des affaires : le Carrefour de l'Amitié se voulait au départ un regroupement de personnalités de la politique, des médias et des affaires, il ne regroupe plus guère que le dernier volet de cette trilogie. Citons encore le Cercle de Paris, l'Arche, le Siècle, et les Club des 50 qui réunissent dans les plus grandes villes les cinquante personnalités qui comptent dans la vie économique locale. Le Cercle républicain est un cas un peu particulier. Il a, en effet, été récemment recréé après bien des déboires. Il était devenu cercle de jeux — et l'un des plus importants de Paris — après avoir été depuis 1907 un honorable club politique qui intronisait systématiquement le président de la République comme membre d'honneur. Mais il s'était retrouvé, en 1989, au centre d'une enquête sur un important trafic de drogue. Au point que son président de l'époque, Marcel Martin, ancien sénateur-maire de Nancy, conseiller d'État honoraire — et franc-maçon — avait été placé en garde à vue pendant vingt-quatre heures avant d'être remis en liberté. De plus, on chuchotait que c'était dans les locaux du Cercle, avenue de l'Opéra, qu'avait été remis à un intermédiaire — Edmond Raffalli, responsable des jeux — le « vrai-faux passeport » d'Yves Chalier, ex-directeur du cabinet de Christian Nucci et personnage central de l'affaire du Carrefour du développement. Cela faisait tout de même beaucoup...

L'établissement a fait l'objet d'une mesure de fermeture pendant deux ans. Jusqu'à ce que renaisse, en 1992, l'association nouvelle Le Cercle républicain, à l'initiative du monde des mutuelles, décidées à ne pas laisser mourir un aussi appréciable levier de pouvoir. Le président en est Jean-Louis Pétriat, l'ancien patron de la GMF et membre du GO. Le vice-président, Guy Matteudi, ancien de l'AFPA (Association pour la formation permanente des adultes), ancien directeur de cabinet des ministres — communiste — Rigout et — socialiste — Delebarre, appartient lui aussi au GO. Ont été cooptés notamment, au sein du conseil d'administration, les frères Manuel Diaz, Pierre Eelsen, Jacques Friedmann, Georges Rino, président du groupe Acacia et fondateur du Chèque-Déjeuner. Lors des premières manifestations du nouveau Cercle, des francs-maçons aussi éminents que l'ambassadeur de Belgique en France Alfred Cahen ou Jean-Louis Mandinaud, futur grand maître de la GLF, figurent parmi les invités. On n'a pas oublié de convier quelques journalistes choisis, comme Claude Sérillon et Joseph Poli d'Antenne 2, Pierre Morville, ancien du *Matin* reconverti dans la communication d'entreprise, Bruno Léridon, ancien de *France-Soir* passé au cabinet du directeur général de la Police nationale, Félix Colin, fondateur de *la Gazette du Parlement* et du *Trombinoscope*, et Jean-Louis Validire, responsable de la rubrique sociale du *Figaro*. Le Cercle républicain est à nouveau prêt à jouer le rôle qui a été le sien sous trois républiques. Seule ombre au tableau : la sourde rivalité en son sein entre la GLNF et le GO, ce dernier y étant le plus influent. Une simple querelle de chapelle, pourtant.

Qu'importe en effet la bannière, c'est bien la franc-maçonnerie qui est ici en action, qui fait progresser ses idées, qui promeut son idéal. Le Cercle républicain ne compte sans doute pas plus de 150 membres. Mais pas n'importe lesquels...

Deuxième partie

LES CHANTIERS DES FRANCS-MAÇONS

I

Ombres et lumières des « bouffeurs de curés »

Il ne s'est passé que quelques jours depuis sa nomination au poste de ministre de l'Éducation nationale, et déjà le profane Alain Savary comprend que rien ne sera tout à fait aussi simple qu'il l'avait souhaité. C'est un émissaire du grand maître du Grand Orient qui vient de doucher son enthousiasme tout neuf : Paul Gourdot, au nom de son obédience, s'étonne en effet de l'absence du moindre initié dans le cabinet du ministre, fait sans précédent, selon lui, dans l'histoire de la République. Simple effet du hasard ? Il ne peut pas y croire. Les hostilités sont ouvertes.

Le même Paul Gourdot devait d'ailleurs quelques mois plus tard se faire remarquer à l'Élysée en envoyant un courrier peu amène à François Mitterrand. Il a pris la liberté de rappeler au président de la République ses engagements électoraux et, en particulier, ses promesses en matière d'éducation. C'est ainsi qu'il écrit, en décembre 1982 : « Dans le domaine de la laïcité de l'État, notion inscrite dans la Constitution de la République, nous exprimons fermement le désir de voir prendre rapidement les mesures destinées à la construction d'un grand service unifié et laïque d'éducation, par l'intégration des établissements scolaires qui ne pourraient continuer à bénéficier de l'aide de l'État qu'en perdant leurs caractères propres. » Il poursuit : « Les propositions du gouvernement pour l'ouverture des négociations que vient de présenter le ministre de l'Éducation nationale ne sont pas de nature à nous rassurer sur cet aspect, car notre conception de l'école laïque exclut toute possibilité de dualisme au sein du service public. Nous nous sommes inquiétés, au surplus, de l'entorse faite au principe de laïcité de l'État, par la présence officielle de deux ministres de la République au siège de la catholicité, à Rome, pour assister à des cérémonies qui tiennent du caractère spirituel de l'État du Vatican, caractère exclu du champ des relations inter-États. » Le ton est donné.

Il n'est pas difficile d'imaginer la réaction du chef de l'État. François Mitterrand ne peut accepter ce qu'il considère comme un incongru rappel à l'ordre du Grand Orient de France. Les relations entre l'Élysée et la Rue Cadet vont en être affectées pendant toute la période où Paul Gourdot présidera aux destinées du GODF, jusqu'en septembre 1983.

Considéré comme appartenant au camp des archéo-laïcs, ceux qu'on a pu appeler les « laïcards » ou les « bouffeurs de curés », Paul Gourdot ne peut ni comprendre ni admettre que le nouveau ministre de l'Éducation nationale se prive des services des francs-maçons, si attachés tout au long de leur histoire à la défense de la « cause laïque ». De ces relations contrariées entre le « Château » et la Rue Cadet naît, en tout cas, le malentendu qui va s'installer entre certains maçons d'un côté, François Mitterrand et le gouvernement Mauroy de l'autre.

Ces francs-maçons ont des excuses. Depuis la Troisième République, la laïcité a été la pierre angulaire du combat et de l'idéal maçonniques. Faut-il rappeler que c'est un frère célèbre qui fit adopter le 16 juin 1881 la loi fondatrice de l'école de la République : le franc-maçon Jules Ferry, bien sûr, passé à la postérité en devenant le véritable père de l'école laïque.

L'objectif était de donner des chances égales à tous les Français afin qu'ils puissent acquérir les connaissances suffisantes pour jouer leur rôle de citoyen : être en mesure de lire la presse, d'exercer leurs droits sur leurs lieux de travail à travers les syndicats, et de voter en toute connaissance de cause.

Cet idéal laïque, qui consiste à s'assurer que tous les citoyens, quelles que soient leurs opinions ou croyances, ont devant la Nation et l'État les mêmes droits et les mêmes devoirs, est loin d'être archaïque. Il est aujourd'hui vigoureusement défendu par ceux qui considèrent, comme le rappelait Jean-Michel Gaillard, ex-directeur général d'Antenne 2, dans l'hebdomadaire *Globe*, qu'il peut assurer le minimum nécessaire de cohésion nationale et sociale, pour éduquer et instruire les enfants : « Seule la laïcité scolaire peut permettre, en ces temps d'intolérance, de réunir catholiques, protestants, athées, juifs, musulmans composant notre arc-en-ciel national et produire du lien social entre les exclus, pauvres et immigrés, et les autres. »

Tous les francs-maçons partagent cette conception de la laïcité. Ils peuvent en donner des interprétations plus ou moins strictes, plus ou moins rigides. Mais ils se montreront toujours vigilants à l'égard des religions, quelles qu'elles puissent être, qui prétendraient intervenir dans les domaines relevant, selon eux, de l'autorité de l'État. Comment s'étonner qu'ils s'efforcent donc de limiter l'influence de l'Église catholique dans tout ce qui touche à la formation et à l'éducation du futur citoyen ?

Cette vigilance active s'est manifestée tout au long de l'histoire de la République à l'égard de l'enseignement catholique, mais la franc-maçonnerie ne reste pas indifférente pour autant à la montée en puissance d'autres religions. On en a la démonstration lorsque éclate en 1989 à Creil, dans la région parisienne, ce qu'on a appelé « l'affaire des foulards ». En d'autres temps, il aurait pu ne s'agir que d'un incident, vite réglé au niveau de l'établissement scolaire. Mais la France se passionne, les partis politiques s'expriment, les syndicats d'enseignants se mobilisent autour de la question : « Doit-on ou non autoriser deux jeunes musulmanes à porter le tchador dans l'enceinte de leur collège, comme elles en manifestent le désir ? » Confortés par la ferme opposition d'un principal lui-même initié — Ernest Chenière, aujourd'hui député RPR de l'Oise —, les francs-maçons interviennent dans un débat qui a pris une ampleur nationale. Leur message est clair : « Nous sommes opposés au foulard, disent-ils, parce que l'école ne serait plus un service public si chaque religion venait s'y exprimer. » « Nous sommes, de la même manière, opposés à l'enseignement des religions à l'école s'il doit être assuré par les représentants des religions », insiste Jean-Robert Ragache au nom du GO. « Il est parfaitement possible, dit-il, d'organiser de tels cours dans le cadre normal de l'enseignement de l'histoire. »

Dans son convent de septembre 1990, l'obédience revient à nouveau sur la question : « Le grand maître a pris une position très claire : celle du refus d'un signe distinctif qui risquait d'aboutir à une communautarisation ; c'est-à-dire à l'exposition des différences, qui pourrait aboutir à des conflits ou tout du moins à des rejets de l'autre. Mais le principe que nous avons voulu défendre en ce moment particulier de trouble dans les esprits dépasse le problème religieux et celui de l'école. Il est une conception totale de la société et des rapports des hommes entre eux. Il est fondamentalement culturel. Il est à la base de la démocratie dans laquelle il peut se développer. »

Les maçons ne disent pas autre chose lorsqu'ils s'opposent à l'Église catholique, ce qu'ils font chaque fois que ses clercs prétendent influencer la société civile. Sont-ils pour autant « antireligieux » ? Ils vous jureront que non : beaucoup, parmi eux, croient en Dieu. Ils sont nombreux, en revanche, à revendiquer leur anticléricalisme. Ils s'en expliquent volontiers, à l'instar d'Henri Caillavet, président du Comité Laïcité-République : « Je suis anticlérical pour éviter que le pouvoir religieux n'intervienne dans la vie profane, dit-il. La laïcité, ce n'est pas seulement un accord entre l'école et l'État. Cela concerne également l'environnement, l'immigration, l'intégration... » Ce que confirme en tout point Jean-Robert Ragache : « Nous voulons élargir l'idée de laïcité, trop longtemps limitée au seul aspect scolaire. » Même

Michel Barat, grand maître de la Grande Loge de France — beaucoup moins « laïcarde » que le GO — mêle sa voix au concert : « La laïcité permet à la religion de s'exprimer librement, d'avoir les moyens matériels de le faire, mais lui interdit de prendre un pouvoir hégémonique. »

Ces prises de position œcuméniques masquent en réalité des différences de sensibilité entre les principales obédiences. La laïcité ne semble plus constituer un combat prioritaire pour la GLF et encore moins pour la GLNF, dont le grand maître Claude Charbonniaud n'hésite pas à affirmer : « C'est un débat dépassé. » En revanche, elle reste au cœur de la réflexion et de l'action des initiés du GODF.

L'image d'une obédience est dépendante des prises de position de son grand maître, qui détient sans partage le privilège de l'expression. D'où l'illusion — bien regrettable, selon Jean-Robert Ragache — d'avoir affaire à des blocs monolithiques, quand le système de la « voix unique » masque en fait « une très grande diversité d'opinion ». Le grand maître du GODF de 1981, le « laïcard » Paul Gourdot, était-il le porte-parole d'une Rue Cadet unanime ? Rien n'est moins sûr. Le ministre du général de Gaulle Philippe Dechartre, qui appartient pourtant à la même obédience, rapporte à l'occasion cette réponse de Paul Gourdot à l'un de ses amis venu plaider la cause d'une église menacée de ruine : « Pour moi, les églises sont tout juste bonnes à accueillir des porcheries. » L'image de Gourdot se surimposant à celle du GODF, on retombait dans une perception laïcarde, modèle Troisième République, de la franc-maçonnerie. Celle d'une époque où l'éducation civique et morale était la transposition républicaine de l'éducation religieuse. Le malheur a voulu que l'ère Paul Gourdot coïncide avec la tentative de mise en place de la réforme Savary.

Élu par la gauche républicaine, François Mitterrand se doit d'ouvrir le chantier de la réforme de l'enseignement en France. Il temporise d'abord, ce qui lui sera reproché par certains de ses amis. Il faut attendre les années 1982-1983 pour voir le gouvernement entrer dans le vif du sujet.

Il est probable que cette réforme aurait connu un meilleur sort si elle avait été proposée dans l'euphorie de l'état de grâce qui succéda à l'élection, si longtemps attendue, d'un président de la République socialiste.

D'abord à l'occasion des congrès de son parti, puis au cours de sa campagne électorale, le futur hôte de l'Élysée avait promis l'avènement d'un « grand service public unique et laïc de l'Éducation nationale », pour venir faire contrepoids aux lois Debré et Guermeur, jugées trop favorables à l'enseignement privé. Toutefois François Mitterrand s'était toujours montré prudent : son gouvernement travaillerait à « convaincre sans contraindre » les différents partenaires de la communauté nationale de la nécessité de cette réforme. Dans une lettre datée du 1er mai 1981, le candidat président écrivait : « L'essentiel est de donner au service public les moyens lui permettant d'assurer sa mission. Et ces moyens, il ne les a pas. D'où le problème posé par la dispersion des crédits. » Il ajoutait : « J'ai cependant toujours insisté sur la nécessaire décentralisation de la gestion, la prise en compte de toutes les expressions pédagogiques, la participation des familles aux tâches éducatives, le développement éducatif autour de l'école. »

Quelques mois plus tard, au cours de sa première conférence de presse, en septembre 1981, le nouveau président de la République aborde à nouveau le sujet : « La démarche que je préconise est celle de la négociation fraternelle, le mot " fraternel " étant là comme une sorte de défi aux passions qui s'opposent. » Le mot « fraternel » était-il là aussi comme une sorte de clin d'œil complice aux francs-maçons ? C'est bien ainsi, en tout cas, que certains l'ont perçu...

Pour mener à bien ce projet « fraternel », Pierre Mauroy a pris pour ministre de l'Éducation nationale un homme reconnu pour son intelligence, son affabilité, son extrême courtoisie et son pragmatisme. Alain Savary, de plus, a l'expérience des négociations difficiles, à l'extérieur comme à l'intérieur du Parti socialiste. Porté à la tête du nouveau PS en 1969, c'est lui qui avait le premier tenté de reconstruire ce parti sur les cendres de la SFIO défunte. Qui mieux que lui aurait pu jouer ce rôle d'arbitre entre les laïcs et les partisans de l'enseignement privé ? Même pour le père Guiberteau, négociateur du camp catholique, cet homme-là n'avait que des qualités : « Alain Savary, dit-il, était parfois un peu taciturne, mais il s'est toujours montré disponible : nous n'avons jamais eu de difficultés pour le rencontrer. Je crois qu'il comprenait assez bien nos positions. »

Nous n'entrerons pas ici dans le détail du déroulement de cette « guerre scolaire », puisque c'est ainsi que l'on a baptisé l'affrontement. Mais il est essentiel de raconter comment l'intransigeance des archéo-laïcs (appartenant le plus souvent au GO mais quelquefois membres de la GLF) a été l'une des principales causes de l'échec de la réforme proposée par un gouvernement dont, en principe, ils auraient dû se sentir proches.

Quelles sont les forces en présence ? A la tête des défenseurs de l'enseignement privé, le chanoine Paul Guiberteau, secrétaire général de l'enseignement catholique, soutenu par l'organisation des parents d'élèves l'UNAPEL et par les enseignants de la CFTC. Le camp laïque, lui, est animé par les enseignants et leurs organisations syndicales, toutes fédérées (à l'exception du SGEN-CFDT) sous la bannière du CNAL (Comité national d'action laïque) auquel le Grand Orient est très lié. On y retrouve la Fédération de l'Éducation nationale (FEN), le Syndicat national des instituteurs et professeurs d'enseignement général des collèges (SNI-PEGC), la Fédération des conseils de parents d'élèves des écoles publiques (FCPE), la Fédération nationale des délégués départementaux de l'Éducation nationale et, enfin, la Ligue de l'enseignement, important fief maçonnique, Marie-France Coquard, grande maîtresse de la GLFF depuis septembre 1993, en étant une des responsables.

Quel est l'enjeu du débat ? Selon Alain Savary, « le projet de loi, tout en affirmant le maintien du principe de liberté d'enseignement, proposait une harmonisation des deux systèmes scolaires. Le rapprochement portait sur quatre points : les critères d'attribution des crédits d'État et le mode de financement des établissements privés par les collectivités territoriales ; la carte scolaire ; la nouvelle structure devant remplacer les contrats entre l'État et l'établissement privé : l'établissement d'intérêt privé (EIP) ; enfin la titularisation des enseignants du privé sur la base du volontariat ». Pour le père Guiberteau, « le ministre semblait avoir l'idée d'une loi qui soit à la fois pour l'enseignement public et pour l'enseignement privé, qui représenteraient ainsi chacun un projet pédagogique ». Alain Savary a eu, depuis, l'occasion de s'en expliquer : « A aucun moment, la querelle scolaire ne s'est située pour le gouvernement sur le terrain des relations entre l'Église et l'État. Le problème posé était d'assurer une plus grande cohérence du service public d'éducation auquel concourt le secteur privé sous contrat avec l'État ; cohérence dans le respect du pluralisme sans perdre de vue la nécessaire diversification du service public. Il ne m'apparut pas que, dans le débat, la partie laïque ait suffisamment connu et reconnu l'évolution de l'Église catholique par rapport à l'enseignement public*. »

Effectivement, si le ministre de l'Éducation nationale doit affronter l'opposition des partisans de l'enseignement privé qui craignent de voir leur autonomie remise en cause, il doit surtout faire face à l'intransigeance des laïcs du CNAL, et à la très grande réserve — pour ne pas dire l'hostilité — des membres de son propre parti, souvent des enseignants sensibles aux thèses et arguments développés par les francs-maçons. André Henry, ancien secrétaire général de la FEN devenu ministre du Temps libre, l'admet d'ailleurs sans hésiter : « Si l'on dit que le GO, la FEN et le PS se retrouvent sur les mêmes valeurs républicaines, c'est une évidence ! »

Le début des négociations, en 1982, a fixé les termes d'une véritable guerre de positions. Tout au plus, le camp laïque accepte que l'on procède par étapes, mais à la condition que l'objectif d'unification laïque soit affirmé sans ambiguïté. Le camp catholique, de son côté, est prêt à certaines conces-

* *En toute liberté*, Hachette, 1985.

sions... à condition que cet objectif d'unification soit abandonné. L'opinion publique n'a, elle, aucune autre exigence que la qualité de l'enseignement. Les négociations durent dix-huit mois pour aboutir au projet de loi que présente Alain Savary à l'Assemblée nationale du 21 au 24 mai 1984. Selon le ministre de l'Éducation, le projet « mettait en place les outils d'un rapprochement progressif et programmé de l'enseignement privé sous contrat vers un service public rénové » ; il « donnait à l'État les moyens de faire respecter le libre choix des parents lorsqu'il s'exerce en faveur de l'enseignement public et lorsque les collectivités locales refusent de créer l'établissement public demandé ; il mettait un terme aux dispositions instaurant ou favorisant la concurrence stérile et coûteuse entre établissements publics et privés sous contrat. Il établissait clairement les règles du concours financier public aux établissements sous contrat, les obligations qui leur incombaient et les principes de leur contrôle. Enfin, il permettait à terme aux maîtres de l'enseignement privé de bénéficier du même statut donc des mêmes garanties et mêmes obligations que celles du service public, si tel était leur choix ». A première lecture, un tel projet avait de quoi satisfaire les champions de la laïcité et inquiéter, peut-être, les défenseurs de l'enseignement privé, prompts à percevoir tout changement comme une atteinte à un *statu quo* somme toute convenable.

C'est à propos de ce « processus de fonctionnarisation des enseignants qui mettrait en péril l'identité de l'école catholique » que pouvait alors se développer un conflit avec les partisans du père Guiberteau. Or ce sont les « bouffeurs de curés » qui montent en ligne pour manifester leur violente opposition à un projet de loi soudain jugé trop timide.

André Laignel — qui par le hasard de la cooptation appartient pourtant à la GLF — apparaît comme l'un des plus farouches et virulents ennemis du texte gouvernemental : « J'étais contre la réforme Savary, nous a-t-il expliqué, car nous n'avions pas les moyens de la faire passer, et encore moins de la faire appliquer. Dès que le ministre de l'Éducation nationale a présenté son projet au bureau exécutif du PS, je lui ai demandé de le retirer. Il ne l'a pas fait. Dès lors, je l'ai attaqué ! J'avais toutes les raisons pour le faire, car je trouvais également ce texte trop favorable à l'enseignement privé. Je défendais mes convictions ! Et je ne me suis pas senti isolé. Je suis sûr, au contraire, d'avoir été porteur d'une expression majoritaire parmi les socialistes. Mes prises de position n'étaient que le résultat de nos discussions au sein du groupe parlementaire. »

De fait, le député-maire d'Issoudun — qui ne pense plus guère en ces temps troublés au pèlerinage à Notre-Dame-du-Sacré-Cœur organisé en sa ville — trouve de solides appuis à l'Assemblée nationale, où il anime une commission spéciale chargée d'examiner le projet. Il y est soutenu, notamment, par son frère du GO Pierre Joxe qui, au risque de paraître simpliste, a fait sien le slogan : « A école publique, fonds publics, à école privée fonds privés. » Joxe et Laignel peuvent compter sur l'énergique soutien du futur maçon Jean Poperen, et du premier secrétaire du Parti socialiste de l'époque, Lionel Jospin. C'est dire combien Alain Savary se sent isolé.

Pendant toute la durée des négociations, ces hommes font le siège de l'Élysée, harcèlent l'hôtel Matignon et le ministère de l'Éducation nationale dans le but d'obtenir un durcissement du projet. Quand Alain Savary défend son texte devant le Parlement, ils donnent toute leur mesure. Alors que le ministre de l'Éducation nationale croit faire un pas vers la laïcité, André Laignel lui retire ses illusions, en s'enflammant : « Le projet contribue-t-il au rapprochement et donc à l'unification du système éducatif ? Nous ne le pensons pas ! Ainsi rédigé, le texte du gouvernement a pour conséquence grave d'institutionnaliser le dualisme scolaire et de fournir à l'enseignement privé des moyens financiers considérables qui font tant défaut à l'enseignement public. » Ce n'est pas fini : « Nous ne pouvons, poursuit Laignel, imaginer que votre gouvernement choisisse de sacrifier ceux pour qui, comme l'avait écrit le président de la République François Mitterrand, " le choix de laïcité participe depuis l'origine des temps à tout ce qui fut le combat des hommes pour la liberté ". Non, nous ne pouvons penser que ce gouvernement, qui est le nôtre et qui s'est donné pour règle de ne pas contraindre, nous ne pouvons penser qu'il soit celui qui contraigne la conscience des laïques. » Le divorce est brutal. L'incompréhension totale.

André Laignel somme alors le gouvernement d'adopter des amendements radicaux, remettant en cause l'esprit même de la loi Savary, qui ne prétend, selon le vœu du président de la République, que « convaincre sans contraindre ». Parmi ces amendements, deux en particulier rallument la révolte qui couve dans le camp privé. Le premier concerne les écoles maternelles : il prévoit de supprimer tout financement obligatoire des classes maternelles privées, puisque cet enseignement n'est pas obligatoire, et de lier toute création nouvelle d'école de ce type à l'approbation, par la commune, de la présence de maternelles publiques sur le territoire. Le second amendement n'est pas moins agressif. Il stipule de ne faire obligation aux communes de financer qu'à compter du moment où « l'enseignement dispensé dans les classes sous contrat d'association est assuré par une majorité de maîtres titulaires dans un corps d'enseignement public ». C'est une déclaration de guerre. Mais est-ce encore le problème de nos archéo-laïcards qui parviennent à entraîner dans leurs convictions la majorité du groupe socialiste à l'Assemblée nationale ? Il ne leur reste plus qu'à emporter l'adhésion du Premier ministre.

Pendant toutes les négociations, Pierre Mauroy a suivi le projet de loin. Mais il apporte à plusieurs reprises son soutien à son ministre de l'Éducation nationale. Il va jusqu'à qualifier Pierre Joxe et Jean Poperen de « laïcs du passé ». Il n'en est pas moins contraint, sous la pression du parti, de lâcher Alain Savary. Le Premier ministre craint, en effet, d'entrer en conflit ouvert avec les députés socialistes. Il ne peut en aucun cas se permettre de prendre le risque d'un éclatement du PS : cela reviendrait à provoquer une crise politique majeure à la veille des élections européennes. Après une énième motion de censure déposée par l'opposition, le projet de loi revu et corrigé par Laignel, Poperen, Joxe, Jospin et leurs amis est donc adopté à l'Assemblée nationale. A la plus grande satisfaction, on s'en doute, du CNAL et des autres organisations laïques.

Les « bouffeurs de curés » ont gagné. Provisoirement. Car les « curés » et leurs amis n'ont aucune envie de se laisser « bouffer ». Après l'adoption de ces « amendements-guillotine », comme ils les ont appelés, les défenseurs de l'enseignement privé organisent une formidable mobilisation de leurs troupes. Le succès est phénoménal : le 24 juin 1984, près de 1,5 million de personnes envahissent la capitale et entreprennent de défiler dans les rues de Paris. Le camp privé a rassemblé tous ses militants, bien sûr, mais il a aussi reçu le soutien de laïcs et d'athées pour lesquels la nouvelle loi représente une atteinte aux libertés. Parmi les manifestants, beaucoup de parents d'élèves et d'enseignants, beaucoup d'hommes politiques, en effet. Mais aussi un certain nombre de francs-maçons...

Pour la première fois, c'est toute l'extravagante diversité de la franc-maçonnerie française qui se trouve mise à nu, au détour de l'aventure de la loi Savary. Michel Sy, membre du GODF, président de la fraternelle des hauts fonctionnaires et proche de Jacques Chirac, participe par exemple à la manifestation du 24 juin. De même Didier Bariani, député-maire du 20e arrondissement de Paris, radical valoisien et membre de la GLNF. De même encore, chez lui à Nancy, André Rossinot, membre du GO, que l'on remarque à la tête du cortège des partisans de l'enseignement libre.

Que cette diversité se manifeste à l'occasion d'un débat autour de la question scolaire eût été impensable sous la Troisième République : la franc-maçonnerie était alors infiniment plus homogène. Qu'en conclure ? Que l'engagement politique prime désormais sur l'engagement maçonnique.

L'admettent-ils ? Non. Michel Sy, par exemple, explique ainsi son attitude : « J'ai manifesté contre cette loi comme beaucoup d'autres maçons parce que la réforme Savary n'était pas, à mon sens, une loi laïque, simplement parce qu'elle n'assurait pas la pérennité de l'enseignement privé. » Décidément, rien n'est jamais tout à fait simple chez les fils de la Lumière : certains frères — plutôt de droite — refusent ce texte — proposé par des frères de gauche — au motif qu'il ne va pas assez loin dans le sens de la laïcité, cette valeur cardinale de la gauche républicaine ! Ce qui ne les empêche aucunement d'être rejoints dans leur opposition — mais pour de tout autres raisons — par nombre de frères de la GLNF, obédience assez conservatrice.

Du palais de l'Élysée, François Mitterrand a suivi avec attention l'évolution de la crise scolaire. A plusieurs reprises, il a eu l'occasion d'exprimer son soutien à Alain Savary, mais c'est tout de même au projet de loi amendé qu'il finit, comme son Premier ministre, par donner son aval. Le président de la République s'est senti agressé par la mobilisation, l'intransigeance et bientôt l'agressivité des supporters du camp privé. Lors de ses différents déplacements en province, en particulier à Angers, ceux-ci l'ont pris à partie et conspué.

Pourtant, quelques jours plus tard, le 12 juillet 1984, François Mitterrand décide *ex abrupto* de suspendre la loi, autant dire de l'enterrer. Bottant en touche, il a choisi de s'en remettre aux Français en leur proposant d'organiser un référendum sur... l'organisation des référendums !

Quelles raisons ont-elles bien pu pousser le président à prendre cette décision si brutale, à jeter si tôt l'éponge, renonçant du même coup à un combat cher entre tous au « peuple de gauche », et pas seulement aux francs-maçons ? Il existe plusieurs réponses. La première relève de la complexité de l'alchimie politique mitterrandienne. L'ancien élève de Saint-Paul d'Angoulême et des maristes eut sans doute la conscience déchirée. Peut-être écouta-t-il sa sœur, Geneviève Delachenal, chargée des relations extérieures au groupe catholique Bayard-Presse. Selon le journaliste Gérard Leclerc, qui a suivi tout le conflit, il a subi une influence décisive : « On ne peut échapper à l'hypothèse que quelqu'un l'a persuadé qu'il fallait sacrifier cette loi désormais privée de son aspiration initiale et déséquilibrée par l'objectif de titularisation. Qui fut cet avocat décisif? Sans doute une haute personnalité de son entourage, bénéficiant de sa confiance et avertie directement des sentiments et de la détermination des dirigeants catholiques. » Mgr Guiberteau, lui, risque aujourd'hui une autre explication : c'est son ami Robert Badinter, alors ministre de la Justice, qui aurait convaincu François Mitterrand d'abandonner le combat, après lui avoir exposé que les autorités juives, elles aussi, étaient hostiles à la réforme.

Doit-on écarter une explication plus simple encore ? Et si François Mitterrand s'était rendu compte, avec retard, que l'esprit de cette loi ne correspondait plus à sa volonté initiale de « convaincre sans contraindre » ? Reste l'interprétation d'Henri Caillavet : « Il ne pouvait pas s'engager sur la laïcité comme aurait dû le faire un chef socialiste : cela n'a jamais été un débat opportun pour sa carrière et donc jamais un grand dessein pour lui. Il a préféré s'évader et débattre de l'Europe. »

Le chef de l'État s'est toujours refusé à éclairer les Français sur les motivations de sa décision, pourtant essentielle puisqu'elle a mis au rancart une certaine conception de la laïcité, celle qui prévalut tout au long de la Troisième République et dont radicaux et francs-maçons avaient fait leur cheval de bataille.

Victimes de leur propre intolérance, les « bouffeurs de curés » ont échoué. Dans nombres de loges, on en conçut de l'amertume : il s'agissait d'une grande victoire du camp de l'école privée, d'une consolidation de ses positions.

Huit ans plus tard, les francs-maçons doivent avaler une nouvelle et amère pilule quand, en juin 1992, le ministre de l'Éducation nationale, Jack Lang, signe des accords solennels avec le secrétaire général de l'enseignement catholique, le père Max Cloupet. Ces accords mettent fin à un contentieux de plus de trente ans entre l'État et l'enseignement privé : les pouvoirs publics s'engagent à régler une dette de 1,8 milliard de francs et définissent un nouveau mode de calcul pour l'avenir. Ils s'engagent à payer le forfait calculé sur la base de la parité avec ce que coûte un élève du public, soit un effort de 4 milliards de francs par an. L'État accepte, enfin, de payer pour la formation pédagogique de personnels que les établissements privés s'engagent à embaucher.

Ces accords, très favorables à l'enseignement privé, consacrent la défaite du camp laïque. Pour le syndicat des enseignants (SE-FEN), qui compte un grand nombre d'initiés, Jack Lang est sans conteste un bon ministre : « Un bon ministre de l'enseignement catholique... » Car, « imperturbablement, le lobby confessionnel poursuit son objectif, qui est de conquérir la totale parité des financements pour conduire sa propre politique, et sans les contraintes que doit s'imposer et respecter le service public ». Même son de cloche au SNES (Syndicat des enseignants du second degré) qui, réclamant la priorité pour le service public, relève l'amélioration indéniable de la situation des personnels de l'enseignement privé, mais note également que la revalorisation de l'ensemble des personnels du public reste bloquée.

Et chez les francs-maçons ? Les réactions sont une nouvelle fois assez diverses. André Laignel dénonce bien entendu ces accords « scandaleux », avant d'expliquer comment il reproche à « M. Lang » d'avoir « bradé une partie de la laïcité au profit de son image à court terme ». Patrick Kessel, au Grand Orient, n'est pas moins véhément : « Les socialistes ont baissé leur culotte, il leur fallait acheter des voix. » Jean-Robert Ragache ne masque pas sa perplexité : « Jack Lang m'avait pourtant personnellement rassuré, jurant sur ses grands dieux, une semaine avant la signature des accords, que nous n'avions rien à redouter. » Le sénateur Caillavet se montre plus fataliste : « C'est vrai, jamais je n'aurais pensé que M. Lang, aux si subtiles affinités maçonniques, aurait pu s'engager un jour dans un accord comme celui-ci. Mais il est vrai, aussi, que l'enseignement privé — que je distingue de l'enseignement religieux — a incontestablement un rôle à jouer, si l'on considère l'important pourcentage des élèves qui le fréquentent. De plus, je constate qu'il a également fait d'énormes progrès. Bien que l'accord Lang-Cloupet soit surprenant, ne se situait-il pas dans la logique de l'évolution ?... »

Après l'échec de la réforme Savary, après l'avortement d'une autre réforme, celle du ministre de Jacques Chirac — et frère initié — Alain Devaquet, et après la signature des accords Lang-Cloupet, peut-on encore s'étonner du doute qui a pu s'installer chez certains francs-maçons ? Bernard Teper, dignitaire du Grand Orient, s'interroge : « A la lueur de tout cela, j'aimerais assez que l'on m'explique quelle influence les maçons ont bien pu jouer dans l'Éducation nationale ! » Ainsi, pour Philippe Dechartre la cause est entendue : « L'école privée est apparue comme une nécessité devant l'effondrement de l'école laïque, l'apostolat des instituteurs ayant cédé la place au laxisme. » Pour Gilbert Abergel, le grand maître actuel du Grand Orient, il s'agit seulement de défendre l'idée de la laïcité qui repose sur une séparation des pouvoirs et la non-ingérence de la religion dans la vie. Mais à la Grande Loge de France, Michel Barat considère, lui, que les « archéo-maçons » se sont trompés d'époque : « Sous la Troisième République, le combat laïque a été une nécessité, et j'y aurais participé. Mais aujourd'hui les membres de l'Église catholique sont également, dans leur très grande majorité, d'excellents républicains. L'accord Lang-Cloupet ? Il ne me gêne pas. Les gens ne choisissent plus l'école privée pour des raisons religieuses. Que font les frères du GO lorsqu'ils sont confrontés à des problèmes scolaires ? Ils inscrivent leurs enfants dans le privé ! Et ils ont raison ! »

La hache de guerre est-elle enterrée ? Pas tout à fait. Au lendemain de la victoire écrasante de la droite en mars 1993, François Bayrou, nouveau ministre — démocrate-chrétien — de l'Éducation nationale, n'a rien de plus pressé que de remettre en cause la loi du catholique et très réactionnaire

Albert Frédéric de Falloux, pourtant prévue à l'origine pour limiter l'intervention de l'État républicain dans l'organisation et le financement de l'enseignement privé. La loi Debré ayant déjà permis de prendre en charge les salaires des enseignants des établissements sous contrat, les accords Lang-Cloupet ayant donné aux pouvoirs publics la charge de leur formation, il s'agit désormais, dans l'esprit de François Bayrou, d'autoriser les communes à participer aux dépenses d'investissements des établissements privés — dépenses qui risqueraient bien entendu de s'effectuer au détriment d'un secteur public aux ressources ainsi amputées de 4 milliards de francs.

Cette nouvelle « bonne idée » offre à la gauche de nouvelles raisons de se mobiliser. Le frère Jean Poperen, autre pape de la laïcité, manifeste aussitôt son opposition au projet gouvernemental : « La majorité de droite dirigeant tout le pays, la presque totalité des régions, le plus grand nombre des départements, on peut s'attendre à ce que les crédits aillent largement vers les établissements privés, prévient-il. Je déplore vivement que cette nouvelle loi soit en fait le couronnement d'une longue série de capitulations de la part de ceux qui auraient dû défendre la laïcité. » Et Jean Poperen de citer « le déculottage de 1984, l'accord Rocard sur l'enseignement agricole privé, l'accord Lang-Cloupet ». Cent cinquante ans après le vote de cette loi Falloux, et après treize années de mitterrandisme, le temps est venu de voir républicains et maçons trembler à leur tour devant la menace d'une domination de l'enseignement privé ou religieux !

Seul éventuel motif de réconfort pour les laïcs, l'Église elle-même semble se demander si le ministre de l'Éducation nationale ne pousse pas, cette fois, le bouchon un peu trop loin, comme en témoignent les craintes de Mgr Decourtray, inquiet de voir se rallumer la guerre scolaire à l'occasion d'une atteinte à la loi Falloux. C'est ce que semble redouter aussi le président de la République, qui s'oppose à l'examen de la proposition de loi pendant une session extraordinaire du Parlement au cours de l'été 1993. François Bayrou annonce alors la mise en sommeil de son projet de révision, et confie au doyen Georges Vedel le soin de mener une mission d'information. La désignation d'une commission demeurant, comme chacun sait, le plus sûr moyen d'enterrer une fausse bonne idée, certains prennent cette volte-face pour une sorte de victoire du camp laïc. Ce n'est pas le cas de Marc Blondel, secrétaire général de Force ouvrière et membre du Grand Orient. Lui est sans illusion : « La loi Falloux n'a jamais été une bonne loi pour la laïcité. Comment pourrions-nous nous réjouir d'en être arrivés à la défendre pour éviter de nous faire enfoncer complètement ? »

Qu'elle s'en réjouisse ou non, la franc-maçonnerie montera en ligne, quelques mois plus tard, pour protester contre le vote par le Sénat de la révision de cette loi, le 15 décembre 1993. Un vote « à la hussarde », en quelques heures, et qui provoque à nouveau des réserves de la part de Mgr Decourtray : l'homme d'Église ne peut pas se prononcer contre le fond, mais la forme ne lui convient guère et il le fait savoir. A gauche, on s'indigne, en cachant parfois assez mal sa satisfaction de retrouver une occasion de se mobiliser. « Cette loi profite à 95 % aux associations paroissiales, dénonce Henri Emmanuelli. On nous dit qu'elles n'ont plus un sou ! Il me semble quand même que, dans ce pays, les biens de l'Église sont encore considérables. Pourquoi ne pas rendre public le patrimoine de l'Église ? Les Français auraient un choc* ! » Le Grand Orient se sent floué. Plus question pour lui d'être absent du débat sur la place publique, et son « extériorisation » prend la forme d'une pleine page du *Monde*, le 24 décembre. Sur fond d'un buste de Marianne et sous le titre « Les couleurs unies de la République », le GO s'inquiète et appelle à la manifestation prévue le 16 janvier suivant : « L'École de la République, c'est pour tous la chance de s'émanciper. C'est l'École de la Liberté, de l'Égalité, de la Fraternité. C'est cette École qui est en danger [...]. Au fil des ans, cette Liberté qui s'appelle Laïcité, cet art de vivre dans la Cité, a été vidée de son projet, a perdu de son éclat et se trouve aujourd'hui menacée. Par un vote à la hussarde — avec un H comme Honteux — ce n'est plus

* *Le Point*, 24 décembre 1993.

seulement l'École qui est attaquée, mais la République dans ses fondements mêmes... » Le 16 janvier 1994, le Grand Orient est dans la rue et toutes les loges de province, selon Gilbert Abergel sont représentées.

Le camp laïque s'est retrouvé. François Mitterrand en tête : « Notre République se veut démocratique, sociale, indivisible et laïque, rappellera le chef de l'État lors de ses vœux télévisés pour la nouvelle année. Laïque, c'est-à-dire sans discrimination ni privilèges, tolérante et toujours respectueuse d'abord de l'école du peuple ». Il se trouvera même un ministre en exercice, le frère André Rossinot, en charge de la Fonction publique, pour faire valoir le point de vue de la « contre-Église » : « Bosson et Air France, Méhaignerie et la perpétuité réelle, Bayrou et la réforme de la loi Falloux... Ah ! ils sont beaux, les résultats de nos ministres cathos ! »

II

Nouvelle-Calédonie : l'idéal maçonnique en action

Si l'échec de la réforme Savary et la mise à mal de la laïcité par la tentative de révision de la loi Falloux peuvent apparaître comme les signes d'une certaine incapacité de la franc-maçonnerie française — et c'est bien ainsi que l'ont ressenti les derniers « hussards noirs de la République » —, il est un dossier des années 80 qui conservera pour eux comme un goût de miel : celui de la Nouvelle-Calédonie. Toutes obédiences confondues, les frères ont cette fois joué un rôle que les esprits les plus chagrins ont bien du mal à contester, que leurs opposants les plus farouches ne peuvent leur reprocher.

Lorsque les premiers troubles éclatent, à l'automne 1984, le « Caillou » semble voué à la guerre civile. Le Territoire compte environ 165 000 habitants, dont 45 % de Mélanésiens et 34 % d'Européens. S'y ajoutent d'importantes minorités, wallisienne, tahitienne, indonésienne et vietnamienne. Ce sont, en fait, deux mondes qui s'affrontent, imperméables l'un à l'autre, tant au plan social qu'économique.

D'un côté, il y a un coin d'Europe, recréé en plein Pacifique Sud, une capitale, Nouméa, aux allures de ville provinciale française, jolie vitrine étalant ses commerces, ses banques, ses hôtels, son luxe et ses ports de plaisance. 90 % de la population non mélanésienne y prospère en monopolisant toutes les richesses du Territoire. Les Mélanésiens, eux, sont disséminés dans un verdoyant désert. Ils sont seuls, ou presque, dans la moitié nord de la Grande-Terre, organisés en 350 tribus, elles-mêmes regroupées dans 184 réserves. Après l'arrivée des premiers Européens, en 1853, ils ont été soumis durant près d'un siècle à un code de l'indigénat qui leur imposait, notamment, un couvre-feu signalé chaque soir par un coup de canon. Les Mélanésiens ont acquis le droit de vote en 1957...

Et ils l'ont utilisé. Jusqu'à faire émerger de leurs rangs, au début des années 80, un incontestable leader, Jean-Marie Tjibaou. C'est lui qui porte l'étendard de la « Kanaky », comme s'appellera la Nouvelle-Calédonie si elle parvient à s'affranchir de la tutelle française. Leader du FLNKS (Front de libération nationale kanak et socialiste), il a été le premier à fédérer les indépendantistes. Fils d'un chef coutumier, remarqué très tôt par les missionnaires catholiques implantés à Hienghène et poussé à aller poursuivre ses études en métropole, il a été ordonné prêtre en 1965. Mais, dès 1971, il a jeté sa soutane aux orties, préférant travailler à une autre forme de salut des hommes : sur terre, cette fois. Et par la politique.

« Halte à la négation de ce que nous sommes ! répète-t-il inlassablement. Halte à la logique coloniale ! »

On l'écoute. On le suit. Tjibaou est l'un des rares Mélanésiens à oser traiter d'égal à égal avec le pouvoir caldoche. C'est bien lui, en tout cas, que l'on tient pour responsable de la quasi-insurrection du 5 novembre 1984 : gendarmeries occupées, mairies saccagées, barrages dressés sur les routes pour empêcher les électeurs de se rendre aux urnes. Rien ne peut entamer sa détermination, pas même la mort de deux de ses frères, assassinés au cours d'un guet-apens le 5 décembre 1984. Profondément marqué, il le sera un peu plus encore lorsque les meurtriers seront acquittés par la justice.

Le 12 janvier 1985, c'est son ami Éloi Machoro, le plus radical des leaders du FLNKS, qui tombe à son tour, abattu par les tireurs d'élite de la gendarmerie. Tjibaou durcit alors son discours. Il appelle les Kanaks à « organiser la résistance face aux forces d'occupation », s'en prend « aux traîtres et aux collabos » mélanésiens. Le point de non-retour semble être atteint...

Car l'autre camp a également désigné son champion. Côté anti-indépendantiste, Jacques Lafleur conduit le combat. A la tête du RPCR (Rassemblement pour la Calédonie dans la République), il hérisse ses manifestations de drapeaux bleu blanc rouge. Fils d'un sénateur, considéré comme l'homme le plus puissant et le plus riche du Territoire, il a rassemblé autour de lui ceux, venus de tous horizons, qui redoutent l'indépendance. Les « colons » sont avec lui, bien sûr, ces « dix familles » qui tiennent l'île depuis toujours : « Un pied dans les mines de nickel, un autre dans les cargos pour l'importation. Elles possèdent de vastes propriétés, comme celle de Jacques Lafleur à Ouaco, qu'elles ne cultivent pas, où elles laissent divaguer quelques troupeaux, symboles de leur mainmise sur le pays *. » Mais ceux-là ne sont pas seuls à traiter les indépendantistes de « voyous », de « terroristes manipulés par l'étranger ». Ils sont rejoints par toute la communauté blanche : les « broussards », dont le niveau de vie dépasse souvent à peine celui de leurs voisins kanaks ; les « zoreilles », métropolitains peu enthousiastes à l'idée de devoir regagner la métropole... et renoncer à leurs nombreux avantages, tant financiers que climatiques ; les « immigrés » de Wallis-et-Futuna, cet autre territoire français du Pacifique venus chercher fortune en Nouvelle-Calédonie. Lafleur a même su gagner à sa cause quelques membres éminents de la société kanak, le sénateur Dick Ukeïwé, le grand chef coutumier Richard Attiti. Homme fort du Territoire, il sait séduire. Et il a décidé que la Nouvelle-Calédonie resterait française...

Qui aurait imaginé que ces deux-là, Tjibaou et Lafleur, pourraient un jour se serrer la main ? C'est pourtant bien ce qui se produit, le 26 juin 1988, après des semaines d'âpres négociations, quelques semaines, surtout, après un nouveau massacre, celui de la grotte d'Ouvéa.

Le 22 avril, en effet, quatre gendarmes ont été tués et vingt-sept autres pris en otages par les Kanaks. Les spécia-

* *Le Dossier calédonien*, La Découverte, 1988.

listes du GIGN (Groupe d'intervention de la gendarmerie nationale), emmenés par leur chef, le capitaine Philippe Legorjus, sont arrivés de Paris et ont pris position autour de la grotte. D'abord, les rebelles restent sourds, pendant trois jours, à toute tentative de négociation. Quand, le 25 avril, ils relâchent plusieurs otages, on pense que la situation est en passe de se débloquer. Tout va basculer quelques heures plus tard.

Legorjus tente d'obtenir, en parlementant, la libération des quinze derniers prisonniers, lorsqu'il est à son tour maîtrisé et séquestré, en compagnie de cinq de ses hommes, d'un gendarme mélanésien et du substitut du procureur de la République de Nouméa. Ils sont désormais vingt-trois, retenus dans la grotte. Paris hésite toujours à employer la force. Mais la Calédonie s'enfièvre. Loin d'Ouvéa, où les gendarmes piétinent, l'un des auteurs acquittés de la fusillade d'Hienghène, où les frères de Tjibaou ont trouvé la mort, est assassiné... Il faut agir. L'assaut est donné le 5 mai : dix-neuf indépendantistes et deux militaires sont tués. Les conditions de l'intervention vont susciter bien des polémiques, les gendarmes seront accusés d'avoir achevé des rebelles mis hors de combat.

Pour l'heure, cependant, le drame fait l'effet d'un électrochoc sur la Nouvelle-Calédonie. Au lieu d'attiser les haines, il force les leaders des deux camps à s'interroger sur leur combat. Ils comprennent que d'autres bains de sang seront inévitables s'ils n'entrent pas dans la voie de la négociation.

Le samedi 25 juin vers 19 heures, lorsqu'ils sont reçus à Paris par le Premier ministre, Lafleur et Tjibaou se trouvent face à un Michel Rocard décidé à trouver une solution au problème calédonien. Installées dans le « Salon jaune » de l'hôtel Matignon, les délégations ennemies savent qu'il n'y aura pas d'autre rendez-vous, que tout doit se jouer maintenant. Les deux parties exposent leurs arguments. Les heures s'égrènent, tandis qu'ils remanient, encore et encore, le texte proposé par le gouvernement. La nuit va les surprendre. Jean-Paul Huchon, alors directeur de cabinet du Premier ministre, a raconté la suite : « Il faisait jour à nouveau [...]. Michel Rocard a lu le contenu de l'accord qu'ils avaient tous signé. Il avait la voix émue et cassée par une nuit sans sommeil. Et puis, il se passa cette chose que je suis seul, peut-être, à avoir distinguée, car j'étais en retrait à ce moment-là : Lafleur et Tjibaou se prirent la main à l'envers, comme le font les sportifs lorsqu'ils viennent de marquer un point. Ils se regardaient comme deux frères seuls peuvent se regarder*. »

Huchon, si proche des francs-maçons, si au fait de leur symbolique et de leur philosophie, s'est-il laissé emporter par les mots ? Ou bien a-t-il voulu souligner — à l'usage des seuls initiés — l'importance pour la résolution des accords d'une si improbable et pourtant bien réelle fraternité ? Jacques Lafleur est maçon, membre de la GLNF après l'avoir été du GO. Jean-Marie Tjibaou, l'ancien prêtre, l'était, même si son appartenance n'en finit pas d'être contestée, et justement à cause de ses anciens liens de dépendance avec l'Église. A défaut de tout expliquer, cela n'aide-t-il pas, déjà, à comprendre que les deux irréductibles ennemis aient pu se parler ? Et d'abord s'écouter, puisque c'est là le premier enseignement de la franc-maçonnerie.

Dans les DOM-TOM, dont le secrétaire d'État est souvent un maçon (Olivier Stirn, Henri Emmanuelli, Georges Lemoine, Louis Le Pensec, pour n'évoquer que les plus récents), les différentes obédiences ont joué un rôle capital. D'abord parce qu'elles étaient, de tradition, représentées au sein de l'administration préfectorale, plus puissante outre-mer qu'en métropole. Ensuite, parce qu'elles mesuraient tout l'intérêt d'organiser des lieux de réflexion parallèles, dans des sociétés bâties par les missionnaires, qu'ils soient catholiques ou protestants. La Nouvelle-Calédonie n'échappa pas à la règle, qui vit défiler sur son territoire curés, pasteurs et francs-maçons : quel meilleur exemple que celui de Jean-Marie, jeune kanak de Hien-

* *Jours tranquilles à Matignon*, Grasset, 1993.

ghène devenu l'abbé Tjibaou, puis l'époux d'une jeune protestante, avant de « déposer les métaux » à la porte d'un temple ?

Dès 1983, Georges Lemoine sait utiliser ses contacts maçonniques pour organiser la rencontre de Nainville-les-Roches : sans le concours actif des maçons des différentes obédiences de Nouméa, jamais le secrétaire d'État aux DOM-TOM ne serait parvenu à faire s'asseoir autour d'une même table les représentants de tous les partis calédoniens, pour tenter de dégager un consensus sur l'avenir du Territoire. Il ressortit de cette réunion la reconnaissance du « droit à l'indépendance du peuple kanak ».

« Il existe incontestablement là-bas un tissu maçonnique important », admet Michel Barat, ancien grand maître de la GLF, à laquelle appartient Fernand Wibaux, nommé haut-commissaire de Nouvelle-Calédonie en 1985. « Je suis certain que bien des affrontements ont pu être évités parce qu'il y avait des frères responsables dans les deux camps. Même aux pires moments, notre loge de Nouméa — la « Fraternité australe » — a continué de travailler... » Cette loge compte 50 % de frères kanaks, et regroupe des représentants de toutes les communautés de l'île. Un « immigré » martiniquais en a été le vénérable. Un Européen lui a succédé, puis un Vietnamien, puis un Kanak, proche des thèses indépendantistes... Le Grand Orient dispose de son côté de deux loges sur le Territoire, « Lumière des Îles » et « Fraternité calédonienne ». La GLNF, avec ou sans temple, n'est pas en reste : Claude Charbonniaud, son actuel grand maître, a été haut-commissaire de la République dans l'océan Pacifique et gouverneur de Nouvelle-Calédonie.

« Quand la situation s'est vraiment détériorée, pendant la première cohabitation, je suis allé voir Pons, alors ministre des DOM-TOM, raconte Yves Trestournel, haut dignitaire de la GLNF. Je lui ai expliqué qu'il fallait monter des loges et faire se rencontrer Kanaks et Caldoches afin de comprendre comment cela fonctionnait sur le plan ethnique dans un pays où pasteurs et curés avaient tout phagocyté. Des maçons ont alors été envoyés (des militaires, comme le général Michel Franceschi, ou des policiers, comme le contrôleur général

Raymond De Matteis). En 1988, quand le gouvernement a changé, j'ai tenu à rencontrer Leray et je lui ai repassé le bébé. Je n'avais rien voulu médiatiser, Leray a choisi la solution inverse... »

Peu de maçons en vue ont échappé aux vingt-huit heures de vol entre Paris et Nouméa. « J'y suis allé moi-même à trois reprises et j'ai parcouru le territoire avec des frères maçons, se souvient Henri Caillavet. En 1982, j'avais été invité par Pentecoste, le président de la chambre de commerce, qui voulait me faire constater l'évolution en cours. Il y avait déjà un certain bouillonnement, quelques troubles... On m'a reçu partout, je me suis attaché à rencontrer tout le monde : d'abord des frères métros, mais aussi des frères kanaks, souvent petits fonctionnaires, petits propriétaires. Il y avait une volonté d'évasion considérable. Ils voyaient la France à travers le luxe, les attitudes des colons, leur refus de l'intégration. Un cadre agricole kanak était payé cinq fois moins que son supérieur immédiat, dont il faisait par ailleurs le travail. En fait, ces Kanaks sortis de leur tribu se retrouvaient rejetés par les deux clans. Même en loge, les rapports n'étaient pas toujours aussi fraternels qu'ils auraient dû l'être. La franc-maçonnerie avait tendance à se transformer en Rotary Club. D'où l'apparition d'une espèce de pensée spirituelle kanak maçonnique. J'ai tout de même pu jeter quelques petites graines qui, je l'espère, ont germé. J'ai expliqué que la Nouvelle-Calédonie devait rester attachée à la France dans un lien contractuel. Hernu voulait en faire un port militaire : ce n'était pas la solution ! »

Guy Penne, abandonnant en l'occurrence les affaires africaines et malgaches, y fait une apparition : « Georges Lemoine et moi avons abordé un certain nombre de maçons de gauche et de droite en Nouvelle-Calédonie. Nous avons fait en sorte qu'ils puissent au moins se rencontrer et se parler sur un plan fraternel, sans abandonner pour autant leurs positions temporelles. Ce travail a ensuite été poursuivi par d'autres. »

Dès 1985, Roger Leray, alors grand maître du GO, vient prôner la modération, au cours d'une visite de quatre jours. Il sera suivi par un autre grand maître de la même obédience, Jean-Robert Ragache. Puis par un (ancien) grand maître encore, mais de la Grande Loge cette fois, le docteur Pierre Simon. Ils viennent tous en appeler à la tolérance, à la fraternité. Un petit tour en ville, un petit tour en brousse... et puis s'en vont.

Parfois, dans un souci d'efficacité politique, on laisse accréditer la (fausse) rumeur de sa propre appartenance à la franc-maçonnerie. C'est le cas d'Edgard Pisani qui, nommé délégué du gouvernement en Nouvelle-Calédonie, salue avec ostentation des vénérables de loges de Nouméa d'une manière toute maçonnique, en leur donnant publiquement l'accolade à sa descente d'avion, sur l'aéroport de La Tontouta. Il faudra une mise au point de Roger Leray, saluant l'action de ce « frère sans tablier », pour lever l'équivoque. Certains, à l'inverse, évitent de se dévoiler. Le général Jean-Louis Deiber, par exemple, qui commande pendant trois mois, en 1985, les forces de gendarmerie appelées à maintenir l'ordre sur le Territoire, avant d'être nommé par Charles Hernu à la tête de la direction de la protection et sécurité de la Défense à Paris. Le major-général Wautrin, encore, envoyé la même année par Hernu à Nouméa pour y « étudier la situation » après la mort d'Éloi Machoro.

Un « tissu maçonnique important », en effet... Et efficace dans la recherche de la paix. Car les représentants des deux camps qui s'affrontent sur le « Caillou » apprennent à s'écouter en loge. A se parler. Parfois à se comprendre.

En 1986, le nouveau ministre de l'Intérieur, Charles Pasqua, est conscient du rôle que peuvent jouer les francs-maçons dans la résolution du conflit. Mais comment savoir ce qui se dit en atelier ? Comment espérer convaincre un frère de dévoiler les contacts qui ont pu se nouer en Nouvelle-Calédonie entre maçons des deux camps ? L'entourage de Pasqua va échafauder un plan. Oh, on ne cherche pas bien loin : il suffirait que des policiers assistent aux tenues des loges de Nouméa... Jean Verdun s'indigne alors des manœuvres organisées en direction de son obédience : « Est-ce cracher en l'air ou dans la soupe, écrit-il, que de demander aux serviteurs des gens en place de ne pas se servir de la

Grande Loge comme tremplin pour eux-mêmes et du grand maître comme faire-valoir ? Un journaliste, qui passe pour un très bon maçon dans sa loge, insiste auprès de moi pour que je rencontre le nouveau ministre de l'Intérieur. Je refuse, non par hostilité à ce ministre-là, car je n'ai pas à le juger sur le plan politique, mais par principe, comme j'eusse refusé une demande semblable de son prédécesseur socialiste, serait-il franc-maçon. Notre frère journaliste prétend ne pas comprendre ma méfiance. Il s'agit, m'affirme-t-il, des intérêts supérieurs de la France en Nouvelle-Calédonie. " Un grand maître n'a pas le droit de s'y dérober ", me dit-il. J'accepte à contrecœur le principe de la rencontre mais, dans l'espoir de la rendre impossible, j'y mets pour condition qu'elle n'ait lieu ni au ministère de l'Intérieur, place Beauvau, ni dans un lieu public. C'est dire à quel point j'ai peur d'être utilisé ou récupéré.

« A quelques jours de là, j'apprends avec déplaisir que le ministre cède à ma fantaisie. Je serai reçu à dîner dans un appartement privé, avenue Foch. Nous serons quatre à table : le ministre, l'un de ses conseillers, notre frère journaliste et moi. C'est le conseiller qui nous accueille. En attendant l'arrivée du ministre, il me déclare avoir été initié il y a des années à la Grande Loge nationale, mais ne pas être très assidu dans sa loge : encore un de ces pseudo-maçons, comme il y en a beaucoup, qui hantent les fraternelles et les cabinets ministériels sans fréquenter leur loge, bien mauvais compagnons de route, intéressés et encombrants, rarement utiles et souvent compromettants.

« Les présentations maçonniques étant faites, le pseudo-frère commence à m'informer des raisons de ce dîner, puis le ministre arrive, jovial et rond, le parler rocailleux, l'œil investigateur, très affable, jouant parfaitement son personnage d'homme public et manifestement très heureux de sa notoriété croissante et des sentiments mélangés qu'elle inspire. Le journaliste, qui m'accompagne, le salue avec une déférence appuyée. Tout le monde, sauf moi, se déclare enchanté de ce dîner. Je découvre alors que celui dont je me croyais l'hôte n'habite pas l'appartement. Le ministre s'avoue très ignorant de la franc-maçonnerie. A-t-il raison de penser, me demande-t-il, qu'il y a deux grandes obédiences en France, l'une plutôt à gauche et l'autre plutôt à droite ? Je lui réponds que je n'ai pas à me prononcer sur celle qu'il situe à gauche, encore qu'elle s'agite beaucoup dans l'entourage du maire de Paris, Premier ministre, mais je refuse absolument toute classification politique de celle dont je suis le grand maître. J'ajoute que notre refus de la politique en loge ou au titre de l'obédience n'a rien à voir avec cette forme d'apolitisme longtemps considérée à juste titre comme un paravent de la pensée de droite. Gauche et droite se mêlent intimement dans nos loges où il serait tenu pour scandaleux de partager les frères selon pareil critère.

« Ma réponse a été longue, didactique, épineuse. Notre frère journaliste et le pseudo-maçon volent au secours du ministre : peu importe à présent la droite et la gauche, puisque nous vivons en cohabitation avec François Mitterrand à l'Élysée et Jacques Chirac à Matignon, bel exemple de tolérance qui doit faire les délices des francs-maçons. Je rétorque, de plus en plus caparaçonné d'épines, que ce sont là les affaires des citoyens, non du grand maître de la Grande Loge de France. Nos valeurs, dis-je, ont traversé le Moyen Age, la Renaissance, les temps modernes. Elles ne sauraient trouver un épanouissement spécifique dans ce qu'on appelle à présent la cohabitation.

— Votre confrère du Grand Orient, me rétorque le ministre, prétend pourtant y avoir beaucoup travaillé.

Je réponds :

— A chacun ses horizons.

« C'est alors que le pseudo-maçon, conseiller du ministre, introduit la Nouvelle-Calédonie dans la conversation. Par quel biais ? Je ne saurais le dire, tant l'à-propos fut subtil ou invisible [...]. De quoi s'agissait-il, sous l'enveloppe soyeuse des mots savonnés ? Entre le dit et le non-dit, aucune empreinte dans ma mémoire ne me permet à présent de retrouver les phrases exactes. A peine puis-je être sûr d'avoir bien entendu. Le ministre ne semblait pas exactement comprendre de quoi il s'agissait. S'il m'était suggéré quelque chose, c'était par " mes frères " et non par lui. A un moment, il me demanda, faussement candide : " Mais qu'appelez-vous, au juste, l'initiation ? " Bref, il était question de l'exceptionnelle qualité de notre loge de Nouméa. Capable de réunir dans une même fraternité Caldoches et Canaques, elle attirait tous les regards et plusieurs policiers, en fonction là-bas ou en partance, auraient bien voulu y entrer. N'était-il pas possible pour s'assurer un maximum de discrétion de les faire initier à Paris ? Ce serait rendre à la France un réel service et mettre à pied d'œuvre des fonctionnaires désireux d'agir pour le bien des deux communautés.

« J'allais répondre durement, très durement, quand je me suis rappelé cette page où Michelet affirme que la confession a eu pour première fonction politique de permettre à l'Église catholique tout au long des âges d'informer la police et de gagner ainsi la faveur des grands. [...] Je n'ai rien répondu, mais je pensais : voilà ce qui arrive quand on désacralise l'initiation, comme on l'a trop fait depuis un siècle en France, ou quand on transforme les loges en clubs. [...] Je me sentais très seul, et je réfléchissais au meilleur moyen d'avertir sans délai le vénérable de notre loge de Nouméa *. »

Le journaliste ? Jean-André Faucher... que l'on retrouve décidément partout, et qui était déjà apparu dans le dossier calédonien en tant que conseiller technique, à titre officieux, de Georges Lemoine.

Comme le dit Jean Verdun, les « horizons » de Roger Leray étaient différents. C'est d'une tout autre manière qu'il intervient dans la tourmente calédonienne. Parfois militant socialiste avant d'être maçon, il n'hésite pas à aborder de front la question politique, au grand scandale parfois de ses frères. En février 1985, le chiraquien Michel Sy, membre du Grand Orient, s'indigne pour sa part d'une intempestive déclaration de son grand maître lors de l'une de ses visites sur le Territoire : « Ici, ce n'est déjà plus la France. » Sy proteste publiquement, dès le lendemain, contre cette prise de position si peu maçonnique. A la même époque, Leray

* *Carnets d'un grand maître*, *op. cit.*

invite « ceux qui, dans leur bureau parisien, jugent et préjugent avec suffisance d'une situation qu'ils n'appréhendent pas à s'exprimer avec plus de pudeur et de retenue, de sens des responsabilités, car ils prennent des risques avec la peau des autres ». En avril-mai 1988, au moment d'Ouvéa, il s'en prend à nouveau violemment à « ceux qui nourrissent la haine ». Le RPR est visé, et en particulier Bernard Pons, ministre des DOM-TOM. Leray est d'ailleurs alors pressenti par François Mitterrand pour tenter une médiation auprès des rebelles qui se trouvent toujours dans la grotte avec leurs otages. Comme il le révélera lui-même plus tard, en 1989, à l'occasion d'une « tenue blanche ouverte » organisée rue Cadet par la loge « La Table d'Émeraude », Jacques Chirac refuse son intercession.

Dans son bureau de président de la Province Sud, à Nouméa, Jacques Lafleur explique aujourd'hui que l'activisme de Leray l'a incité à changer d'obédience : « Ce n'était plus possible, dit-il. Mes amis politiques commençaient à m'accuser d'agir sous influence maçonnique. Bien sûr, tous les maçons pensaient qu'ils devaient s'associer à une œuvre de paix, et moi le premier ! Mais cela rentrait dans le cadre d'une réflexion philosophique. J'avais dit à Leray, qui était mon adversaire politique, que je n'accepterais pas qu'il tente de faire pression sur moi. Moi, je risquais ma vie, tout comme Jean-Marie Tjibaou qui y a laissé la sienne. »

On retrouvera pourtant à nouveau Roger Leray en Nouvelle-Calédonie, lorsqu'il sera appelé, en sa qualité de franc-maçon, à faire partie de la mission de conciliation expédiée par Michel Rocard sur le « Caillou » fin mai 1988.

En l'occurrence, un grand maître chasse l'autre : Jean-Robert Ragache avait en effet été invité en Nouvelle-Calédonie quelques jours à peine avant l'arrivée de la mission. Il en était reparti lorsqu'elle se posa à La Tontouta.

« A cinq heures près, je l'aurais croisée, dit-il. Il s'agissait pour nous d'un événement : c'était la première fois qu'on voyait apparaître la franc-maçonnerie comme force morale aux côtés des Églises. Pour ma part, je quittais le territoire effondré : il y avait là-bas une tension terrible. Le haut-commissaire se voyait déjà en guerre, il rejouait l'Algérie. »

« Si la Nouvelle-Calédonie ne vivait pas un cauchemar quotidien, écrit alors Alain Rollat dans *le Monde*, la décision prise par le gouvernement d'envoyer sur place une mission de conciliation formée de trois hauts fonctionnaires, d'un prêtre, d'un pasteur et d'un franc-maçon prêterait peut-être à sourire. » Mais « le sourire n'est pas de mise », admet plus loin le journaliste. « Il faut au contraire souhaiter bon vent à ces six pêcheurs de trêve. En espérant que, à défaut de parvenir à trouver une solution miraculeuse, ils parviennent à décrisper les uns et à apaiser les autres pour contribuer à la restauration de la paix civile. Si la Nouvelle-Calédonie y retrouve un brin d'espoir, ce sera toujours ça de gagné sur la fatalité. »

C'est bien là, en effet, le sens de cette mission, dont les participants ont été réunis en toute hâte.

« Nous sommes partis à six, raconte aujourd'hui Mgr Paul Guiberteau, dans son bureau de la paroisse Saint-Germain-des-Prés : Il y avait là Christian Blanc, préfet de Seine-et-Marne, responsable de la délégation * ; le sous-préfet Pierre Steinmetz, aujourd'hui préfet des Pyrénées-Orientales après être passé par le cabinet de Raymond Barre ; Jean-Claude Perrier, ancien directeur général de la Gendarmerie et membre du Conseil d'État ; Jacques Stewart, président de la Fédération protestante de France ; Roger Leray, l'ancien grand maître du Grand Orient ; et moi-même, bien sûr. Pourquoi m'avaient-ils choisi ? En grande partie, selon moi, parce qu'ils ne savaient pas bien qui envoyer... Et parce que je porte le titre de Monseigneur bien que n'étant pas évêque résidentiel : cela pouvait revêtir là-bas une certaine importance. On m'avait contacté un samedi à midi, le départ était fixé au mercredi suivant, et notre première rencontre s'était déroulée le mardi à la préfecture de Seine-et-Marne. Je n'ai

* Aujourd'hui président d'Air France.

donc pas eu le temps de me poser beaucoup de questions. Nous avons tout de même pu apercevoir Michel Rocard à Matignon avant de sauter dans l'avion. Il nous a expliqué comment il avait souhaité organiser une mission qui ne soit pas politique, avec des représentants des forces religieuses au sens large, pour essayer d'y voir plus clair. Il nous a dit : " Dites-moi ce qui se passe là-bas et s'il existe une issue possible. " Nous sommes donc partis pour voir, écouter et faire un rapport. Pas pour négocier. »

Sur place, l'étrange équipe s'avère assez soudée. Au point, parfois, de provoquer quelques sourires.

« Lorsqu'ils crapahutaient en brousse, raconte Franck Madœuf, journaliste à Nouméa, ils étaient hébergés dans des conditions un peu spartiates, parfois à deux dans la même case. Un jour, j'ai essayé de joindre Guiberteau par téléphone. Monseigneur était sous la douche, il ne pouvait pas me parler dans l'instant... Et c'est le grand maître qui m'en informait ! »

« Leray était un homme chaleureux, très ouvert, précise d'ailleurs Paul Guiberteau. Il était attaché à un certain nombre de valeurs, et respectueux des problèmes religieux qui l'intéressaient beaucoup. S'il avait été envoyé avec nous, c'est bien sûr parce qu'il pouvait avoir des contacts privilégiés avec les nombreux francs-maçons de l'île, y compris chez les Mélanésiens. Et lui n'en était pas à son premier voyage... A mon sens, la forte présence des maçons en Nouvelle-Calédonie s'explique sans doute par l'influence de l'École de la France d'outre-mer : nombre d'administrateurs étaient maçons. Mais il y a eu là-bas des arrangements indispensables avec les Églises, dont le rôle était primordial en matière d'enseignement. A son retour, Leray a connu quelques problèmes dans son obédience. Il semble qu'on lui ait reproché d'avoir utilisé son rôle en Nouvelle-Calédonie comme un marchepied politique. Il y a eu également des vagues dans les couches les plus radicales de la franc-maçonnerie parce qu'il s'était en l'occurrence rapproché des Églises. Nous dînions ensemble tous les soirs avec les autres membres de la mission et nous évoquions nos rencontres. En arrivant, nous nous étions d'abord entretenus avec les groupes représentatifs, mais nous nous sommes beaucoup rendus sur le terrain par la suite. Nous sommes tous allés à Ouvéa, par exemple. A Lifou, nous étions trois. A Poindimié, deux seulement, Steinmetz et moi. Partout, nous avons essayé de faire parler les gens. Et puis, après la mission, nous avons remis au Premier ministre un rapport global. Il n'en a jamais été fait mention, et la plus grande partie est sans doute passée par pertes et profits. Mais il a manifestement été pris en compte dans les accords Matignon, auxquels un membre de notre groupe, Christian Blanc, a tout de même participé. »

Que pensent aujourd'hui les maçons du rôle joué par les différentes obédiences dans le processus de paix engagé en Nouvelle-Calédonie ? Pour positive qu'ait pu être l'action de la franc-maçonnerie, ils sont loin d'être unanimes à en revendiquer les effets. Michel Barat, de la Grande Loge, estime que « la mission Leray n'a été que la face visible » de l'influence des maçons ; Henri Caillavet pense que « les maçons ont eu une attitude convenable » et qu'ils ont encore un rôle à jouer là-bas, « au moins autant que les catholiques, les protestants, et plus que les politiques ». Deux grands maîtres, pourtant, minimisent l'importance de leurs frères. Au nom du Grand Orient, Jean-Robert Ragache tient pour négligeable le fait que Lafleur « ait été maçon ». Visiblement mal informé, il pense, en effet, qu'il ne l'est plus... « Il n'y a d'ailleurs pas tant de maçons en Nouvelle-Calédonie », ajoute-t-il. Ragache nous racontera pourtant comment, invité à Nouméa, il avait failli y croiser la mission Leray. Mais peut-être, après tout, ne s'agissait-il que d'un voyage d'agrément... Le grand maître de la Grande Loge nationale française, Claude Charbonniaud, se montre aussi dubitatif : « Les francs-maçons, dit-il, n'ont pas eu d'autre influence que de permettre aux différentes parties de se rencontrer. » Pas si mal, déjà. « La GLNF, ajoute-t-il avec amertume, s'est retrouvée exclue de ce débat. Pourquoi ? Je l'ignore. Nous avions pourtant été associés à d'autres cas difficiles. » Guy

Penne ne pense pas, lui non plus, que ses pérégrinations en compagnie de Georges Lemoine aient pu servir en quoi que ce soit à faire abandonner aux frères rencontrés « leurs positions temporelles ». Précision de Penne : « Il faut être clair, le fait que Lafleur soit maçon n'aurait jamais suffi à le décider à sacrifier ses intérêts. » Et Jean-Pierre Soisson, frère du Grand Orient, n'a eu de louanges, en octobre 1988, que pour ses collègues ministres : « Je suis fier, déclarait-il alors à l'AFP, d'appartenir au gouvernement qui a ramené la paix en Nouvelle-Calédonie. » Sur le rôle de ses frères, pas un mot... Soisson avait oublié qu'il avait voté le statut Pons en novembre 1987. Mais n'avait-il pas, à l'époque, émis « quelques réserves » ? En 1988, certains se rappelèrent tout de même la manière dont il était parti en guerre, en 1984 à l'Assemblée nationale, contre Jean-Marie Tjibaou, représentant d'une « minorité indépendantiste recevant soutien et conseil de l'étranger ». Mais la vérité — et la charité — obligent à préciser que si Jean-Pierre Soisson a un long passé en politique, il n'est qu'un jeune maçon.

« La vérité, conclut Bernard Teper, c'est que personne n'a eu d'influence notable dans cette histoire : ni les catholiques ni les protestants, ni les juifs ni les francs-maçons. Il ne s'est agi que d'une opération politico-médiatique à usage intrahexagonal. Il fallait absolument rassembler les communautés sur un plan intérieur, le reste n'est que littérature. Cela étant, en tant que directeur d'une agence de communication, je ne peux qu'être admiratif ! »

Pourquoi, de toute part, tant de modestie ? Parce que les maçons redoutent comme la peste de se voir attribuer une influence directe dans un dossier politique. Les vieux démons sont trop faciles à réveiller, et la franc-maçonnerie n'a aucune envie de se retrouver, comme par le passé, assimilée aux forces occultes. Roger Leray, personnage central de l'action maçonnique en Nouvelle-Calédonie, en sut quelque chose lorsqu'il voulut « remonter en charge » pour la troisième fois, en 1988. Il ne parvint même pas à se faire désigner comme candidat par la région Ile-de-France du Grand Orient. On lui fit comprendre qu'on ne voulait plus de lui comme grand maître. On ne lui reprochait pas, bien sûr, ses choix politiques personnels. On ne lui pardonnait pas, en revanche, d'avoir voulu entraîner l'obédience sur un terrain trop temporel, d'avoir été tenté, peut-être, d'en faire un instrument au service d'un président socialiste. Il fut battu dans sa propre loge.

III

Les promoteurs de l'économie sociale

« La Fédération nationale de la mutualité française pourrait bien être notre plus importante obédience maçonnique ! » rigole Michel Baron, universitaire, auteur remarqué de plusieurs ouvrages sur la mutualité, lui-même président de plusieurs sociétés mutualistes... et franc-maçon. « Prenez René Teulade, ancien président de la FNMF, ancien ministre socialiste des Affaires sociales : il appartient au Grand Orient. Son successeur, Jean-Pierre Davant ? Lui aussi ! » Quelques années plus tôt, un presque homonyme de Michel Baron écrivait pour sa part : « Si la franc-maçonnerie ne doit être nulle part, des francs-maçons doivent être présents partout : dans les partis, les syndicats, les associations, les coopératives, les mutuelles. » C'était signé Michel Baroin, et il savait de quoi il parlait... On pourrait ajouter que Jean-Louis Mandinaud, l'actuel grand maître de la Grande Loge de France, est vice-président de cette même Fédération nationale de la mutualité française.

Penser que les francs-maçons jouent un rôle déterminant dans cette économie sociale — qui regroupe les mutuelles, les coopératives, les associations et joue un si grand rôle dans notre pays — est donc autre chose qu'un simple fantasme de profane... « En France, se frayant une place entre la sphère publique et la sphère capitaliste, ce secteur a connu un développement impressionnant et inconnu ailleurs, note Jean-Michel Blanquer. Mieux que l'État, mieux que le marché, l'association désintéressée de groupes d'hommes liés par un même sentiment d'appartenance doit permettre d'édifier au profit de tous un système de production et de consommation efficace et bon marché *. »

A elles deux, la FNMF et la FMF (Fédération des mutuelles de France) couvrent aujourd'hui près de 30 millions de personnes, soit plus d'un Français sur deux ! Les moyens mis en œuvre, les sommes engagées sont considérables. La FNMF, la plus importante, regroupe quelque 6 000 mutuelles complémentaires de la Sécurité sociale, animées par 100 000 administrateurs bénévoles, gérées par 50 000 salariés, qui réalisent ensemble un chiffre d'affaires de plus de 40 milliards de francs ! Ces mutuelles comptent plus de 1 000 centres de soins et œuvres sociales, des pharmacies, des centres d'optique, des cliniques, des cabinets dentaires, des crèches, des établissements pour le troisième âge, des villages de vacances, des agences de voyages... Elles commercialisent désormais des produits de prévoyance et entrent donc en compétition avec le secteur bancaire.

A côté de ces mutuelles généralistes, on trouve encore les mutuelles d'assurances, qui ont connu un développement exponentiel lors du formidable essor de l'automobile.

Aujourd'hui, le Groupement des sociétés d'assurance à caractère mutuel (GSCAM) couvre plus de 50 % du marché. Les Français connaissent bien les fleurons de ce Groupement : GMF, MAAF, MAIF, MACIF, MATMUT... La GMF s'adresse principalement aux fonctionnaires, la MAAF aux artisans, la MAIF aux instituteurs, la MACIF aux commerçants et industriels, tandis que la MATMUT s'ouvre pour sa part à tous les « travailleurs mutualistes », c'est-à-dire à tous les salariés déjà membres d'une quelconque mutuelle. L'automobile a fait leur succès. Mais elles ont été amenées à diversifier leurs activités, représentant par exemple plus de 40 % de l'assurance habitat individuel.

Instruments du pouvoir économique, les mutuelles le sont incontestablement. François Mitterrand ne s'y est pas trompé, qui a assisté à quatre reprises aux congrès de la

* *Michel Baroin, les secrets d'une influence*, Plon, 1992.

FNMF, depuis 1981. Si l'on doit chercher les véritables lieux de pouvoir économique de la franc-maçonnerie française, c'est ici, dans ce domaine de l'économie sociale, qu'on les trouvera.

L'actuel grand maître du Grand Orient Gilbert Abergel connaît mieux que personne la GMF, dont il dirige la communication interne. Pas plus que ses prédécesseurs, il n'aime voir évoquer une possible collusion entre le rite et les affaires. « Contrairement à ce que pensent certains, dit-il, le pouvoir des francs-maçons sur l'économie est quasi nul, au sens où on l'entend couramment, en fantasmant sur les “ réseaux qui tirent les ficelles ”. C'est un discours qui a la vie dure, car il arrange un certain nombre de nos opposants. Ce qui caractérise la démarche des francs-maçons qui viennent en loge, qu'ils soient hauts fonctionnaires, ingénieurs ou employés de commerce, c'est précisément leur volonté de laisser de côté leurs repères habituels. Nous voulons dépasser les réalités existantes pour tenter de renouveler l'économie par les hommes, et non pas par les capitaux. Le Grand Orient a tout de même quelques références en la matière, puisqu'il est à l'origine de nombreuses réalisations de l'économie sociale, correspondant à ces préoccupations. Ce que nous faisons n'a qu'un seul but : l'homme. Il n'y a pas d'autre explication au fait que les francs-maçons soient nombreux dans les mouvements associatifs et les mutuelles. »

Michel Baroin, cet autre grand maître du Grand Orient qui fut, lui, président de la GMF et que l'on présentait volontiers comme « le croisé de l'économie sociale », expliquait avant sa mort : « Si vous voulez dire qu'entre la franc-maçonnerie et l'économie sociale, il existe une même manière de se comporter dans la vie publique, alors oui, il y a corrélation. Mais cela présente un danger. On dira : “ Tous les gens de l'économie sociale sont des francs-maçons ”, ce qui est faux. La franc-maçonnerie, c'est avant tout une manière de penser, de sentir, de vivre et d'agir. Elle conçoit de manière originale la place de l'homme dans l'univers et son devenir. Pour nous, le progrès matériel et social de l'humanité passe par le perfectionnement intellectuel et moral de l'homme. L'idéal serait que la société soit composée d'êtres responsables, ayant un devoir de solidarité à l'égard de la société. En cela notre idéal se rapproche des buts de l'économie sociale. L'économie sociale doit sans cesse s'efforcer, justement, de réconcilier ces deux termes : l'économie et le social. L'économie touche au flux d'échanges de biens et de services entre les êtres et les groupes. Afin qu'ils aient plus. La préoccupation sociale, en revanche, induit qu'ils soient plus. Économie sociale : avoir plus, pour être plus. C'est une morale. Elle s'est exprimée à travers de vieux mouvements qui ont un passé, des traditions. Le principe " un homme, une voix " a été leur guide. Elle organise de manière originale les relations de production et d'échange entre des acteurs responsables et solidaires. L'économie sociale découvre ou redécouvre que l'union fait la force, que l'égoïsme n'est générateur que de faiblesse et de haine. Entre la franc-maçonnerie et l'économie sociale, les liens sont nombreux. Ce qui ne veut pas dire pour autant que les dirigeants de l'économie sociale soient tous des francs-maçons ou que tous les francs-maçons appartiennent à l'économie sociale*. »

Cette explication, pour le moins angélique, a au moins un mérite : celui de mettre l'accent sur l'originalité de la démarche des mutualistes ou coopérateurs, pour lesquels le profit doit être un moyen, et non pas, en principe, une fin. René Teulade, frère du Grand Orient, traduit ainsi cet objectif : « Il s'agit d'établir un nouveau type de relations entre l'homme et le travail. Il existe dans notre société pluraliste un secteur capitaliste, un autre que l'on peut qualifier " d'étatisé ". Nous pensons qu'il y a la place pour un troisième. Il s'agit de promouvoir un nouveau type de relations entre l'homme et la production, dans lesquelles les acteurs se sentent responsables. La mutualité échappe aux clivages traditionnels. Il y a chez nous des femmes et des hommes de conceptions politiques très diverses. La mutualité se définit par l'adhésion volontaire, la gestion démocratique, l'absence de but lucratif et l'indépendance. Nous y

* Michel Baron, *Michel Baroin, un homme, une voix*, Éditions CIEM, 1985.

sommes très attaches. Au-delà des affrontements, notre ciment c'est la solidarité. C'est pourquoi nous pouvons répondre à certains problèmes de nos sociétés. L'exclusion, l'égalité... Chez nous, chacun apporte le fruit de son travail et reçoit de la communauté une aide qui n'est pas en rapport avec sa contribution mais en fonction de ses besoins. Un manœuvre, un ministre paient une cotisation différente mais reçoivent dans nos établissements des soins identiques. Cette conception de l'homme dans la société ne date pas des clivages traditionnels droite-gauche. Elle est bien antérieure. Durant le Moyen Age, puis avec tout le mouvement du compagnonnage, elle était déjà présente. Certes, elle n'est pas sortie des milieux qui détenaient l'outil de travail ou la finance, c'est un fait. L'économie sociale, la mutualité viennent du monde du travail salarié ou artisanal, c'est un autre fait. Et elles en ont la culture, l'histoire. Tout le problème, c'est d'en définir le poids économique et social. Entre le capitalisme et l'étatisme, il y a un autre schéma, plus juste, plus harmonieux, qui donne à l'individu toute sa place en prenant en charge les besoins des autres *. »

On pourrait être tenté de sourire à la lecture de cette déclaration de l'ancien président de la FNMF, dans la mesure où cet altruisme revendiqué s'épanouit dans une économie concurrentielle, théâtre de durs affrontements. Les hommes restent des hommes, les ambitions demeurent. Quelle que soit l'activité, il s'agit toujours de prendre des parts de marché. De plus, nous ne serons pas naïfs au point d'accepter sans sourciller l'idée selon laquelle les mutuelles resteraient neutres au plan politique, qu'elles ne seraient l'enjeu d'aucun affrontement entre les partis. Faut-il considérer, à la manière de Michel Baron, que « l'idéologie mutualiste, comme la franc-maçonnerie, se caractérise par une insatisfaction du monde tel qu'il est, par le désir de le faire changer », et qu'il serait abusif de l'assimiler à une idéologie de gauche ? « L'appareil mutualiste, insiste-t-il, a été pris en main par le Parti socialiste avec l'arrivée de René

* *Le Quotidien de Paris*, 15 novembre 1989.

Teulade, au cours d'une véritable OPA. Mais il n'a pas été pris en main par les maçons, même si Teulade l'était ! »

On trouvera pourtant à plusieurs reprises cette conjugaison d'influences socialiste et maçonnique. A laquelle il faut ajouter une dimension syndicale...

« Si je n'ai jamais été marxiste, si j'ai toujours combattu les staliniens, c'est parce que je ne crois pas aux systèmes : je crois trop aux hommes », dit André Bergeron, ancien secrétaire général de Force ouvrière, qui nous reçoit dans son bureau de l'Unedic. Au mur, une gravure militante, représentant, sur fond rouge, une femme en noir, en pleurs devant un pavé maculé de sang. Une dédicace : « Fraternellement, Fred Zeller. » Il s'agit du peintre. De l'ancien secrétaire de Trotski... et de l'ancien grand maître du Grand Orient de France. « La franc-maçonnerie est proche de ce que je porte en moi », commente Bergeron qui, curieusement, n'est jamais « passé sous le bandeau ». Pourquoi ? Probablement parce que cet esprit original et indépendant voulait rester libre. « On m'a pourtant sollicité à plusieurs reprises, dit-il. C'est sans doute à FO qu'on trouve le plus de maçons au centimètre carré. On y tient le même discours humaniste qu'en loge ! » Les frères de FO se réunissent d'ailleurs entre eux à l'occasion d'un déjeuner, avant l'ouverture de chaque congrès. « Mais ils ne s'en sont jamais cachés vis-à-vis de moi, note Bergeron. Je n'ai jamais éprouvé la moindre défiance envers eux... Même s'il m'est arrivé — je peux tout de même le dire — de côtoyer des francs-maçons qui ne se comportaient pas en parfait accord avec la philosophie maçonnique. »

Ce refus d'adhérer ne l'a pas empêché d'écrire dans *Humanisme*, la revue du GO, de participer à de nombreuses tenues blanches et de travailler dans un cercle de réflexion monté par Michel Baroin. Bref, Bergeron correspond à ce que l'on appelle un « maçon sans tablier ». Son successeur, Marc Blondel, a été, lui, initié au Grand Orient. Fortement implanté dans les mutuelles, Force ouvrière joue un rôle prépondérant dans les domaines de l'assurance chômage (Assedic) et le régime des retraites complémentaires (l'Unedic). Comment les maçons auraient-ils pu ne pas être tentés d'utiliser l'outil syndical pour faire prévaloir leur idéal de solidarité et d'assistance ?

Il reste qu'au-delà des déclarations théoriques, les dirigeants des mutuelles, comme des coopératives, doivent affronter la réalité de l'économie de marché. Leur problème ? Résoudre l'équation solidarité/lois du marché, sachant que si une société veut rester indépendante elle doit, pour vivre et se développer, faire des profits.

Jean-Louis Pétriat, le très contesté patron de la GMF *, le reconnaît : « Une mutuelle est condamnée à faire des bénéfices, c'est son seul moyen d'améliorer ses fonds propres. Mais le social doit sans cesse prévaloir sur l'économique. C'est une règle d'or. Le bénéfice n'est pas le but, c'est l'outil. Le bénéfice pour le bénéfice, c'est du capitalisme. Nous, nous avons des actifs que nous plaçons et qui nous permettent de réaliser un produit financier. » Pas de divorce, donc, entre économie sociale et économie de marché. Ce que confirme Georges Rino, fondateur du groupe Acacias, ancien patron de la coopérative du Chèque-Déjeuner et maçon lui-même : « Le profit n'est pas immoral, c'est l'utilisation qu'on en fait qui peut éventuellement l'être. » Son successeur, Jacques Landriot, l'explique d'ailleurs dans le livret d'accueil qu'il fait remettre à chaque nouveau collaborateur — ou « coopérateur stagiaire » : « La réussite économique n'est pas une fin en soi, elle est une condition, non suffisante mais nécessaire, de l'épanouissement humain de chacun. Nous avons à subir une sévère concurrence d'entreprises qui n'ont pas notre finalité. D'où de dures contraintes qui font parfois que notre idéal ne peut s'exprimer totalement, qui nous rappellent que nous sommes solidaires du monde du travail et que notre sort dépend aussi de ses conquêtes. Nous essayons quand même de traduire nos idées dans nos actes et de favoriser l'information, le dialogue, l'homme. »

Mais alors en quoi consiste l'originalité de ces entreprises de l'économie sociale, si elles sont, comme les autres, condamnées à faire du profit ? En réalité, c'est dans leur structure même, dans leur organisation et dans la manière

* Il a finalement démissionné de sa présidence le 2 mars 1994.

dont elles gèrent leurs bénéfices qu'on peut déceler une dimension originale. Dans les mutuelles et coopératives, les dirigeants sont élus à l'issue d'une assemblée générale, selon le principe « un homme, une voix ». Toutefois, les votants ne sont pas les mêmes dans les mutuelles et dans les coopératives. Chez les premières, seuls les sociétaires ont accès aux urnes ; chez les secondes, tous les salariés sont invités à voter. Si l'entreprise fait du profit, les excédents seront, dans une coopérative, distribués au personnel ; dans une mutuelle ce sont les sociétaires qui en bénéficieront. Au Chèque-Déjeuner, par exemple, le dernier exercice a permis à tous les coopérateurs de toucher la même somme supplémentaire, 27 000 francs. En revanche, lorsque la MAAF enregistre d'excellents résultats, elle gèle le montant de ses cotisations, au bénéfice donc de ses sociétaires.

Une fois encore « tout le monde il est beau, tout le monde il est gentil »... Est-ce vraiment là le monde idéal ? N'y a-t-il jamais de ratés dans le fonctionnement de ces mini-démocraties ? Hélas, les choses ne se passent pas toujours aussi facilement, ainsi l'extraordinaire opération menée par Jacques Vandier en 1969. Celui-ci, directeur général de la MACIF, venait d'être remercié par son président. Il réussit cependant à monter une véritable opération de commando à l'assemblée générale suivante. Il affréta des cars et rameuta des sociétaires de toute la France pour qu'ils viennent l'élire président. Il l'est toujours...

Si démocratie il y a, comment s'exerce-t-elle ? Existe-t-il de réels contre-pouvoirs au sein des mutuelles ? Le sociétaire de 1994 s'intéresse plus au niveau des prestations — c'est-à-dire aux tarifs et à la qualité de ses remboursements en cas de sinistre — qu'au projet de société de la mutuelle dont il est adhérent ! Quelle valeur accorder, dans ces conditions, à la représentativité de ces assemblées générales, où chaque électeur est libre de faire entendre sa voix, mais qui accueillent en réalité un si petit nombre de sociétaires ? Ainsi la dernière assemblée générale de la GMF rassemblait 300 délégués... représentant 3 millions de sociétaires. Les votes sont sans surprise : il suffit de noter l'extraordinaire stabilité des équipes dirigeantes, qui peuvent rester aux commandes de certaines mutuelles (la MAIF, la MACIF...) pendant plus de vingt ans ! L'esprit mutualiste, seul véritable garant de la démocratie interne, s'étant érodé, les derniers contre-pouvoirs se résument à l'expression de luttes intestines. Voire de querelles de personnes.

Jalouses de leur éthique, de leur indépendance, de leur originalité, les entreprises de l'économie sociale ont trop longtemps fonctionné en vase clos, dans leur univers. Ainsi les mutuelles d'assurances possédaient une clientèle « trop » fidèle, presque captive en raison de l'excellent rapport qualité/prix dont elle bénéficiait, par rapport aux prestations des compagnies d'assurances traditionnelles. Jusqu'au moment où ces dernières ont été amenées à venir concurrencer les mutuelles sur leur propre terrain...

Des compagnies d'assurances plus agressives, des mutuelles un moment tentées par la diversification : de quoi remettre en cause bien des certitudes ! La Garantie mutuelle des fonctionnaires peut aujourd'hui s'en mordre les doigts. Considérée comme une bastille maçonnique — au grand dam de ses dirigeants — cette mutuelle d'assurance est « le monstre qui représente par excellence l'économie sociale », selon Michel Baron, qui lui a consacré une thèse : « Autour de son conseil d'administration, dit-il, cohabitent deux grands cercles concentriques. Il y a celui des techniciens — informaticiens, économistes, etc. — et puis il y a celui des conseillers, qui est, lui, composé de maçons. Ces derniers, souvent détachés de la fonction publique, sont au service du président, de son conseil d'administration. » Pour Baron, en tout cas, c'est clair : « Un président non maçon à la GMF ? Oui, bien sûr, tout est possible. Mais ce serait tout de même une fameuse révolution ! »

Il faut reconnaître que la réalité lui donne raison, puisque trois présidents successifs — Gilbert Magal, Michel Baroin et Jean-Louis Pétriat — ont tous été initiés dans la loge des « Amis de l'humanité » du Grand Orient de France. Est-ce un autre hasard si le grand maître actuel du GO, Gilbert Abergel, émarge lui aussi à la GMF, en tant que directeur de la communication interne ? Un « fief maçonnique », la GMF ? Jean-Louis Pétriat ne voulait même pas considérer l'insistante hypothèse : « Je suis maçon depuis l'âge de 27 ans, s'insurge-t-il. Je ne l'ai jamais fait savoir avant d'arriver à la présidence de la GMF ! Je me suis retrouvé à cette place parce que j'étais administrateur et que mes pairs m'avaient désigné. J'espère bien ne pas avoir été choisi parce que j'étais franc-maçon !

« A ma connaissance, il y a peut-être un franc-maçon sur une dizaine de personnes dans les instances dirigeantes, nous affirmait-il quelques mois avant sa démission. Il n'y en a qu'un au directoire : moi. Cela dit, je pense qu'il y en a d'autres qui ne se sont jamais manifestés... Il est certain que je préfère travailler avec des gens qui partagent la même philosophie que moi, mais cela passe nécessairement par la compétence. Je pense d'ailleurs qu'il est primordial d'être compétent pour mettre en œuvre cette philosophie, pour faire des affaires en n'oubliant jamais de donner la primauté au social sur l'économique. » Bornons-nous donc à considérer qu'il existe un peu plus que de simples affinités entre la maçonnerie et la GMF...

Créée en 1934, celle-ci a d'abord passé quelques décennies à assurer les fonctionnaires, loin de représenter alors la force sociale qui est la leur aujourd'hui. « Au départ, ce fut une idée de génie. Il n'y avait que six personnes à l'origine de la Garantie mutuelle, rappelle Michel Baron : six fonctionnaires qui ont constitué un conseil d'administration, coopté leur président. Ce statut n'a jamais changé. Ils ne sont toujours que six à la tête de ce qui devenu une multinationale, une puissance énorme. »

Gilbert Magal, fondateur, préside pendant plus de trente ans aux destinées de la société. C'est lui qui fait entrer des maçons au conseil d'administration. L'entreprise bénéficie de circonstances favorables. Elle connaît un prodigieux succès grâce à l'accroissement du nombre de fonctionnaires, grâce au formidable développement de l'automobile, grâce à la nouvelle nécessité de l'assurance-habitation, idée qui s'impose au lendemain de la Seconde Guerre mondiale, alors que tout est à reconstruire.

Lorsqu'en 1974 Michel Baroin accède à la présidence de la mutuelle, celle-ci est riche et prospère mais doit cependant faire face à une concurrence croissante. Baroin en est conscient et va se lancer dans un développement tous azimuts, dans une diversification qui se révélera parfois hasardeuse. C'est un personnage hors du commun. Les cheveux en brosse, la barbe et la moustache taillées au millimètre, doté d'une inlassable énergie, d'une formidable ambition, mais animé par un indéfectible humanisme, il est, pour tout dire, inclassable. Fils d'un gardien de la paix et d'une employée des Postes, il a opté lui aussi pour la fonction publique. Il y entre par la grande porte, diplômé de Sciences Po, et sorti major de sa promotion à l'École nationale supérieure de police de Saint-Cyr-au-Mont-d'Or. Avant de prendre les rênes de la Garantie mutuelle des fonctionnaires en 1974, il occupe des fonctions et des postes où se nouent des amitiés, où se tissent des réseaux, où s'exercent aussi les influences maçonniques. D'abord commissaire principal de la Sûreté nationale, il est ensuite sous-préfet de Nogent-sur-Seine, secrétaire général de l'Aube, chargé de mission aux cabinets des présidents de l'Assemblée nationale Achille Peretti et Edgar Faure, puis conseiller général de l'Aube, département dans lequel son fils François, promu lieutenant de Chirac, a d'ailleurs été élu député RPR aux dernières élections législatives. Il a travaillé à la DST, aux Renseignements généraux. Cet homme deviendra « le croisé de l'économie sociale », se révélera un entrepreneur hyperactif, marquant de son empreinte la GMF. Sous sa présidence, la mutuelle multiplie le nombre de ses filiales. En 1979, c'est la création de GMF-Vie, société destinée à fournir, comme son nom l'indique, des assurances-vie. La même année, Baroin prend une participation dans la Banque centrale des coopératives et des mutuelles (la BCCM) et acquiert la compagnie d'assurances La Sauvegarde. Ce dernier achat permet à la GMF de se placer sur un autre marché, en proposant des assurances aux non-fonctionnaires. Puis la GMF rachète encore aux COOP La Maison de Valérie, société de vente par correspondance — secteur dans lequel on retrouve d'ailleurs nombre de frères — avant de prendre, en 1981, le contrôle de CSE Corporation, société américaine d'assurances, par le truchement d'une société holding, GMF

Financial Services, société d'assurances destinée aux fonctionnaires américains. Cette ouverture internationale va se prolonger en 1984 avec la création d'Assistance Multiservices Internationale et, en 1986, de GMF International. Mais le coup le plus fameux de Michel Baroin reste, bien sûr, la prise de contrôle de la FNAC en 1985. Opération spectaculaire, car la relation entre l'assurance et la distribution, fût-elle de produits culturels, n'est pas évidente. « Nous possédions déjà 11 % du capital, cela n'aurait-il pas été fâcheux de voir un tel instrument de communication échapper à l'économie sociale ? » expliqua-t-il plus tard.

La FNAC, centrale d'achats pour les cadres, appartenait en fait depuis sa création au secteur de l'économie sociale ! Quand Max Théret, ancien trotskiste et maçon, cofondateur de la FNAC avec André Essel, avait cherché un acquéreur pour l'ensemble de leurs parts, c'est à la Société générale des coopératives de consommateurs (c'est-à-dire les COOP) qu'il s'était adressé. Il ne les avait pas trouvées par hasard ! Il les avait choisies en fonction de l'éthique qui était la sienne et celle de la FNAC. Il avait délibérément écarté les groupes capitalistes et autres financiers.

La Société générale des coopératives de consommation va donc entrer pour 51 % dans le capital, aux côtés de l'UAP et de Paribas. « A première vue, les Coopérateurs se situent bien dans la ligne FNAC. Ils se présentent comme des commerçants qui doivent comme les autres faire fructifier leurs affaires et veiller à la concurrence, mais ils privilégient l'intérêt des consommateurs. C'est une puissante organisation dotée d'un idéal humaniste * », remarque Pétriat. Après le départ d'André Essel, les coopérateurs connaissent de graves difficultés, et décident de mettre en vente leurs participations dans la FNAC. En 1981, Michel Baroin y fait une première et timide apparition. Il ne détient qu'un poste de simple administrateur. Qu'importe : il occupe déjà une place de choix pour guetter sa future proie. En juillet 1985, il devient PDG.

* Jean-Louis Pétriat : *les Années FNAC, de 1954 à après-demain*, Fayard, 1991.

« Lorsque la GMF prend le contrôle de la FNAC, elle est pour Michel Baroin peut-être davantage une raison de fierté qu'une affaire économique. Ce faisant, il respecte les traditions de son entreprise, ne la sépare pas de son image mutualiste, assure la continuité de la politique d'économie sociale, ne se désolidarise pas des Coopérateurs avec lesquels la GMF partage déjà des intérêts dans La Maison de Valérie, La Sauvegarde, la BCCM, toutes sociétés qu'elle rachètera plus tard et qui seront la base de sa diversification », affirme Jean-Louis Pétriat.

De Théret à Pétriat en passant par Baroin, on se contentera une fois de plus de relever la filiation maçonnique des patrons de la FNAC. Cela ne signifie pas pour autant qu'ils aient toujours entretenu les meilleurs rapports... Théret l'ancien trotskiste pouvait-il être le meilleur ami de Baroin l'ancien flic ?

Michel Baroin aurait pu se contenter d'assainir la situation de la FNAC et de gérer le nouvel empire que constituait la GMF. Eh bien, non ! Il continue alors une politique de diversification parfois fantaisiste. Après avoir pris à Bordeaux une participation dans le domaine viticole Château-Beychevelle de son ami l'ex-ministre centriste Aymar Achille-Fould, il se lance dans une périlleuse opération immobilière aux Antilles, dans l'île de Saint-Martin.

La véritable motivation de cet homme est ailleurs. Il assure la présidence de la GMF depuis trois ans, lorsqu'il est élu grand maître du Grand Orient de France en 1977. L'obédience, alors divisée, voit s'affronter deux tendances, l'une animée par Fred Zeller, au socialisme libéral, l'autre par Jacques Mitterrand, que certains vont jusqu'à présenter comme un agent du PC. Candidat des apolitiques, et soutenu par le rocardien Edmond Corcos, Michel Baroin succède au grand maître Serge Behar. Désormais à la tête de la GMF et du Grand Orient, il occupe une place de choix pour se constituer un réseau de relations et d'amitiés diversifié, qu'il saura utiliser tout au long de sa carrière. Ainsi, au lendemain de la première élection de François Mitterrand à l'Élysée, sa filiale bancaire, la BCCM, doit être nationalisée. Baroin fait alors le siège de Pierre Mauroy et de ses conseillers, auxquels il explique que le secteur de l'économie sociale, indépendant et autonome par essence, a un besoin vital de posséder son propre établissement bancaire. Les arguments du patron de la GMF portent et le gouvernement modifie son projet de loi, excluant les banques du secteur coopératif du champ des nationalisations. Mais le Conseil constitutionnel déclare cette mesure non conforme à la loi sur les nationalisations. Et Baroin de reprendre d'assaut l'Hôtel Matignon, le Palais-Bourbon... Un membre du cabinet de Jean Le Garrec, alors secrétaire d'État chargé de l'Extension du secteur public, va trouver la solution en proposant de créer le statut légal de banque coopérative. La BCCM et ses semblables auront ainsi un « statut légal spécial ». L'idée est retenue, Pierre Mauroy la défendra avec conviction au Parlement, en affirmant qu'une société coopérative a un caractère plus démocratique encore qu'une société nationalisée. Cette fois, il n'y a pas d'objection constitutionnelle... « Baroin a prouvé l'utilité pour une société telle que la GMF d'être dirigée par un patron connaisseur du monde politique* », en conclut Jean-Michel Blanquer. Est-il perfide de suggérer que ce régime de faveur pourrait ne pas être totalement indépendant du fait que la BCCM détenait des comptes du Parti socialiste et de ses satellites, les clubs Léo-Lagrange ou la société Urba-Gracco ?

A quelques mois de sa mort, la puissance de Baroin est devenue « incontournable ». Issu de la même promotion de Sciences Po que Jacques Chirac, dont il est resté l'un des proches, il est bien en cour à l'Élysée : François Mitterrand le nomme à la tête de la commission chargée d'organiser la célébration du bicentenaire de la Révolution.

« J'ai accepté cette mission parce que c'était l'occasion pour moi de poursuivre un combat que j'ai mené dans le cadre de la franc-maçonnerie, explique-t-il. C'est la même préoccupation : recherche de vérité, pratique de la solidarité. »

De là à mélanger les genres... C'est ainsi qu'il n'hésite pas, par exemple, à mettre la GMF au service de la mission du

* *Michel Baroin, les secrets d'une influence, op. cit.*

bicentenaire. Selon un ancien cadre de la mutuelle, « il y a à cette époque près d'une cinquantaine de personnes, 47 exactement, engagées sur des contrats à durée indéterminée pour travailler sur le Bicentenaire. De la même manière, le courrier de la Fondation de l'Homme-Citoyen, créée par Baroin, part de la rue de Prony, estampillé GMF ». Ce n'est plus un secret dans le microcosme politique, la fondation est investie d'une tout autre mission : elle est là pour appuyer le projet de candidature de Baroin à la présidence de la République. Ce n'est plus un rêve, il y songe sérieusement. Au point de faire réaliser un sondage, histoire de mesurer l'étendue de ses chances. Les résultats ne sont pas à la hauteur de ses espérances : 8 % des intentions de vote...

Être patron de la GMF donne des ambitions... et des moyens. Cela fait de vous un personnage important de la République. Pour peu que s'y ajoute un zeste de mégalomanie, tous les rêves sont permis. Baroin le baroudeur ne pourra mener à bien sa mission. Lors d'un de ses très nombreux voyages en Afrique (les francs-maçons ont un faible pour le continent noir), il trouve la mort dans l'ouest du Cameroun, en février 1987, au cours d'un accident aérien aux circonstances mal élucidées. Sa disparition provoque une vive émotion dans les milieux de l'économie sociale, mais aussi dans les cercles politiques où le frère Michel Baroin comptait dans les deux camps de solides amitiés. On l'enterre religieusement. Son décès est « un grand malheur » pour Jacques Chirac, « une grande perte pour la France » selon Charles Hernu, l'ancien ministre de la Défense de François Mitterrand.

C'est donc dans la peine et la précipitation que le conseil d'administration de la GMF doit élire un nouveau président. C'est à l'unanimité que Jean-Louis Pétriat, fils de gendarme, directeur du groupement informatique inter-Assedic du Sud-Ouest, est choisi. Il est, comme on a pu le dire, « le plus petit commun dénominateur ».

La succession est lourde. D'une part, la maison GMF se trouve engagée dans une politique de développement risquée. D'autre part, le nouveau président, plus jeune membre du conseil d'administration, ne peut prétendre au charisme de son prédécesseur. Jean-Louis Pétriat ne peut donc adopter d'autre attitude que de poursuivre la politique de Michel Baroin. Il fait plus que cela et accélère encore la diversification. Cette stratégie va déboucher sur un véritable fiasco, puisque à la fin de 1992 le groupe GMF présentera des pertes historiques s'élevant à 1,5 milliard de francs.

Il ne reste plus dès lors à Pétriat qu'à braver la tempête, à affronter la guerre des clans qui fait rage à la GMF — et qui oppose des frères en maçonnerie. Vaille que vaille, il tente de tenir bon, malgré le déchaînement médiatique, s'interrogeant sur l'opportunité de répondre aux attaques les plus violentes. En 1993, *le Nouvel Économiste* consacre sa couverture à la GMF sous un titre qui ne pèche pas par excès de nuance : « L'impunité d'un grand patron ». Procès. L'hebdomadaire sera condamné à verser 100 000 francs de dommages-intérêts.

« C'est vrai j'ai eu une presse très dure contre moi, commente Pétriat. Je vois plusieurs raisons à cela. D'abord, la GMF a été trop médiatisée. Elle a été considérée comme un ensemble puissant, flou, avec un certain nombre de paramètres particuliers : la franc-maçonnerie, la police, et la politique. J'ai accepté cet héritage. Michel Baroin était un ami. Je trouverais dégueulasse de dire quoi que ce soit qui puisse porter atteinte à sa mémoire... »

Inutile de décrire en détail les déconvenues de la GMF. Rappelons pourtant que la mutuelle a dû fermer sa filiale AMI (Assistance Multiservices Internationale) ; qu'elle a cessé toute activité dans l'assistance ; qu'elle a dû éponger les pertes de ses projets dans l'immobilier de loisir à Saint-Martin, aux Antilles ; qu'elle a été contrainte de céder à Air France GO Voyage, un tour-opérateur acquis en 1988 ; que l'entité GMF-Banque, qui a pris la suite de la BCCM, a éprouvé toutes les difficultés à trouver des partenaires, Sofinco et la Hénin, après de très sérieuses pertes, qui pourraient bien être dues aux largesses et aux généreux découverts accordés aux socialistes ; et que la GMF, enfin, est passée en novembre 1993 sous le contrôle du Groupe Azur de Christian Sastre, capable d'injecter 1,7 milliard de francs dans la mutuelle en perdition. Sastre, qui n'était ni fonctionnaire ni sociétaire, ainsi que l'exigent les statuts du groupe, ne s'est pas moins retrouvé propulsé administrateur et directeur général de la GMF, Pétriat en conservant jusqu'en mars 1994 la présidence. Sastre, diplômé de l'Institut catholique, n'en était pas moins déjà à la tête de ce bastion de la franc-maçonnerie française. Quid de l'économie sociale ?

C'est la mort dans l'âme que Pétriat avait dû, déjà, se résoudre à céder la FNAC, en 1993, à la filiale du Crédit lyonnais Altus Finance (déjà associée à la MAAF dans la reprise d'une société d'assurances américaine, Executive Life) et à la compagnie immobilière Phénix. « Un déchirement, dit-il, mais c'était alors le seul moyen de trouver 1,4 milliard de francs pour combler le désastre de nos investissements exotiques. »

Quelle est l'exacte différence entre une entreprise appartenant à l'économie sociale et une entreprise capitaliste ? L'une et l'autre sont le théâtre de règlements de comptes. Il a souvent été reproché à Jean-Louis Pétriat d'avoir évincé nombre de cadres, « coupables », entre autres, d'avoir été des proches de Michel Baroin. La réaction de Jean-Louis Pétriat maçon, lorsqu'il a dû licencier ? « Je ne vais pas vous dire que les patrons maçons sont de meilleurs patrons que les autres ! nous expliquait-il. Ce que je peux vous affirmer, tout de même, c'est que je ne connais rien de pire que de devoir me séparer de collaborateurs. Un cas concret ? Une des sociétés du groupe, comprenant 400 personnes, est obligée de mettre la clé sous la porte. On me traîne dans la boue. Mais ma démarche de franc-maçon fait que le plan social de fermeture de cette filiale — qui nous fait déjà perdre 500 millions ! — coûtera 300 millions supplémentaires, que chaque personne verra son cas examiné, qu'on étudiera toutes les possibilités de reconversion dans d'autres sociétés du groupe. Certains se retrouveront dans une filiale, d'autres recevront des indemnités de licenciement dans les meilleures conditions. Le social doit primer sur l'économique. »

La FNAC, dont il reste président d'honneur, était sa plus grande fierté : « J'espère avoir établi qu'elle n'est pas seulement un marchand plus avisé que les autres, écrivait-il dans le livre qu'il lui a consacré, mais qu'un état d'esprit proprement humaniste l'animait depuis sa fondation et l'anime toujours. Pour moi, gagner de l'argent et faire du profit pour le profit n'a aucun sens.

« La FNAC, poursuivait-il, est lieu de rencontre, de chaleur humaine, d'enrichissement d'innombrables personnes qui viennent y chercher, outre le livre, le disque ou l'appareil de leur choix, de nouveaux échanges, d'autres contacts, des fraternités retrouvées... J'ai la faiblesse de croire qu'elle représente d'abord une convivialité. Michel Baroin parlait d'une " entreprise citoyenne ". Je reprends volontiers le propos à mon compte. »

« Entreprise citoyenne », cela signifie que l'entreprise assume ses responsabilités vis-à-vis d'elle-même et de ses clients, mais aussi vis-à-vis de la société. Cela signifie qu'elle est prête à mener des combats : pour l'abaissement des prix, la justesse des tarifs ou le droit au repos hebdomadaire. La FNAC s'est par exemple violemment opposée à la société Virgin à propos de l'ouverture des magasins le dimanche, en parfait accord avec le secrétaire général de FO, Marc Blondel, qui s'interrogeait ainsi dans le *Journal du Dimanche* : « Ne vaut-il pas mieux travailler beaucoup moins comme le permettent largement les gains de productivité ? » Comme tout patron d'entreprise, Pétriat revendique la nécessité de faire du profit ; le maçon Pétriat veut trouver dans l'activité de celle-ci une finalité plus noble.

Bien sûr, comme dans nombre d'entreprises, on peut trouver une dimension humaniste dans les actions de mécénat de la GMF. Cela prend la forme d'une aide active aux efforts de l'ancien ministre Michel Gillibert en faveur de l'insertion des handicapés. Il nous semble plus intéressant de nous arrêter sur un cas de solidarité économique. C'est ainsi qu'à Limoges, où le secteur de la porcelaine connaît depuis quelques années de sérieuses difficultés — plusieurs grandes sociétés ont déposé leur bilan —, la très maçonnique et socialiste municipalité et des notables de la ville ont été amenés à lancer un véritable SOS en faveur d'une entreprise. L'appel a été entendu par la GMF, qui est alors entrée dans le capital du porcelainier pour étudier sa situation et le conseiller. L'opération a duré deux ans. Deux années au terme desquelles il a été possible de passer le relais. Un repreneur s'est présenté, l'entreprise a été sauvée. Participation de la GMF : un peu moins de 10 millions de francs. C'est souvent cela le pouvoir des maçons. Qui s'en offusquera ?

Au sein du groupe Acacias de Georges Rino, la filiale Restocop, employant 450 personnes, a également connu de graves difficultés. On ne retint qu'un objectif prioritaire : « Pas de licenciements ! » Et le groupe unanime, sociétaires du Chèque-Déjeuner en tête, accepta d'éponger l'ardoise — plusieurs millions de francs ! — afin de trouver un nouveau partenaire (Eurest France) et de transformer l'entreprise en société anonyme. « La situation financière le permettait, mais toutes les entreprises n'auraient pas réagi comme nous l'avons fait », se félicite Georges Rino.

Solidarité encore lorsque, dans les années 80, le quotidien *le Matin* éprouva à plusieurs reprises d'insurmontables problèmes financiers. Il fut momentanément sauvé par les mutuelles. Et plus particulièrement par Max Théret, qui confia la direction politique du journal à un futur franc-maçon, Paul Quilès.

De la même manière qu'il serait abusif de considérer que tous les mutualistes sont des maçons, il serait évidemment stupide de s'imaginer que tous les maçons travaillent dans un secteur de l'économie sociale. Mais c'est le domaine par excellence où le franc-maçon pourra mettre en pratique sa philosophie, œuvrer à l'édification du Temple en tentant de réconcilier l'homme et le profit. Le secteur est aujourd'hui en pleine tourmente. Il est clair que l'esprit mutualiste a beaucoup perdu de sa signification à une époque où la crise économique exacerbe les individualismes. Les mutuelles éprouvent de plus en plus de difficultés à trouver des délégués pour assister à leurs assemblées générales. Elles se sont banalisées en voulant à toute force attirer de nouveaux mutualistes, multiplier le nombre de leurs filiales.

Le laxisme et l'absence de réels contre-pouvoirs ont entraîné de graves dérapages. Aujourd'hui, les dirigeants des mutuelles sont invités à travailler dans une ambiance et selon des méthodes beaucoup moins « fraternelles ». L'arrivée, en septembre 1992, de Jean-Claude Seys à la présidence de la MAAF (Mutuelle d'assurance des artisans de France) avait déjà illustré cette évolution. Volontiers présenté comme le fossoyeur du mutualisme par ses pairs, Seys a, d'un tour de passe-passe, transformé ses sociétaires en simples « clients », transférant la totalité du portefeuille des particuliers dans une société anonyme. Il a doté sa mutuelle d'un conseil de contrôle qui aura pour mission de veiller à la bonne tenue des comptes. Quant à la GMF, on se demande, depuis son sauvetage par le groupe Azur, s'il est convenable qu'elle appartienne encore au GEMA (Groupement économique des mutuelles d'assurances). Une mesure d'exclusion n'était pas écartée au début de l'année 1994.

Au sein de ces mutuelles qui ressemblent de plus en plus à des entreprises ordinaires, les francs-maçons vont-ils savoir s'adapter ? Sauront-ils conserver leur patrimoine philosophique et économique ?

IV

Afrique, pays de l'Est : les nouveaux missionnaires

C'est en terrain neutre, dans l'appartement parisien d'une relation commune, qu'ils se sont un jour rencontrés. Guy Penne, alors chargé à l'Élysée des affaires africaines et malgaches, a été intrigué lorsqu'un de ses confrères dentistes lui a fait une étrange proposition :

— Un ami que je soigne aimerait beaucoup te rencontrer... Il s'agit de Jacques Foccart.

Bigre ! Comment refuser une entrevue avec la légendaire éminence grise gaulliste, l'homme de tous les contacts, de tous les réseaux, le meilleur connaisseur du si complexe échiquier africain ? Encore convient-il d'en informer le président...

Guy Penne s'en entretient donc avec François Mitterrand, qui ne formule aucune objection. Rendez-vous est pris. « Le jour venu, raconte Penne, notre ami dentiste nous installe dans son salon, puis s'éclipse, nous laissant seuls pour bavarder. Nous parlons de choses et d'autres. Et puis, Foccart finit par me lancer :

— En tout cas, bravo ! Je trouve que vous réussissez très bien en Afrique.

— Merci. C'est tout à fait flatteur.

— Mais convenez que les choses sont plus faciles pour vous qu'elles ne l'étaient pour moi.

— Pardon ?

— Oui : entre francs-maçons... »

Aujourd'hui encore, Guy Penne n'a pas décoléré : « J'aurais pu admettre ce genre de réflexion de la part de quelqu'un d'étranger à ce domaine. Mais venant de lui ! »

Peut-on soupçonner Jacques Foccart de naïveté ? Difficile, à moins d'être soi-même candide, ce dont nous ne saurions soupçonner l'homme choisi par François Mitterrand pour gérer des dossiers aussi délicats.

Que la franc-maçonnerie ait joué — et joue encore — un rôle éminent en Afrique est une évidence. Présente sur le continent noir dès la fin du XVIIIe siècle à travers les gouverneurs, les négociants, et souvent les militaires, elle s'est attachée, au XIXe, à contrecarrer les avancées des missions évangélisatrices. A l'origine, elle est réservée aux seuls Blancs et, parmi ces derniers, à ceux qui comptent. Très tôt, très vite, les maçons occupent les postes clés de l'administration coloniale qui se met en place. Ils font alors progresser leurs idées, les répandent dans des sociétés indigènes séduites par le caractère initiatique, « magique », de la franc-maçonnerie au moins autant que par sa philosophie humaniste. Ils le savent, ils en jouent. Mais c'est un idéal républicain qu'ils instillent dans les esprits des élites qu'ils font émerger.

A Saint-Louis-du-Sénégal, premier établissement français en Afrique noire, naît la première loge d'Afrique francophone. C'est du Sénégal que surgit le premier Africain appelé à figurer dans un gouvernement français : le Goréen noir Blaise Diagne, né en 1872, initié à la franc-maçonnerie en 1899, membre du cabinet Laval en 1931.

Pour les plus ambitieux des jeunes Africains instruits dans les écoles laïques de la République, la loge finit par apparaître comme un lieu de passage obligé, qu'ils soient initiés dans leurs pays ou, c'est souvent le cas, au cours des études qu'ils viennent poursuivre à Paris. Les obédiences se les disputent ! Les francs-maçons français, qui ont reproduit dans les colonies leur bataille anticléricale, doivent en effet repousser les avancées de la maçonnerie anglo-saxonne, décidée elle aussi à pousser ses pions. Ces étudiants seront un jour les dirigeants de leurs pays...

La partie qui se joue est si importante — et le rôle des francs-maçons si primordial — que les gouvernements des Troisième et Quatrième Républiques confient avec une extraordinaire constance les portefeuilles de ministres et secrétaires d'État des Colonies et de la France d'outre-mer à des frères. De 1881 à 1957, ils sont 28 initiés à avoir occupé ces fonctions, de Félix Faure à Gérard Jaquet, en passant par Gaston Doumergue, Blaise Diagne, Gaston Monnerville ou Henri Caillavet. Les gouverneurs sont non moins régulièrement francs-maçons : Marcel de Coppet, Joseph Reste, Jules Cardes en AOF (Afrique occidentale française) ; Félix Éboué en AÉF (Afrique équatoriale française) ; Léonce Delpech, Michel Montagne au Togo... « Ces hauts fonctionnaires furent les protecteurs des loges dans les territoires où ils furent affectés, affirme Jean-André Faucher. Ils se révélèrent cependant moins efficaces pour développer l'influence de leur ordre que les dix mille enseignants francs-maçons qui, dès 1912, étaient affectés outre-mer *. »

La France a, depuis, perdu ses colonies. La franc-maçonnerie, elle, n'en a pas pour autant perdu toute influence. Loin de là... Le Grand Orient de France est toujours présent au Sénégal, où il s'efforce de constituer un rempart contre l'intégrisme musulman. Il s'est attaché, partout où c'était possible, à aider les loges africaines à prendre leur indépendance. C'est ce qui s'est passé, par exemple, en Côte-d'Ivoire (où le grand maître Kofi Clotaire est un neveu du feu président Houphouët-Boigny) et au Bénin. Le Zaïre a sa propre franc-maçonnerie ; le Gabon aussi, où le président Omar Bongo a créé sa propre obédience à partir du GO et de la GLF : le Grand Rite équatorial, dont il est le grand maître. Tous ses ministres en sont membres, de droit et de devoir. Bongo entretient en

* *Les Francs-maçons et le pouvoir*, Perrin, 1986.

outre les meilleures relations, maçonniques et familiales, avec Sassou Nguesso, l'ancien président du Congo, dont il est le gendre.

La Grande Loge de France chasse au Sénégal, en Côte-d'Ivoire, au Togo. Le Premier ministre togolais, Joseph Koffigoh, a pour sa part appartenu à la GLNF avant de rejoindre une loge indépendante. « Il ne faut pas oublier le rôle émancipateur de la franc-maçonnerie, commente le grand maître Michel Barat. Les loges permettent toujours d'établir un lien entre la tradition africaine et la modernité occidentale. Mais le jeu devient aujourd'hui dangereux : il existe des risques de dévoiement dès lors que l'on recrée un cadre colonialiste. Nous souhaitons pour notre part l'émergence d'obédiences nationales. » La Grande Loge nationale française affirme quant à elle, haut et fort, ne se sentir en rivalité avec aucune autre obédience, convaincue que « les loges, composées à 90 % d'expatriés, ont trop longtemps pratiqué le néo-colonialisme ».

« Nous reproduisons partout le processus mis au point avec l'Iran en 1965, quand le shah tentait de former une bourgeoisie responsable, explique Yves Trestournel de la GLNF. Notre démarche est toujours la même : nous ne précipitons rien. En partant de l'implantation d'une loge, et en passant par la création d'un district dès qu'il y a trois loges, il faut quinze à vingt ans pour arriver à la constitution d'une Grande Loge indépendante. Le Cameroun a aujourd'hui son GOLUC (Grand Orient et Grandes Loges Unies du Cameroun), le Bénin a son Grand Bénin : s'ils veulent un jour adhérer, ils seront les bienvenus chez nous. Mais ce n'est pas ce que nous cherchons en priorité. Ce que nous voulons, c'est les aider à aller vers la démocratie. Et ce que nous savons, c'est qu'il ne faut pas se mettre à leur parler tout de suite de multipartisme : il faut d'abord installer un chef traditionnel qui, lui, amènera les partis. C'est le seul moyen. Si les dirigeants français veulent comprendre quelque chose à l'Afrique, il faut qu'ils s'adressent aux maçons... Pasqua en sait quelque chose ! »

Charles Pasqua éprouve, depuis quelques années, une irrésistible attirance pour l'Afrique. Il s'y trouvait en 1986, en tant que président du groupe RPR au Sénat, pour une mission qui devait l'emmener au Sénégal, en Côte-d'Ivoire, au Togo, au Cameroun, au Gabon et au Niger. Il y était à nouveau en mars 1988, ministre de l'Intérieur cette fois. Le voyage avait, alors, dû se limiter à la Côte-d'Ivoire : préparation de la campagne présidentielle et négociations pour la libération des otages français du Liban obligent... En décembre 1992, à nouveau, c'est sous sa casquette de président du conseil général des Hauts-de-Seine, et à la tête d'une délégation de onze élus du département, que Charles Pasqua traversait au pas de charge le Togo, le Gabon et le Congo. Qui oserait encore prétendre que cet homme-là ne nourrit de passion que pour l'Intérieur?

« Il est assez évident que les tournées africaines de Pasqua ont pour but de tisser des réseaux, admet le grand maître Michel Barat, quelque peu désabusé. Cela changera-t-il quelque chose à la politique française ? Je ne le crois pas : les problèmes ne sont jamais posés par rapport au destin des Africains. Le socialiste Guy Penne n'a pas agi différemment... »

A droite ou à gauche, le pouvoir s'adresse aux maçons pour tenter de « comprendre l'Afrique ». François Mitterrand avait-il d'autres raisons d'appeler Guy Penne à l'Élysée ? Gilbert Abergel, grand maître du GO, n'en jurerait pas, même s'il use de précautions oratoires, s'agissant d'un frère de son obédience : « Il n'est pas impossible qu'il ait été nommé à ce poste parce qu'il était maçon : la franc-maçonnerie est respectée en Afrique. » Mais on ne se montre pas partout aussi charitable : « Il n'était pas là par hasard, c'est évident, nous a dit un haut dignitaire d'une autre obédience. Mais il n'a pas fait florès pour autant ! Maçon ou pas, pourquoi les Africains écouteraient-ils un dentiste ? »

L'importance des réseaux maçonniques en Afrique ne fait plus de doute pour personne. Peu après l'arrivée de la gauche au pouvoir, et alors que Pierre Marion, membre du GO, dirigeait les services secrets, Youri Andropov, patron du

KGB, s'en inquiétait au travers d'une mise en garde diffusée par l'agence Tass : « L'activité des services de renseignement français en Afrique a été notamment relancée en 1981, avec la réorganisation du réseau d'espionnage français sur le continent. L'innovation majeure a consisté à recourir, dans le cadre de la préparation d'opérations secrètes, aux liens de solidarité maçonnique *. »

« François Mitterrand a su, dès son arrivée au pouvoir, s'appuyer sur les loges pour maintenir le niveau relationnel nécessaire à la continuité de cette politique », insistent Stephen Smith et Antoine Glaser dans *Ces Messieurs Afrique* ** : « Ses " africains " francs-maçons les plus connus, écrivent-ils, sont Guy Penne, ancien conseiller à l'Élysée, " ami intime " de Jeanny Lorgeoux, François de Grossouvre, un proche du chef de l'État, Pierre Biarnès, sénateur, Alain Vivien, secrétaire d'État aux Affaires étrangères, longtemps rapporteur du budget de la Coopération, l'ancien ministre Christian Nucci... » C'est, en l'occurrence, à Jeanny Lorgeoux que les auteurs s'intéressent ici. Étrange itinéraire, en effet, que celui du maire PS de Romorantin, jeune imprimeur de Sologne devenu l'ami du président zaïrois Mobutu Sese Seko — et aussi celui de Jean-Christophe Mitterrand, fils du président de la République et longtemps son conseiller pour l'Afrique — avant d'apparaître comme un lobbyiste de premier plan dans les affaires africaines. Lorsque Mobutu se rend à Paris en octobre 1989, il est invité par le Comité Afrique du CNPF, qui lui fait rencontrer près d'une centaine de chefs d'entreprise français dans les salons de l'hôtel Georges V. Jeanny Lorgeoux est là, bien entendu. En tant que député, ce qui ne l'empêche pas de se faire, ici comme en Afrique, le porte-drapeau des chefs d'entreprise. Mais au fait, qui dirige ce Comité Afrique du CNPF ? Jean-Pierre Prouteau, ancien secrétaire d'État à la Petite et Moyenne Industrie dans le gouvernement de Raymond Barre, de 1976 à 1981... et ancien grand maître du Grand Orient.

Un autre grand maître de la même obédience s'est illustré

* Cité par Roger Faligot et Rémi Kauffer : *Éminences grises*, Fayard, 1992.
** Calmann-Lévy, 1992.

en Afrique : Michel Baroin, bien sûr. Il y avait été reçu comme un souverain lorsqu'il présidait aux destinées du GO, visitant le Sénégal, la Côte-d'Ivoire, le Togo, le Cameroun et le Gabon. « Baroin croit à la magie de l'Afrique, note Jean-Michel Blanquer, son biographe. Il est attiré par son passé, par ses rites, par ses cérémonies peuplées d'esprits vivants ou imaginaires que des sorciers aux pratiques millénaires appellent comme des compagnons familiers. Abdou Niang, sorcier, frère en maçonnerie et même membre du conseil de l'ordre, l'accompagne et lui montre des prodiges qui l'éblouissent.[...] Au Gabon, il rencontre le frère Bongo avec qui il s'entend pour l'organisation d'un colloque sur “ les rites et symboles du continent africain ” qui doit permettre d'enrichir le rituel maçonnique par la tradition africaine. [...] Au Cameroun, Baroin contribue à dénouer une situation conflictuelle. Avec Niang à ses côtés, il obtient du GOLUC, l'obédience nationale, qu'ils acceptent une coexistence fraternelle avec les deux loges du Grand Orient présentes à Douala et Yaoundé. [...] Baroin sait être un bon ambassadeur, mais au-delà des préoccupations maçonniques, c'est la situation économique du continent qui accapare toute son attention *. »

Baroin a été conquis par l'Afrique. Il y a noué de fructueux contacts. Il y retournera donc, patron de la GMF, pour y faire des affaires, cette fois. Et il finira par y trouver la mort dans un accident d'avion aux circonstances suffisamment troubles pour que puisse être évoquée la thèse d'un attentat.

Des missions de Savorgnan de Brazza — dont les explorations à la fin du XIXe siècle furent à l'origine du Congo français et qui était lui-même initié — aux missions politiques de Guy Penne ou économiques de Jeanny Lorgeoux, les francs-maçons n'ont en fait jamais cessé de s'investir en Afrique. Ils ont su développer leurs réseaux dans tous les domaines par l'intermédiaire de frères comme Laurent

* *Michel Baroin, les secrets d'une influence, op. cit.*

Binet, beau-frère de Vincent Bolloré et gendre de Georges Rawiri, ancien vice-Premier ministre du Gabon ; le journaliste René Mahé, député à l'Assemblée constituante du Congo avant de devenir PDG de RFO de 1983 à 1986 ; Roger Pelloquin, autre journaliste devenu conseiller à l'Information du président gabonais, puis du président ivoirien. Et tant d'autres...

« Il faut tout de même être clair ! s'insurge l'imperturbable Guy Penne : Qui, parmi les dirigeants africains, est maçon ? Bongo, d'accord. David Dacko en Centrafrique ? Brièvement ! Comment voudriez-vous que ces pays, qui fonctionnent pour la plupart sur le modèle du parti unique, tolèrent l'existence de loges, alors que c'est le lieu où l'on trouve le florilège de toutes les oppositions ? Oui, j'ai des copains maçons en Afrique : au Sénégal, en Côte-d'Ivoire, au Bénin... Mais ce ne sont pas des dirigeants ! Senghor était un calotin, Diouf a d'autres préoccupations. Et Sékou Touré, à qui j'ai été obligé d'accorder des marques de respect protocolaires, avait persécuté les maçons guinéens : on m'a assez reproché mon attitude ! De toute façon, quand la maçonnerie est autorisée, elle est, là-bas, infiltrée. C'est le cas au Gabon. C'était aussi le cas, d'ailleurs, dans l'Iran du shah. »

Les « autres préoccupations » d'Abdou Diouf ne l'ont pas empêché, dans un passé récent, d'élever Jean Mons, alors grand maître de la GLNF, au grade de commandeur dans l'ordre du Lion. La cérémonie s'est déroulée dans le palais présidentiel de Dakar, et a été suivie d'un « long entretien sur la situation de la franc-maçonnerie régulière en Afrique francophone ». Pas de quoi démonter Guy Penne. Pour mieux illustrer son propos, le sénateur nous livre d'ailleurs une anecdote : « Un jour au Bénin, dit-il, le président me questionne sur un déplacement (il savait bien sûr parfaitement où je me rendais).

— Je vais voir des francs-maçons, lui dis-je.

— Vous êtes franc-maçon ? Et il le sait, le président Mitterrand ? Et il y a des francs-maçons ici ? Mais c'est affreux, ils vont faire un complot contre moi ! »

Conclusion de Guy Penne : « Dire que je me suis retrouvé

chargé des relations africaines parce que j'étais franc-maçon est une connerie ! »

Dire que cela pourrait constituer un handicap en est sans doute une autre, et de la plus belle eau... Anecdote pour anecdote, l'histoire que nous a contée cet ambassadeur d'un pays étranger, aujourd'hui en poste à Paris après l'avoir été longtemps en Afrique, est significative : « J'avais un jour été contacté par la présidence du Gabon, nous a-t-il dit. Omar Bongo souhaitait me rencontrer, et je n'avais vraiment pas la moindre idée de ce qu'il pouvait bien avoir à me dire. Lorsque j'ai été introduit dans son bureau, il était debout pour m'accueillir. Je m'en suis étonné : je savais qu'il avait plutôt pour habitude de trôner pour recevoir ses visiteurs. Je l'ai salué de manière protocolaire. Lui m'a répondu de façon très chaleureuse, en me tutoyant. Et comme je persistais dans mon attitude, il a mis les points sur les *i* en passant la main droite en travers de sa gorge : l'un des signes de reconnaissance les plus évidents. Je n'étais pas ce qu'il est convenu d'appeler un “ franc-maçon notoire ”, je lui ai donc demandé :

— Mais comment savais-tu ?

— J'ai appelé rue Untel ! »

Rue Untel : au siège européen de l'obédience. L'ambassadeur ne raconte pas ce que le président du Gabon lui a dit ce jour-là. Peut-être, bien sûr, n'a-t-il été question que de la signification symbolique de l'équerre et du compas. Peut-être pas...

La situation est différente en Afrique du Nord. Au Maghreb, les premières loges sont arrivées en Algérie avec le corps expéditionnaire français. Le général Bugeaud était lui-même franc-maçon. Tout comme Abd el-Kader, dont le Grand Orient revendique l'initiation, même si la Grande Loge nationale française affirme qu'il ne fut jamais que

« membre d'honneur » de la loge « Henri IV » de Pau. Mais la franc-maçonnerie ne connaît pas en terre d'Islam les mêmes succès qu'en Afrique noire. Peu de musulmans la rejoignent. S'il y a bientôt quarante-huit loges en Algérie, on n'y rencontre guère que des colons. La greffe ne prend pas, et il ne reste aujourd'hui plus rien des temples. Ils n'ont aucune existence légale puisque, après cent trente années de colonisation, Alger les a interdits.

L'inverse s'est produit au Maroc. La franc-maçonnerie, inexistante avant l'indépendance, a vu depuis apparaître une loge « Atlas », montée par les Suisses, puis une loge « Al Houada » créée par la Grande Loge nationale française, et enfin une obédience nationale, la Grande Loge du Maroc... qui n'est cependant pas reconnue par le roi. On serait en droit de trouver tout cela assez cohérent : les régimes autoritaires, si chatouilleux sur le principe du droit d'association, peuvent-ils s'accommoder de l'existence de sociétés « secrètes » ? En fait, l'affaire marocaine est plus compliquée. Yves Trestournel, de la GLNF, nous l'a affirmé : « Hassan n'est pas un ennemi des francs-maçons ! » Il appuie sa conviction sur des preuves : « J'ai demandé au procureur du roi que soit reconnue la compatibilité entre la franc-maçonnerie et le Coran, et je l'ai obtenu ! Il est dit, dans un jugement du tribunal de Casablanca, que les buts de la maçonnerie ne sont pas en " contradiction avec les préceptes de la religion islamique ", et même qu'ils sont en " harmonie avec la constitution du Royaume ". » Tellement en harmonie, même, que le roi songerait, selon *le Canard enchaîné*, à rejoindre les rangs des initiés. « Hassan, précisait l'hebdomadaire dans un article publié en 1993, a posé une condition qui ne souffre aucune discussion : pas question pour un souverain de commencer dans la hiérarchie franc-maçonne comme simple " apprenti ". Ce serait contraire à son rang. Giscard, qui rend hommage à son " copain " Hassan dans le dernier numéro du " Fig-Mag ", avait eu la même exigence, au début de son septennat, quand il avait voulu, lui aussi, entrer en maçonnerie. Il s'était alors heurté à un poli mais ferme refus de toutes les grandes obédiences, même celles qui lui étaient politiquement favorables. Hassan II s'est fait éconduire de la même façon, et il en a conçu un vif ressentiment. » Et le *Canard* d'enfoncer le clou : certains amis du souverain auraient « volé à son secours et entrepris de lui tailler une loge sur mesure », Raymond Sasia, en particulier, cet ancien « gorille » du général de Gaulle et ancien membre du cabinet de Charles Pasqua que nous évoquions dans un chapitre précédent. L'affaire n'est pas terminée, mais certains s'emploient activement à ne pas faire capoter cette initiation-là.

Loin de l'Afrique et du Maghreb, c'est pourtant dans une tout autre direction que se développent les « missions étrangères » de la franc-maçonnerie : vers l'Est, en l'occurrence, où l'explosion du bloc soviétique, la chute du mur de Berlin et les fiévreuses tentatives de retour à la démocratie autorisent une possible — mais bien timide — renaissance des temples.

Les obédiences françaises ne s'y sont pas trompées qui, toutes, ont envoyé leurs émissaires dans les pays libérés. Dès le mois de décembre 1989, la Hongrie, la première, reconstitue sa Grande Loge, frappée d'interdiction par les communistes au début des années 50. Deux mille maçons venus du monde entier assistent alors à la cérémonie organisée à Budapest pour marquer l'événement. C'en est un, en effet : la preuve que le nouveau régime entend renouer avec la démocratie. La Grande Loge de France y a tenu un rôle important, par l'intermédiaire de l'un de ses membres, acteur de la révolte de 1956 réfugié en France. Pour les fils de la Lumière, une brèche semble enfin s'ouvrir dans les pays de l'Est.

Quelques mois plus tard, en avril 1990, le Grand Orient de France dépêche son grand maître à Prague. Jean-Robert Ragache y rencontre le Premier ministre de Tchécoslovaquie, le vice-président de l'Assemblée nationale, le maire de la capitale. On lui réserve tous les égards accordés aux visiteurs de marque. Il est l'invité d'une émission de télévision, diffusée à une heure de grande écoute, il tient une conférence de presse, on lui offre de s'exprimer dans un journal de Prague... Résultat ? 1 200 lettres d'auditeurs et de lecteurs qui, tous, souhaitent adhérer à la franc-maçonnerie. Un « tabac » !

« A Prague, nous avons retrouvé vingt-quatre frères maçons qui n'avaient plus de relations entre eux depuis la fin de la dernière guerre, raconte Jean-Robert Ragache à son retour. Ce sont tous de vénérables septuagénaires, mais avec eux, et avec le concours de leurs frères qui vivaient en exil chez nous, nous allons aider au mouvement des libertés dans leur pays. C'est un test de démocratie. »

Pourquoi le GO a-t-il choisi la Tchécoslovaquie pour cette première opération ? Parce qu'elle fut la terre d'une longue tradition maçonnique, la patrie de deux frères illustres, au moins, Edouard Benès, le président de la République tchèque qui démissionna après les accords de Munich en 1938, et Thomas Masaryk, le père de Jan Masaryk, ministre des Affaires étrangères du gouvernement tchécoslovaque en exil à partir de juillet 1940, qui se suicida au moment de l'invasion de son pays par les troupes soviétiques. Mais quarante années de dictature ont fait leur effet.

« Je vous laisse imaginer, disait Jean-Robert Ragache dans le discours qu'il prononça devant les frères de son obédience, lors du convent de septembre 1990, notre émotion lors de l'allumage des feux de la loge “ Coménius 1989 ”, dans une petite salle de réunion d'un institut de philosophie pragois où nous venions d'initier dix-sept profanes tchèques triés sur le volet. Notre aide, matérielle, financière et morale, est totale. Bientôt, dès la fin de l'année, auront lieu les créations de nouveaux ateliers, à Brno, Pilsen, et un deuxième à Prague. Dès lors, le Grand Orient de Tchécoslovaquie pourra voir le jour.[...] Les dirigeants tchèques nous ont dit combien ils accordaient d'importance à notre implantation, car nous étions espace de liberté et de discussion, échappant à toute influence idéologique. »

Depuis, trois autres loges ont vu le jour, le Grand Orient de Tchécoslovaquie existe. Mais le GO ne s'est pas arrêté en si bon chemin : « On compte aujourd'hui plus de vingt loges dans les pays d'Europe centrale et orientale, procédant du

Grand Orient de France : Bulgarie, Roumanie, Russie, Lettonie, Slovaquie, République tchèque, Ukraine, pouvait écrire en juin 1993 Jacques Oréfice, grand maître adjoint aux relations internationales. La croissance est devenue exponentielle, et montre ainsi la nécessité de la franc-maçonnerie comme force morale et spirituelle. » Encore n'évoquait-il pas le cas de la Pologne, où la situation était différente, en raison d'un communisme toujours actif et d'un catholicisme virulent. Une loge au moins s'est pourtant constituée à Varsovie, une autre a aujourd'hui vu le jour à Cracovie. Le GO dispose même d'une tête de pont en France, depuis la création d'une loge réunissant des frères polonais habitant notre pays mais séjournant fréquemment dans le leur.

Les autres obédiences françaises ne sont pas en reste, même si le Grand Orient a pris la tête de la reconquête. Il est vrai qu'on lui reproche parfois de prendre quelques libertés avec les règles de l'initiation maçonnique, de prodiguer une manière de « formation accélérée » aux postulants qui se présentent à la porte du temple. A l'Est, on peut accéder au grade de maître en un an au lieu de trois.

La GLNF a établi des contacts en Russie et en Biélorussie. « Nous sommes pour notre part présents en Russie, en Ukraine, en Tchéquie et en Hongrie, nous a dit l'ancien grand maître de la GLF Michel Barat. Nous y sommes allés en même temps que le GO, et sans que cela pose le moindre problème : ce sera aux frères de ces pays de se prononcer. Mais il n'est pas question pour nous de tenter quoi que ce soit en Pologne tant que les lois y interdisant la franc-maçonnerie n'auront pas été abolies, tant que l'Église n'y fera pas preuve de plus de tolérance. » La méfiance est la même, d'ailleurs, à l'égard de la Roumanie, même si l'ex-Premier ministre Petre Roman, aujourd'hui député et président du Parti démocrate (opposition), est lui-même initié : la démocratie devra encore y faire ses preuves. Au surplus, la GLF avait trouvé la ficelle un peu grosse lorsque sa loge roumaine de Paris avait soudain reçu en 1991 près de soixante-dix candidatures en moins de deux mois. Une vilaine tentative d'infiltration...

Quarante années de communisme ont laissé des traces

dans tous ces pays. Désignés comme boucs émissaires pendant des décennies, pourchassés, emprisonnés et parfois torturés, les francs-maçons sont à nouveau montrés du doigt au moment où ils relèvent la tête. Jean-Robert Ragache s'est-il étonné d'entendre ses frères accusés de tous les maux qui accablent aujourd'hui la Russie, lors d'une émission radiophonique à laquelle il participa à Saint-Pétersbourg ? Il s'est souvenu de cette petite phrase de Khrouchtchev, répondant à la question d'un grand maître du Grand Orient : « Pourquoi je n'autorise pas la franc-maçonnerie ? Et pourquoi voudriez-vous que j'accepte d'avoir des puces dans ma chemise ? » Si peu nombreux soient-ils encore, les nouveaux initiés des pays de l'Est entendent jouer ce rôle de « puces » dans la chemise de tous ceux qui seraient tentés de remettre en cause leurs nouvelles libertés.

Troisième partie

PISTON, MAGOUILLES ET SOLIDARITÉ

I

Frères de province

« Comment voulez-vous que les relations entre frères puissent être les mêmes à Paris et en province ? A Paris, chacun arrive au temple en voiture, effectue un court passage en salle humide pour y avaler un morceau, et repart seul en voiture. Ensuite, finis les contacts jusqu'à la prochaine tenue ! »

Pour Max Verdone, maçon du 18ᵉ degré, ex-vénérable de la loge des « Apprentis éternels » de Grenoble, et scientifique de profession, les liens sont distendus dans la capitale : trop de temples, trop de rivalités, trop d'intérêts divergents, qu'ils soient ou non liés à une orientation politique plus ou moins marquée. Un franc-maçon du Grand Orient y est, en principe, le frère d'un initié de la Grande Loge ou de la Grande Loge nationale, mais ont-ils seulement l'occasion de se rencontrer ? Pas sûr. A Grenoble, en revanche, un même temple accueille toutes les obédiences. Les sœurs de la GLFF (Grande Loge féminine de France) y ont leur place, tout comme les frères et sœurs du Droit humain, l'obédience mixte proche du Grand Orient. En ville, on se connaît, on se reconnaît. On s'enrichit, selon les principes maçonniques, de la différence des autres. On s'entraide, aussi, de manière plus efficace.

« Je crois vraiment que nos ateliers de province sont beaucoup plus indépendants vis-à-vis des obédiences, explique Max Verdone. Chacun possède en fait sa propre spécificité, et nous y sommes tous “ maçon libre dans une loge libre ”. Un exemple ? Ma loge ! Les “ Apprentis éternels ” appartenaient à la GLF, jusqu'à ce qu'un de nos grands maîtres, Richard Dupuy, prenne des positions qui ne nous convenaient pas. Lui rêvait de régularisation auprès de la franc-maçonnerie anglo-saxonne et voulait, dans cette optique, nous interdire de recevoir des frères du Grand Orient. Nous ne l'avons pas accepté et nous avons décidé de passer au GO... mais sans abandonner pour autant le Rite écossais ancien et accepté de la GLF, ni notre tablier rouge. »

Les grands projets de Richard Dupuy ont tourné court, ses anathèmes sont restés lettre morte. Mais les « Apprentis éternels » ont conservé leur affiliation au GO. « Quand je pense, dit Max Verdone, que j'avais délibérément choisi d'entrer à la GLF, moi le fils d'un ancien vénérable de la loge “ Locarno ”, fleuron du GO ! » Mais qu'importe : « Les finasseries du symbolisme ? Très peu pour moi. Je ne vois pas bien l'intérêt de disserter à l'infini sur le compas ou sur l'équerre. En revanche, le rituel est indispensable, il a une fonction de mise en condition. Pour prendre la parole, par exemple, il faut faire une demande au surveillant, qui la transmet au vénérable. Cette discipline impose le respect du discours de l'autre. Après quarante et une années passées en loge, je demande d'ailleurs de moins en moins souvent la parole. Je considère que beaucoup de frères ont des choses à dire au moins aussi intéressantes que les miennes. Ma meilleure œuvre maçonnique, je l'ai accomplie dans ma vie quotidienne, dans ma vie professionnelle. Je sens que mes collègues m'apprécient, qu'ils m'aiment bien. Je sais que je ne serais pas le même si je n'avais pas été franc-maçon. »

Max Verdone se sent à des années-lumière des tracasseries politiciennes des grandes obédiences, de leurs rivalités. Certaines sont plus libérales que d'autres, mais il n'y a, pour lui, qu'une franc-maçonnerie : celle qui, toutes loges confondues, accueillit par exemple dès 1976 à Grenoble des enfants de frères libanais pour leur permettre de suivre une scolarité normale. « Ce sont des familles entières de frères grenoblois, dit Verdone, qui se sont impliquées en les hébergeant. En pension complète, et parfois pendant des années. C'est aussi cela, agir en dehors du Temple. »

Trop idyllique ? Ils sont pourtant des milliers, comme lui, qui viennent en loge pour se former sur un plan personnel afin de pouvoir mieux agir à l'extérieur. Sans préoccupation carriériste, sans arrière-pensée électoraliste ou mondaine. « A Angers, cela pouvait au contraire jouer contre moi, note François Delacroix, qui fut directeur de cabinet du maire, le très catholique Jean Monnier. Le conseil municipal ne comptait aucun franc-maçon. Quand j'allais aux tenues, c'était toujours en cachette. » Devenu depuis directeur de cabinet du maire de Montpellier, il continue d'être discret. Pas pour se cacher de son patron Georges Frèche, souvent présenté — à tort — comme un maçon : plutôt pour éviter de mélanger les genres, et d'avoir à répondre à quelques sollicitations importunes. La solidarité bien comprise a ses limites. Et puis, aussi, pour ne pas donner corps aux relents d'antimaçonnisme qui trouvent souvent un terreau propice en province : « Jean-Claude Martinez, au nom du Front national, est allé jusqu'à nous accuser d'avoir imposé un logo maçonnique à la Ville, s'indigne Delacroix. Notre logo ? Un " M " sur fond bleu, réalisé par des gens du groupe Séguéla ! Et nous n'avons d'ailleurs pas abandonné l'ancien emblème de Montpellier, puisque nous utilisons toujours la traditionnelle Vierge à l'Enfant en matière de communication. »

A Montpellier, nous avons aussi rencontré André Lévy, nutritionniste, professeur de médecine, adjoint au maire chargé des affaires culturelles. Maçon du 32e degré, frère de la Grande Loge de France. Il est entré en politique — en l'occurrence à la SFIO — avant de s'engager en maçonnerie. Mais il pense que « peu importe le lieu où le maçon œuvre pour améliorer la société, que ce soit au plus haut ou au plus bas niveau ».

« J'ai exercé la médecine de soins, dit-il. La franc-maçonnerie m'a apporté beaucoup dans ma pratique. Elle m'a appris à considérer l'homme qui souffre avant le cas clinique. » La solidarité ? « Oui, bien sûr ! Quand je reçois un coup de fil d'un frère pour me prévenir qu'un de nos frères — que je ne connais pas — est hospitalisé, j'appelle toujours le chef du service concerné pour m'assurer qu'il soit bien traité. Je m'arrange pour qu'il dispose d'une bonne chambre, je vais lui rendre visite tous les deux ou trois jours. Mais il s'agit là de fraternité, pas de copinage. Un frère, qui était aussi un ami, est par exemple venu chez moi pour tenter d'obtenir l'agrégation : il n'est pas devenu agrégé pour autant. »

Que la franc-maçonnerie corresponde aussi en province à un réseau d'amitiés n'est pas douteux. Les frères ne s'y retrouvent pas qu'en loge, tous les quinze jours, mais aussi au cours des soirées mondaines qui réunissent médecins, avocats, architectes ou commerçants de la ville. C'est là, autant qu'en atelier, que se nouent les relations, avec un avantage supplémentaire : elles sont cette fois interobédientielles. C'est naturellement que l'on fait appel au frère avocat pour plaider un dossier, au frère artisan pour restaurer un meuble... ou au frère commissaire pour faire sauter une contravention. « Ils se tiennent les coudes », dit la *vox populi*. Beaucoup plus simplement, ils se connaissent. Et s'entraident, à ce titre, comme pourraient s'entraider « dans le civil » les joueurs d'une équipe de rugby. « Un coup de téléphone suffit », confiait à *l'Express* en octobre 1988 un franc-maçon de Périgueux. « Tous assurent qu'ils ne se mêlent pas de politique, commentait Bernard Mazières, auteur de l'article. Mais tous font comprendre d'un air entendu qu'à la mairie, et surtout au conseil général, ils ont des frères haut placés. Dans l'opposition comme dans la majorité. Et d'expliquer que si la modernisation de l'axe routier Périgueux-Bordeaux et l'élargissement des ponts de la ville se réalisent, ils n'y sont pas étrangers. »

Tout cela favorise l'émergence d'un réel pouvoir de la maçonnerie au cœur des provinces. Aucune obédience ne se reconnaîtra élitiste. Mais les membres du GO, de la GLF, de la GLNF sont presque invariablement membres de *l'establishment*, et appelés à figurer en bonne place dans les conseils municipaux. Comment pourrait-il en être autrement ? Comment prétendre agir sur la société sans avoir la tentation d'être acteur dans la cité ?

Nombre de villes ont — ou ont eu dans un passé très proche — un franc-maçon comme premier magistrat. A Chartres, le maire s'appelle Georges Lemoine, ancien secrétaire d'État aux DOM-TOM, frère du Grand Orient. A Lens, c'est André Delélis, ministre du Commerce et de l'Artisanat en 1984, frère de la Grande Loge. A Épinay-sur-Seine, c'est Gilbert Bonnemaison, frère du Grand Orient. A Angoulême, c'était Jean-Michel Boucheron, jusqu'à ce que l'on découvre ses malversations. Il a été exclu du PS, il est en fuite en Argentine où il s'est reconverti dans la restauration. Le Grand Orient l'a suspendu. A Nice, c'était Jacques Médecin, un autre exilé... et un « faux frère » pour la majorité des francs-maçons français, en raison des étranges valeurs qu'il défendait, plus que des conditions particulières de son initiation, pratiquée dans une loge américaine. A Créteil, c'est Laurent Cathala, député PS du Val-de-Marne, frère du Grand Orient. A Lorient, c'est Jean-Yves Le Drian, ancien secrétaire d'État à la Mer, ami de Michel Reyt et inculpé, comme lui, dans l'affaire des fausses factures de la Sages. D'autres ? Christian Dupuy, maire RPR de Suresnes, membre de la Grande Loge ; André Rossinot, frère du Grand Orient, successeur à la mairie de Nancy de Marcel Martin (lui aussi franc-maçon), et bien sûr ministre des Relations avec le Parlement de Jacques Chirac, ministre de la Fonction publique sous Édouard Balladur ; Patrick Devedjian, maire RPR d'Antony ; André Santini, maire UDF d'Issy-les-Moulineaux ; Charles Ceccaldi-Raynaud, maire RPR de Puteaux ; Jacques Maroselli, maire de Luxeuil ; André

Labarrère, maire PS de Pau ; Jacques Santrot, maire PS de Poitiers ; Yvette Roudy, maire PS de Lisieux ; Jean-Pierre Soisson, maire d'Auxerre ; Françoise Gaspard, ex-maire PS de Dreux ; Alain Rodet, maire PS de Limoges ; Michel Mouillot, maire UDF de Cannes ; Didier Bariani, maire UDF du 20e arrondissement de Paris ; Manuel Diaz, ex-maire de Millau, adjoint au maire de Paris ; Jeanny Lorgeoux, maire PS de Romorantin ; Georges Fontès, ex-maire RPR de Béziers, ancien secrétaire d'État et ancien candidat à la grande maîtrise du GO... La mairie est parfois un gros village : Saint-Coulis, en Bretagne, le fief municipal de Kofi Yamgnane, La Groutte, dans le Cher, dont Roger Fajardie était l'élu. Mais ce qui importe, comme le dit André Lévy, n'est-ce pas d'agir, que ce soit « au plus bas ou au plus haut niveau » ?

Certaines régions sont plus « marquées » que d'autres par la présence maçonnique. C'est le cas du Sud-Ouest, du Sud-Est et du Nord, hauts lieux du radicalisme ou fiefs de la SFIO, dont les représentants furent toujours proches des temples. A l'inverse, la Bretagne catholique compte peu de frères. Tous les départements français, en tout cas, possèdent leurs loges. La Corse est à elle seule un cas particulier : 22 loges, 700 francs-maçons sur cette ancienne terre vaticane. *L'Événement du Jeudi* s'interroge, en juillet 1991 : la franc-maçonnerie corse n'est-elle pas « en passe de devenir la principale force politique (au sens étymologique du terme) de l'île ». L'hebdomadaire évoque au passage l'influence des loges en faveur du projet Joxe sur la Corse, défendu par des frères de tous les bords de l'échiquier politique : l'UDF José Rossi, adjoint au maire d'Ajaccio et président du conseil général de la Corse du Sud ; le premier secrétaire de la fédération socialiste de Haute-Corse Laurent Croce, adjoint au maire de Bastia ; le vice-président RPR de l'assemblée corse Henri Antona. « Cette émergence, *a priori* bénéfique, ne risque-t-elle pas d'enfanter un nouveau clan ? » se demandait *l'Événement*.

Les grandes villes françaises sont rarement dirigées par un maire franc-maçon. Ni Paris, ni Marseille, ni Lille, ni Toulouse, ni Lyon, notamment, ne le sont. Ce qui ne signifie pas, loin de là, que les obédiences y sont moins influentes. A Marseille, où les loges se caractérisent tout comme la ville par leur cosmopolitisme, le Grand Orient compte plus de 1 500 frères et la Grande Loge plus de 1 000. On y rencontre, fraternellement unis, des Arméniens, des Grecs, des Turcs, des Arabes et des Espagnols : « La tolérance trouve là un excellent terrain d'exercice », note un maçon marseillais. Et quelques frères, personnalités politiques importantes, ont joué leur rôle dans le département, à l'exemple de Daniel Matalon, l'ancien député SFIO de Marseille, disparu en 1987 : membre de la Grande Loge, il avait été battu de justesse par Gaston Defferre aux municipales de 1965. On peut citer encore Bastien Leccia, sénateur des Bouches-du-Rhône, compagnon de route de François Mitterrand depuis l'époque de l'UDSR, Charles Bonifay, lui aussi sénateur PS des Bouches-du-Rhône et président de la fraternelle parlementaire en 1986, ou encore Michel Vauzelle, initié à « La Nouvelle Jérusalem » de la Grande Loge. Avocat, chargé de mission auprès de Jacques Chaban-Delmas de 1969 à 1972, il fut ensuite directeur adjoint du cabinet de François Mitterrand à l'Élysée et son porte-parole, puis député des Bouches-du-Rhône en 1986, et enfin garde des Sceaux. Michel Vauzelle — qui est aussi le gendre de Jacques Fauvet, ancien directeur du *Monde* — a aujourd'hui renoncé à toute activité maçonnique.

A Lille, c'est encore différent. Si Pierre Mauroy a pu — et peut encore — faire figure de « maçon sans tablier », ce n'est pas seulement au titre de son parcours personnel (entamé dans l'ombre tutélaire de Guy Mollet) ou au nom des valeurs qu'il défend, celles de nombreux francs-maçons. C'est aussi, et surtout, parce qu'il a toujours été entouré d'une garde rapprochée issue des loges. Marceau Frison, par exemple : ce professeur de philosophie, « grand argentier » de la mairie de Lille et de la section du PS, fut maire délégué durant tout le séjour de Pierre Mauroy à Matignon. Grand vénérable du Grand Orient, il a su jouer en toute discrétion un rôle capital dans la vie politique locale. Au point que l'on a pu voir en lui le « véritable patron » de la ville... Claude Catesson, ensuite : membre de la Grande Loge, adjoint au maire de Lille depuis 1971, secrétaire national du MRG en 1975, conseiller régional du Nord la même année, puis président de la Caisse nationale de l'Industrie en 1986. Et enfin Pierre Dassonville, frère du Grand Orient, adjoint au maire de Lille en 1973, et suppléant de Mauroy à l'Assemblée nationale en 1981. Un frère pour le représenter à la mairie, un autre pour tenir sa place au Parlement : le Premier ministre pouvait-il accorder plus de gages aux deux principales obédiences ?

Sans conteste, le cas de Lyon apparaît pourtant le plus exemplaire. Lyon la secrète, la catholique et la rebelle. Lyon, la ville de tous les mystères, de tous les clans, de toutes les associations : « La seule au monde, probablement, à pouvoir se vanter de compter un porteur de drapeau de l'association des porteurs de drapeaux, s'amuse Pierre Mérindol, longtemps grand reporter au *Progrès de Lyon* et figure de la presse française. Ici, à partir de 40 ans, tout le monde est président de quelque chose, dit-il. Et tout le monde se cache, que ce soit pour parler de politique ou pour faire la fête. On dissimule même le titre du journal qu'on lit. Lyon a depuis toujours une propension au secret, un véritable réflexe d'autodéfense par rapport à l'extérieur. » Et par rapport à l'Église, si longtemps toute-puissante ici, si prompte à excommunier. Un terreau de choix, en tout cas, pour le développement entre Saône et Rhône d'une franc-maçonnerie puissante, organisée, influente. On l'ignore, mais c'est à l'initiative et sur proposition d'une loge de la région — la « Fraternité progressive » de Villefranche-sur-Saône — que le Grand Orient de France supprima en 1877 toute référence au Grand Architecte de l'Univers, prélude au grand combat pour la laïcité. Depuis plus d'un siècle, les temples ont été impliqués dans la vie politique... même si aucun des maires de Lyon ne fut maçon depuis 1905.

Edouard Herriot ? On l'a cru, on l'a dit, on l'a écrit. Il faut admettre qu'il pouvait passer pour l'archétype du frère du Grand Orient, lui le leader radical d'une Chambre des députés qui comptait régulièrement près de 250 élus maçons sous la Troisième République. Sollicité sur le tard, il ne le fut jamais. Parce que, dit-on, deux loges se disputaient son initiation, parce qu'il aurait trouvé « outrageant », à son âge, de devenir « apprenti », d'être « sur les colonnes », obligé de se taire pendant un an et de devoir ensuite « se mettre à l'ordre », la main sur le cœur, pour parler. Son prédécesseur, Victor Augagneur le fut. Mais pas Louis Pradel, qui succéda à Herriot. Ni Francisque Collomb, qui aurait été refusé, disent les méchantes langues. Ni, aujourd'hui, Michel Noir. Et pourtant...

La prise de la mairie par Francisque Collomb fut une construction d'origine maçonnique. A la mort de Louis Pradel, tout s'est joué en loge pour organiser la succession. Avant de disparaître, le maire a reçu la visite de deux frères du Grand Orient, et non des moindres. Le premier a pour nom Napoléon Bullukian, extravagante figure de l'*establishment* lyonnais. Chassé d'Arménie à l'âge de 10 ans, à l'époque du génocide de 1915-1916, vendu comme esclave, sauvé par un orphelinat américain... Il s'est un jour échappé, a été berger, a traversé la Syrie et le Liban avant de s'embarquer pour Marseille, puis a gagné Lyon où il a amassé une fortune considérable. Il a été ouvrier, puis chef de chantier dans le bâtiment et, enfin, entrepreneur. Il est déjà riche, en tout cas, lorsque éclate la Seconde Guerre mondiale. Il le sera plus encore après la Libération. Fort des amitiés qu'il a nouées pendant l'Occupation en participant activement au mouvement de résistance « Le Coq enchaîné » — animé par de jeunes radicaux et francs-maçons —, il est désormais un proche de Herriot, puis de Pradel. Bullukian obtient des chantiers de plus en plus nombreux, crée des sociétés, organise de folles fêtes où il convie toute la bonne société lyonnaise. Pierre Mérindol, qui l'a bien connu jusqu'à sa mort, en 1984, raconte comment cette extraordinaire réussite matérielle s'explique en partie par des amitiés privilégiées. « Dans la pièce consacrée au rite de sa résidence " la Malmaison ", à Champagne-au-Mont-d'Or, écrit-il, le milliardaire avait d'ailleurs placé à côté de l'équerre et du compas les portraits des deux maires [Herriot et Pradel]. Il fallait prendre ça comme des ex-voto *. »

Dans l'entourage immédiat de Napoléon Bullukian, on trouve le grand avocat Johannès Ambre, lui aussi frère du Grand Orient, et accessoirement adjoint au maire de Lyon, chargé des affaires culturelles. Ambre est le conseil du milliardaire, mais les deux hommes sont unis par d'inextricables liens, en dehors même de leur commune appartenance à la franc-maçonnerie et au Parti radical. Ils dérangent la société lyonnaise : l'un parce qu'il se sent à jamais « métèque », comme il le dit, et tout juste « toléré » en dépit de son pouvoir, de son entregent, de ses largesses ; l'autre parce qu'il est l'avocat du « milieu », de « Monmon » Vidal notamment, triste héros du fameux « gang des Lyonnais » dont il ne répugne pas à se dire « l'ami », et du clan Zemmour. Tous deux sentent le soufre. Johannès Ambre n'en est pas moins, en ces années 80, président de la fédération du Rhône du Parti radical, même si ce dernier n'est plus que l'ombre de la formation politique qui faisait et défaisait les gouvernements de la Troisième République.

Ce n'est pas l'avocat, pourtant, qui accompagne Napoléon Bullukian le jour de sa visite à Louis Pradel qui n'est plus maire pour bien longtemps : c'est un autre frère du Grand Orient, le docteur Albert Ladret, auteur remarqué d'une étude sur la franc-maçonnerie à Lyon au XVIIIe siècle, et dignitaire de son obédience. L'objet de la visite ? Suggérer au maire sortant — il est sur son lit de mort — de désigner Francisque Collomb pour successeur.

Tout ce qui compte dans la franc-maçonnerie lyonnaise joue la carte Collomb. Johannès Ambre, bien sûr. Et un

* *Lyon, le sang et l'encre*, Alain Moreau, 1987.

autre avocat franc-maçon, qui fut stagiaire dans son cabinet : André Soulier, qui vient de démissionner du Parti socialiste, bientôt premier adjoint d'une municipalité UDF. Étrange itinéraire, en vérité : ami de Pierre Mendès France, intime de François Mitterrand, secrétaire général de la Convention des institutions républicaines, et donc proche de Charles Hernu... C'est au moment du Programme commun que Soulier a amorcé son virage politique. Collomb, lui, n'est pas maçon. Mais il importe de barrer la route à un autre candidat, Jacques Soustelle, en l'occurrence. L'ancien compagnon du général de Gaulle, fondateur avec lui du RPF (Rassemblement du Peuple français) en 1947 et plus tard nommé gouverneur général de l'Algérie par Pierre Mendès France, l'ancien proscrit poursuivi pour atteinte à la sécurité de l'État en raison de ses prises de position en 1962, est en effet rentré en France au terme d'un exil de huit ans. En 1968, amnistié, il est devenu conseiller municipal de Lyon, puis député réformateur du Rhône. Soustelle à la mairie ? Les loges n'en veulent à aucun prix. Collomb sera élu.

En ces années 80, les loges gagnent sans cesse du terrain entre Saône et Rhône. Le Grand Orient, qui a son temple rue Garibaldi, en compte bientôt onze à Lyon : les « Amis des hommes », les « Amis de la Vérité », les « Chevaliers du Temple et du Parfait Silence », « Bienfaisance et Amitié », « Union et Liberté », « Paix et Lumière » (autrefois baptisée « Simplicité et Constance »), « L'Asile du Sage », « Espérance et Fidélité »... La Grande Loge de France, installée rue Franklin, bientôt six, notamment « Tolérance et Cordialité » et « Solidarité lyonnaise ». Six également — dont « Sophia » et « L'Arche de Vie » — pour la Grande Loge féminine de France, dont la création ne remonte pourtant qu'à 1948. Trois pour la Grande Loge nationale française, la moins impliquée dans la vie politique locale : « La Bienfaisance », « Lugdunum 44 » et « Héliopolis ». Une au moins pour le Droit humain : « Solidarité et Concorde. » Une, enfin, pour la Grande Loge nationale française Opéra : la loge « Jean-Baptiste Willermoz », qui réunit trente des quatre cents membres français de cette petite obédience. La franc-maçonnerie gagne du terrain numériquement, elle en gagne aussi géographiquement, en cette époque du règne de Charles Hernu sur la mairie de Villeurbanne. L'arrivée de cet ancien vénérable de la loge parisienne « Locarno » est faite, il est vrai, pour réalimenter tous les fantasmes. Georges Vinson, député-maire de Tarare, n'est-il pas lui aussi franc-maçon, issu de la même loge que Guy Penne et Charles Hernu ? N'a-t-on pas fait appel à un vénérable de la loge « Union et Liberté », le journaliste Bernard Frangin, pour présider le comité de soutien à la candidature de François Mitterrand à l'élection présidentielle de 1981 ? Frangin, l'*alter ego* de Mérindol au *Progrès de Lyon* est certes, par sa plume, un personnage qui compte. Mais c'est son appartenance au Grand Orient qui lui vaut cette nouvelle casquette : « J'avais été contacté par Mermaz, raconte-t-il. Je m'étais étonné : " Mais je ne suis pas militant ! Est-ce qu'il faut que je m'inscrive ? " En fait, ça leur était égal. Ça leur permettait de ratisser plus large. »

Quand vient le temps des élections municipales de 1983, un *outsider*, le trop jeune Michel Noir — le « grand fifrelin », comme l'a baptisé Francisque Collomb —, s'étonne imprudemment de l'importance de la franc-maçonnerie dans la vie politique locale. C'est un défi, en tout cas une faute de goût, et Noir est défait sans appel, face à Collomb qui paraît désormais inamovible.

Quand meurent la même année, en 1984, Napoléon Bullukian puis Johannès Ambre, on cherche par qui remplacer le président de la fédération du Rhône du Parti radical. On pense alors à André Soulier — également avocat, également franc-maçon — mais celui-ci décline l'offre. Reste... le sémillant et très riche Jean-Charles Lignel, héritier d'une grande famille de la ville et depuis peu patron du *Progrès*. Il est soutenu par le vice-président national du Parti radical, le Lyonnais Robert Batailly.

Batailly est franc-maçon de manière ostentatoire : il arbore volontiers la feuille d'acacia à la boutonnière ou le compas sur sa cravate. Lignel, lui, ne l'est pas... Ce n'est pas faute d'avoir essayé, mais il a été « blackboulé » lors de sa candidature. Cela ne semble pas être rédhibitoire, en tout cas, pour le frère André Rossinot, président national des radicaux, qui, consulté, s'en remet à la décision de la fédération du Rhône. Celle-ci adoubera Lignel le 9 octobre 1984. Mais l'aventure durera tout juste huit mois, au terme desquels le patron du *Progrès*, lâché par Batailly et Rossinot, sera contraint de démissionner avec éclat.

En ces années, les Lyonnais commencent à lever le voile sur leur appartenance maçonnique. En témoignent les avis de décès dans la presse, signalant, selon une tradition renaissante, les « passages à l'Orient Éternel » des frères disparus : « Gémissons, gémissons, espérons... » Les loges ont-elles remporté la grande bataille qui les oppose depuis toujours à « la Colline », comme disent les Lyonnais, pour évoquer l'archevêché juché au sommet de Fourvière ? L'histoire de la visite du pape entre Saône et Rhône, en octobre 1986, n'a pas fini de faire rire, du côté des quartiers populaires de la Croix-Rousse et autour du temple de la rue Garibaldi. Qu'un directeur départemental des polices urbaines franc-maçon ait dû jouer les anges gardiens du Saint-Père, passe encore. Pour être frère du Grand Orient, on n'en est pas moins fonctionnaire, et la laïcité bien comprise est le contraire de l'intolérance. Mais que les trois principaux responsables, ce jour-là, de la protection rapprochée du pape aient pu être également des « fils de la Veuve », cela pouvait, en effet, apparaître comme une joyeuse plaisanterie. Dieu merci, il n'y eut pas d'attentat ! On en profita pour aller fêter l'événement par des « agapes » improvisées. Et peut-être même chez les excellents restaurateurs maçons Christian Bourillot, place des Célestins, ou Gérard Nandron, chez qui Charles Hernu tenait table ouverte.

Les francs-maçons sont si « incontournables » à Lyon qu'on finit par les voir même là où ils ne sont pas. Raymond Barre en sait quelque chose, lui qui se retrouve désigné comme tel sur les murs de la ville lorsqu'il se présente aux législatives de 1986. La rumeur ne s'est pas éteinte quand il figure en deuxième position aux municipales de 1989, sur la liste du maire sortant, Francisque Collomb. Il se garde d'apporter un quelconque démenti. Pense-t-il que cela pourrait lui servir plutôt que le desservir ?

Quant à Michel Noir, c'est bien parce qu'il est « suspecté » d'appartenir aux loges qu'il a, pour mieux se démarquer, dénoncé l'emprise des « fils de la Veuve » sur la mairie. Pour tenter d'annuler l'effet désastreux de ses déclarations, il participe, en 1987, au colloque organisé à Lyon par le Grand Orient sur le thème « Morale et politique ». Il redresse en partie sa cote auprès des francs-maçons. Mais c'est la même année qu'entre dans sa famille un personnage qui va se révéler encombrant : Pierre Botton, époux de sa fille Valérie-Anne, munificent magouilleur, flamboyant mégalomane... et bientôt poursuivi pour faux en écritures, fausses factures, banqueroute, abus de biens sociaux. Le beau-père bénéficie d'abord des largesses du gendre. Et puis, le maire de Lyon se fâche, et Botton s'acharne à le perdre. Pour se protéger et afin d'exploiter le différend qui peut exister entre Michel Noir et les francs-maçons, il fait de l'entrisme auprès des loges. En vain. Aucune ne veut de Pierre Botton, malgré des efforts répétés, à Lyon et ailleurs. Il emploie, un temps, Michel Mouillot, le maire de Cannes, membre éminent de la Grande Loge nationale française. Il espère un renvoi d'ascenseur. L'affaire est près de se conclure à Paris. Il s'en faut d'un sursaut des maçons lyonnais...

Aujourd'hui, Michel Noir ne parvient toujours pas à passer pour un ami des francs-maçons. Il ne les séduit guère, en dépit de ses professions de foi humanistes : « Comment peut-on béer d'admiration devant quelqu'un qui a bâti sa carrière sur le fameux : “ Il vaut mieux perdre les élections que perdre son âme ”, interroge un frère lyonnais du Grand Orient. C'est tout de même une extraordinaire platitude ! C'est comme si quelqu'un venait nous dire : “ Il vaut mieux être honnête que tuer sa mère ! ” Et puis, nous n'oublions pas qu'il était revenu à la charge contre nous en 1989, à peine élu, en se réjouissant “ d'en avoir fini avec cette municipalité maçonne ”. »

En accédant à la mairie, Noir a barré la route à bien des ambitions maçonnes. Celle, retardée, d'André Soulier (qui s'est depuis beaucoup battu pour obtenir le départ de son rival). Celles — plus présomptueuses — de Robert Batailly et André Mure, tous deux candidats sans complexes à la succession de Francisque Collomb. Batailly dut se contenter de la mairie du 8e arrondissement. Mure — neveu par alliance du Dr Ladret — pouvait se prévaloir de ses années d'étroite collaboration avec Johannès Ambre, dont il fut d'ailleurs le successeur au poste d'adjoint à la culture dans la municipalité. UDF, il n'en fut pas moins dans le même temps chargé de mission au ministère de la Culture sous Jack Lang. Et on le lui reprocha, bien sûr, dans les deux camps... Ils n'ont ni les uns ni les autres disparu du paysage politique lyonnais. Batailly, qui s'était fait exclure du comité directeur du Parti radical pour avoir soutenu une candidate RPR aux cantonales de 1989 (après avoir tant œuvré pour Barre), n'a guère tardé, ensuite, à rejoindre Michel Noir. Quant à André Soulier, il attend son heure.

Dans les années Noir, la vie politique lyonnaise a perdu la belle cohérence qui la caractérisait naguère. Il n'y a plus ni gauche ni droite. Le véritable clivage s'opère entre ceux qui soutiennent le maire et ceux qui lui sont hostiles. Les francs-maçons eux-mêmes se cherchent. Sont-ils pour cela moins influents ? Et qui faut-il croire ? Pierre Piovesan, membre du conseil de l'ordre du Grand Orient, lorsqu'il se confie au *Monde* : « Lyon la secrète n'échappe pas aux fantasmes habituels : tout ce qui ne peut pas immédiatement s'expliquer s'expliquerait par les loges. Tout ce qui ne pourrait immédiatement se comprendre se comprendrait sous le maillet du vénérable. [...] Tous les silences ne sont pas maçonniques, toutes les déclarations ne portent pas le sceau de la loge. Certes, les frères lyonnais sont présents dans la vie politique, comme ils le sont dans la vie syndicale, sportive, culturelle ou associative. Mais il ne faut pas croire que la discrétion qu'ils souhaitent relève du non-dit, de l'inavoué, voire de l'inavouable » ? Ou bien Pierre Mérindol lorsqu'il écrit : « Lorsqu'ils en ont fini avec les confidences retenues, les supputations sulfureuses, les informations chuchotées, les on-dit et les non-dit, les Lyonnais qui s'aventurent dans les traboules du pouvoir politique [...] ne se posent plus que deux questions : le cardinal est-il franc-maçon et l'*establishment* existe-t-il encore ? * »

La première question est sans doute provocante, elle n'est pas outrageante. Mgr Decourtray n'a jamais jeté l'anathème sur les loges. Il s'est au contraire battu en leur compagnie. Il participa, en 1991, avec Michel Barat, grand maître de la Grande Loge de France, à l'appel lancé par treize personnalités pour le respect de la règle fondamentale de la laïcité et contre le rejet de l'étranger. Mais pour répondre à l'excellent Pierre Mérindol, le cardinal n'est pas maçon. Et l'*establishment* pourrait bien connaître encore de belles heures : celles de l'après-Noir et du retour en force des loges à l'hôtel de ville.

* *Lyon, le sang et l'encre, op. cit.*

II

Les moutons noirs

« Nous ne pouvons pas empêcher que des gens se servent de la franc-maçonnerie pour réaliser des magouilles politiques ou financières... » De qui est ce constat ? D'un ancien grand maître adjoint du Grand Orient, Patrick Kessel. Le Dr Simon, ancien grand maître de la Grande Loge, ne dit pas autre chose : « Tout temple a ses marchands. »

C'est ainsi : la franc-maçonnerie est une société humaine. Pas plus qu'une autre, elle ne saurait être à l'abri des dérapages de certains de ses membres. Elle subit comme tout autre groupe les dégâts causés par ses « moutons noirs ». Mais, à la différence de beaucoup d'autres, elle est une société initiatique. Chaque « bavure » renforce les fantasmes de ceux qui sont, par avance, disposés à la condamner sans preuves.

Les années Mitterrand ont été néfastes aux francs-maçons, régulièrement présents dans les scandales politico-financiers qui ont émaillé les deux septennats : Carrefour du développement, Urba, Pechiney, la Sages, la faillite de la ville d'Angoulême, les déboires du maire de Cannes... Beaucoup de grain à moudre, au total, pour les tenants du « complot judéo-maçonnique », prompts à accuser les loges et à oublier que les frères inculpés l'étaient souvent en tant que militants à la recherche de financements politiques obscurs.

L'affaire Carrefour du développement éclate en avril 1986, lorsque Michel Aurillac, ministre de la Coopération du gouvernement Chirac, révèle l'existence d'un « trou » de plus de dix millions de francs dans la comptabilité de cette association jusque-là inconnue du grand public. Elle a vécu, en fait, un peu moins de trois ans puisque, déclarée en 1983 au titre de la loi de 1901, elle a été dissoute en janvier 1986. Elle affichait de louables intentions : sensibiliser l'opinion aux problèmes du tiers monde, lutter contre la misère africaine en particulier... Carrefour était en réalité un outil camouflé du ministère de la Coopération, alors dirigé par Christian Nucci. Pourquoi se doter d'une structure privée pour mener à bien une mission publique, subventionnée par des fonds publics ? Pour échapper, bien sûr, à la rigueur des contrôles publics ! Le procédé n'a rien d'original, et d'autres ministères l'ont utilisé pour pouvoir répondre de manière efficace à des besoins urgents sans être freinés par de contraignantes formalités administratives.

Rien, donc, de scandaleux au moment de l'apparition de Carrefour du développement, qui ne suscite d'ailleurs aucune curiosité particulière. Le ministère de la Coopération entretient des dizaines d'associations, plus ou moins liées à son action. Cette fois, pourtant, la manœuvre ne s'embarrasse pas de fioritures : Yves Chalier, le chef de cabinet de Christian Nucci, est le trésorier de l'association. Il organise lui-même, à partir du ministère, le déroulement des échanges culturels avec les pays africains. C'est ainsi, par exemple, que le Ballet national du Bénin se voit octroyer 500 000 francs pour venir se produire en France, tandis que les Ballets guinéens reçoivent dans les mêmes conditions 2,7 millions de francs. Le grand dérapage se produit en 1984 au moment du sommet de Bujumbura, la capitale du Burundi chargée d'accueillir la traditionnelle rencontre entre le président de la République et les chefs d'États africains francophones.

François Mitterrand l'a voulu ainsi, sans se soucier des obstacles qui n'ont pas manqué de lui être exposés : Bujumbura ne dispose ni d'un aéroport international ni d'une infrastructure hôtelière adaptée à une telle circonstance. Les télécommunications y sont embryonnaires, les services publics inexistants. Qu'importe : l'Élysée a tranché et Guy Penne, conseiller de François Mitterrand pour les affaires africaines et malgaches, a indiqué que le président n'entendait pas se déjuger. La France aidera donc le Burundi en principe jusqu'à hauteur de 15 millions de francs. Christian Nucci sera chargé de « faire le nécessaire », grâce aux crédits dispensés par le Fonds d'aide et de coopération. Yves Chalier deviendra le véritable maître d'œuvre de l'opération.

« On » lui a demandé de « se débrouiller »... « On » ne va pas être déçu ! Commence alors la valse des dépenses les plus folles, des gaspillages les plus éhontés, des détournements les plus audacieux. « Tantôt, affirme François de Closets, il faut remplacer des voitures " cannibalisées " par les populations locales, et tantôt organiser un bordel pour que le congrès puisse s'amuser, tantôt il faut satisfaire des envies d'huîtres en plein cœur de l'Afrique et tantôt lancer des barbouzes contre les agents libyens qui pourraient fomenter des attentats.[...] La France en rajoute sur l'impudeur gaspilleuse des élites africaines. Elle organise un véritable pont aérien pour acheminer le nécessaire et le superflu à ce Camp du Drap d'Or médiatique au cœur d'un pays misérable. A ce jeu, la facture ne cesse de monter. Mauroy l'a laissée à 22 millions. Fabius la retrouve bientôt à 34 puis à 49. C'est toujours insuffisant. A l'arrivée, on aura dépensé 67,2 millions ! [...] 17 ont suivi des procédures à peu près régulières, les 50 millions restants ont transité par Carrefour du développement*. » Or, 18 de ces 50 millions s'avéreront « dépourvus de toute signification » selon la Cour des comptes.

Le 26 mai 1986, Michel Aurillac dépose une plainte contre X. La suite est encore dans toutes les mémoires, des tribulations brésiliennes de Chalier muni de son vrai-faux passeport, aux ahurissantes révélations sur les détourne-

* *Tant et plus !* Grasset-Le Seuil, 1992.

ments de fonds opérés au profit de bien étranges associations. Quand il ne s'agissait pas de financer des campagnes électorales...

Marie-Danièle Bahisson, sous-préfet du Cher et ancien chef de cabinet d'Yvette Roudy, est inculpée en juin : on lui reproche d'avoir participé au montage financier qui a permis le versement de 6 millions de francs par Carrefour du développement à Promotion française, association qu'elle animait en compagnie de Chalier et qui avait officiellement pour vocation de former des cadres africains. Il se trouve que Promotion française a consacré 1 de ces 6 millions à l'achat du château d'Ortie, en Sologne. Ce château a bientôt été revendu à une société civile immobilière dont les deux seuls actionnaires avaient noms Yves Chalier et Marie-Danièle Bahisson. Une hôtesse de l'air est ensuite poursuivie pour recel d'abus de confiance : Chalier, dont elle était l'amie, lui a offert un studio aux frais de Carrefour. Un imprimeur de Beaurepaire (Isère) fait l'objet de la même inculpation pour de tout autres raisons. Il a reçu 500 000 francs pour la réalisation d'affiches électorales commandées par son maire : Christian Nucci. Il reconnaît avoir également établi de fausses factures au profit de Promotion française. Des fausses factures, il en sort de partout dès l'instant où la justice met le nez dans les comptes de Carrefour. Sans parler des faux en écritures publiques ou en écritures de commerce... Chalier, accablé par son ministre autant que par les faits, sera condamné à cinq ans de réclusion. Nucci, lui, bénéficiera d'une providentielle amnistie. De nombreux francs-maçons se sentiront humiliés par le comportement de leurs frères impliqués dans le scandale.

L'ancien ministre de la Coopération est un initié du Grand Orient. On chuchote même qu'il aurait été parrainé par son ancien chef de cabinet, Chalier... à une époque où les deux hommes nourrissaient des sentiments plus fraternels qu'aujourd'hui. Yves Chalier tente de se mettre à l'abri derrière un autre frère du Grand Orient à plusieurs reprises au cours de l'instruction : Guy Penne. Le conseiller du président en personne, affirme Chalier, lui aurait donné pour mission de « se débrouiller », au début de l'opération Bujumbura.

Penne aurait aussi donné son feu vert pour la création de Promotion française ainsi que pour l'achat du château d'Ortie, « décidée au cours de deux petits déjeuners à l'Élysée ». Il aurait lui-même, toujours selon Chalier, bénéficié des largesses de Carrefour, puisque l'association aurait financé la réception de plusieurs ambassadeurs d'Afrique à Sainte-Cécile-les-Vignes, le village du Vaucluse dont Guy Penne est le maire. Les accusations tournent court. Penne les réfute en bloc et précise, en particulier, qu'il a bénéficié, pour le week-end de Sainte-Cécile, « d'une subvention donnée par le ministère de la Coopération ». S'il n'est pas davantage inquiété, le mal est fait. La franc-maçonnerie n'avait pas besoin de cela.

Les francs-maçons nourrissent de la rancœur envers Christian Nucci. « Il est indéfendable, nous a dit un dignitaire du Grand Orient. C'était un petit instituteur qui n'avait pour lui que d'être beau garçon. Il s'est retrouvé au gouvernement par hasard, aussitôt entouré d'une bande de voyous. Nous n'avons rien de commun avec des gens comme lui. » Exit Nucci, trop tôt passé au gouvernement, trop tard initié (il était déjà ministre) pour être reconnu « comme tel » par ses frères maçons. On soupçonne parfois ceux qui frappent si tard à la porte du temple de ne chercher qu'à se constituer dc nouveaux appuis. Avec parfois quelque raison...

Mise à mal dans l'affaire Carrefour du développement, la franc-maçonnerie l'est à nouveau dans le scandale « Pechiney-Triangle », en 1988. Dans ce délit d'initiés se retrouvent impliqués l'ami lc plus intime de François Mitterrand, Roger-Patrice Pelat, l'ancien directeur de cabinet de Pierre Bérégovoy, Alain Boublil, un financier libanais proche de tous les pouvoirs, Samir Traboulsi, et le financier du Parti socialiste : Max Théret, ancien trotskiste, ancien patron du *Matin de Paris*, ancien patron — et fondateur — de la FNAC. Théret est d'ailleurs doublement « initié » : au Grand Orient avant de l'être, aux termes de la loi, dans le scandale qui s'annonce. Il y a encore, en marge, Harris Puisais, ex-collaborateur de Pierre Mendès France au Parti radical, puis au PSA et au PSU, cadre chez Saint-Gobain avant d'être chargé de mission auprès du ministre des Relations extérieures Claude Cheysson en 1981. Un franc-maçon, lui aussi. Proche de Michel Baroin, de Max Théret, de Charles Hernu et de Roger-Patrice Pelat, Harris Puisais exerce en outre une véritable influence sur le ministre de l'Économie et des Finances, Pierre Bérégovoy, dont il est le meilleur ami.

Les faits ? L'achat en 1988 du groupe américain Triangle — n° 1 mondial de l'emballage en aluminium — par Pechiney a permis à ces proches du pouvoir socialiste de réaliser en toute illégalité plusieurs dizaines de millions de francs de plus-values. Grâce à une information confidentielle, ils ont en effet pu devancer l'annonce officielle du rachat et acquérir des actions au cours le plus bas, pour les revendre au plus haut une semaine plus tard. Cela tombe sous le coup de la loi.

La Securities and Exchange Commission (SEC) de New York, l'équivalent de notre Commission des opérations en Bourse (COB), lève le lièvre en détectant des mouvements anormaux sur le titre Triangle. La manœuvre manque de discrétion : de 3 000 titres échangés chaque jour sur cette valeur, on est passé à plus 200 000 en une semaine ! D'où l'initiative de la SEC, qui prévient la COB, et bientôt la découverte du nom des acheteurs des actions miraculeuses.

Que Roger-Patrice Pelat figure au premier rang des initiés n'a rien pour plaire à son ami le président dont on ressort fort à propos la fameuse condamnation de « l'argent qui corrompt, l'argent qui achète, l'argent qui écrase », cet « argent roi qui ruine et qui pourrit jusqu'à la conscience des hommes ». Tout le régime socialiste se retrouve éclaboussé par l'affaire. Qui a informé Pelat ? C'est la question. Journalistes et enquêteurs passent au crible la liste des invités de la réception privée offerte par Pierre Bérégovoy au restaurant « Chez Edgard », au moment même des dernières négociations entre Triangle et Pechiney. Pelat était là, en compagnie de Traboulsi, représentant en Europe du groupe Triangle.

Interrogé, l'ami du président reconnaît avoir acheté 10 000 actions Triangle. Il se défend en précisant qu'il l'a fait « au vu et au su de tout le monde », en affirmant « de la manière la plus formelle » que ni lui ni son entourage n'ont passé d'ordres d'achats par l'intermédiaire de sociétés écrans. C'est un mensonge. Mais on ne le saura qu'après sa mort, d'une crise cardiaque en mars 1989. Il est établi qu'il avait en réalité acquis 20 000 actions supplémentaires en Suisse. Par l'intermédiaire d'une société écran. Réalisant, au total, une plus-value supérieure à 6,5 millions de francs.

Max Théret, lui, a acheté 32 300 actions, avec son associé, Robert Reiplinger. Plus-value : près de 9 millions de francs. Qui l'a informé ? Probablement Pelat lui-même, mais il le niera toujours, prétendant s'être fié à son flair. Il avait compris, dit-il, la nécessité d'investir dans le secteur de l'emballage. Il prétend s'être décidé à acheter du Triangle au cours d'un voyage aux États-Unis, en septembre 1988. Ses preuves ? Quelqu'un peut en témoigner : il voyageait en compagnie de Jean-Louis Pétriat, à cette époque patron de la GMF et de la FNAC. Mais les sentiments fraternels de Pétriat, lui aussi membre du Grand Orient, ne l'emportent pas sur son code de l'honneur. Il ne se prête pas au jeu, il n'accrédite pas la fable. Car c'en est une.

Au procès de juillet 1993, l'argumentation fait long feu lorsque la présidente du tribunal de Paris lit l'enregistrement des conversations téléphoniques du courtier de Théret et Reiplinger. Celui-ci, comme le note Laurent Greilsamer dans *le Monde* du 6 juillet, « s'offrait le luxe insolent de transmettre un ordre d'achat, par tranches de 3 millions de francs, sur le titre Triangle dont il ne connaissait précisément ni le code ni le nom : “ Achète, achète, achète ! Ils fabriquent des trucs... pour le lait, le coca... le machin, enfin. ” La preuve, en conclut Greilsamer, que l'on peut caricaturer les Pieds Nickelés dans l'exécution d'un délit d'initiés et qu'une information privilégiée peut souffrir parfois d'imprécisions. »

Pelat, disparu, a échappé au procès, ainsi que Harris Puisais, décédé en avril 1989, sans avoir pu être entendu par la justice, au moins à titre de témoin. Conseiller de Pierre Bérégovoy, proche de Pelat et de Théret, spécialiste de l'emballage à la direction de Saint-Gobain et parfaitement introduit chez Pechiney, il était probablement l'un des hommes clés du rachat de Triangle, dont le patron lui avait été présenté par Samir Traboulsi. Un homme de contacts et de réseaux s'il en fut. Membre, en tout cas, de la bande de « copains » que dénonça à l'audience le procureur Jean-Claude Marin. Bien peu flatteuse appréciation. A laquelle se laissa pourtant aller, plus tard, François Mitterrand lui-même lorsqu'il eut à s'exprimer sur un autre scandale politico-financier. C'était à propos de l'affaire de la Sages. Le président stigmatisa les agissements d'un « petit groupe de copains ». Il est vrai que, cette fois, les « copains » n'étaient pas de ses amis...

Mais il faut d'abord évoquer l'affaire Urba, du nom de cette « pompe à fric » du Parti socialiste amenée sous les feux de l'actualité en avril 1989, au détour d'une enquête marseillaise menée par un inspecteur de police, Antoine Gaudino. Le policier a saisi des documents explosifs au siège Urba de Marseille, les fameux « cahiers Delcroix », du nom de leur rédacteur, qui avait, pendant des années, tenu un véritable carnet de bord des activités de la société. Joseph Delcroix y consignait tout : les dates, les chiffres, les noms surtout, parmi lesquels ceux de bon nombre de hiérarques socialistes. Rude coup pour le PS qui voyait ainsi dévoilés les mécanismes de son financement occulte. Tout était clair : Urba, qui fonctionnait officiellement comme un bureau d'études, prélevait des commissions sur chaque chantier ouvert par une municipalité socialiste. Processus fort simple, au demeurant : des entreprises du bâtiment ou des travaux publics, parfois des entreprises de services, acquittaient de confortables factures pour les travaux bidon de la société d'études. Urba partageait la manne (plus d'un milliard de francs par an !) selon une règle définie : 30 % à l'élu, 30 % au « national », c'est-à-dire au PS, les 40 % restants lui revenant. Seule concession à la morale : Urba tenait les comptes des élus bénéficiaires de ses largesses et réglait leurs dépenses politiques. Une garantie contre les tentations d'enrichissement personnel. Pour le reste...

L'affaire trouve sa véritable dimension en janvier 1992 lorsque le juge Renaud Van Ruymbeke saisit toute la comptabilité d'Urba au siège du Parti socialiste, au cours d'une perquisition. Plus question de ne s'en tenir qu'aux élus locaux. Des responsables du PS vont se retrouver sur la sellette.

Encore une fois, des francs-maçons sont en première ligne. Gérard Monate, tout d'abord, en sa qualité de PDG d'Urba.

Ancien gardien de la paix, ancien secrétaire général de la Fédération autonome des syndicats de police (FASP) et ancien conseiller technique du secrétaire d'État à la Sécurité publique Joseph Franceschi, Monate est un militant socialiste de la première heure. C'est aussi un frère du Grand Orient. Puis Henri Emmanuelli tombe à son tour dans la nasse. Président de l'Assemblée nationale et, à ce titre, troisième personnage de l'État, député des Landes et ancien ministre, Emmanuelli a été trésorier du PS pendant quatre ans, de 1988 à 1992, ce qui lui vaut d'être poursuivi. Il est frère de la Grande Loge.

L'annonce de son inculpation en juillet 1992 (pour complicité et recel de trafic d'influence) fait l'effet d'une bombe dans le monde politique. « Pas de précédent depuis Vichy sur ce type d'affaire », hurlent les socialistes en évoquant la perquisition au siège de leur parti. « Pour qu'il y ait complicité, et à supposer que le fait principal soit établi — ce qui ne paraît pas être le cas —, il faut ensuite qu'il y ait participation de l'inculpé », écrivent-ils dans un livre blanc intitulé *Chronique d'un procès politique*. « On voit mal quel fait de complicité pourrait être reproché à l'ancien trésorier du PS [...]. L'on peut à la rigueur soutenir que c'est le PS qui a éventuellement tiré profit, de façon indirecte, des fonds perçus par Urba et non son trésorier. Sauf à confondre le parti et son trésorier, ce qui est un non-sens juridique. » Bref, il s'agit d'un complot, d'une « attaque judiciaire contre un parti politique et un seul, à travers la mise en cause d'un homme que l'on veut abattre ». Gérard Monate, inculpé lui aussi, ne bénéficiera pas des mêmes vibrantes déclarations d'indignation. André Laignel non plus, mis en examen à son tour en septembre 1993 pour « complicité de trafic d'influence, complicité de corruption active, complicité de faux et usage de faux, complicité de recel, et recel ».

La Sages (Société auxiliaire générale d'études et de services), c'est d'abord un homme : Michel Reyt. Un *self-made-man*, à la tête d'une confortable fortune amassée à coups de commissions sur les marchés publics. Un *contact man*, aussi, selon sa propre expression, puisque c'est en mettant en relation entreprises et municipalités qu'il a réalisé l'essentiel de ses opérations. Michel Reyt a gravi bien des échelons depuis ses débuts, précoces, dans la vie active. Il a quitté l'école à l'âge de 14 ans. Il a été serveur au buffet de la gare Montparnasse, steward à Air France, puis « commercial » chez Renault pendant vingt-cinq ans avant d' « exploser » dans le trafic d'influence... Car c'est bien de cela qu'il s'agit lorsqu'il se retrouve à son tour dans le collimateur de la justice.

La Sages est une autre « pompe à fric » du PS, moins officielle qu'Urba, sa concurrente même. Les deux officines ont les mêmes pratiques, au profit toutes deux d'une clientèle socialiste. Tandis qu'Urba s'est entourée d'un certain nombre de garanties pour empêcher l'enrichissement personnel de ses « sponsorisés », la Sages a opté pour un système plus souple. Les commissions obtenues auprès des entreprises favorisées pour l'obtention d'un marché sont partagées en deux parts égales : 50 % pour la Sages, 50 % dans l'escarcelle de l'élu. Rien pour le « national », et aucun contrôle de l'utilisation de l'argent. Entre Gérard Monate et Michel Reyt, vieux militants SFIO l'un et l'autre, les relations ne sont pas au beau fixe. Qu'ils se retrouvent tous deux poursuivis en même temps, par le même juge, Renaud Van Ruymbeke, pour des faits identiques, ne suffira pas à les rapprocher.

Michel Reyt est lui aussi franc-maçon et même ancien dignitaire du conseil de l'ordre du Grand Orient. Il se flatte volontiers d'être vénérable d'honneur de six loges. Il a créé, notamment, la fameuse loge « Victor-Schoelcher » de L'Haÿ-les-Roses, celle où se réunit le gratin de la « maçonnerie d'affaires ». Les tenues s'y déroulent tous les premiers jeudis du mois, à 9 heures du matin, « pour éviter d'y croiser le menu fretin », celui qui se presse le soir rue Cadet. De nombreux francs-maçons reprochent à Reyt d'utiliser la maçonnerie pour mener ses affaires. Deux trésoriers successifs du PS, Pierre Joxe (frère du GO) et André Laignel (frère de la GLF) n'apprécient pas ce mélange des genres et le convoquent tour à tour pour le lui faire savoir. Reyt s'obstine. On ne veut pas de lui dans les courants majoritaires ? Qu'à cela ne tienne ! Il dispose d'une clientèle évidente parmi les représentants des courants minoritaires : il finance Michel Rocard, il finance Jean Poperen. Il fait même initier ce dernier au Grand Orient. Il s'est mis en tête de fédérer les fraternelles pour élargir son réseau d'influence. Il est sur le point d'y parvenir lorsqu'il est soudain stoppé dans son élan, inculpé, puis placé sous mandat de dépôt.

L'enquête fait apparaître les liens qu'entretient la Sages avec des dizaines de municipalités : Conflans-Sainte-Honorine, Saint-Brieuc, Clermont-Ferrand, Nantes, Dunkerque, Strasbourg... Des noms sortent, ceux de deux autres francs-maçons, notamment. Jean-Yves Le Drian, maire de Lorient et ex-secrétaire d'État à la Mer : la Sages lui aurait réglé des « frais d'hôtellerie ». Guy Penne : Reyt et son officine lui auraient offert l'aménagement d'une cuisine. En fait, Michel Reyt démentira : « Guy Penne, nous a-t-il confié, était passé par mon intermédiaire parce que je pouvais lui faire obtenir des prix avantageux, un point c'est tout ! » Des broutilles, rapportées au chiffre d'affaires annuel de la Sages : quelque 30 millions de francs.

« On me cherche des histoires, insiste aujourd'hui Michel Reyt, pour 6 millions de francs par an consacrés au paiement de matériel électoral et pour 5 % de ces 6 millions qui seraient allés dans la poche des élus ! Les 30 000 francs de frais d'hôtel de Le Drian ? Mais c'est ridicule ! » Amer tout de même : « Dès mon inculpation, tous les politiques m'ont lâché, à l'exception de trois élus et d'un ministre, Jean

Poperen. Mitterrand, lui, m'a attaqué, à travers cette petite phrase sur les " copains. " Il se trouve que j'avais payé 1 800 francs de factures le concernant. Des affiches électorales dans la Sarthe. Il ne m'a pas pardonné de s'être retrouvé les pieds pris dans le tapis ! C'est pour dresser un écran de fumée devant Urba que les socialistes me sont tombés dessus. Mais le PS savait venir me chercher quand il avait besoin d'argent. » Aucune acrimonie, en revanche, contre le juge Van Ruymbeke : « C'est un chevalier blanc, un Saint-Just, dit-il, et il y a eu entre nous une espèce d'estime réciproque. Au début, il me disait : " Je sais que vous protégez les autres. " Et je lui répondais : " Mais qui vais-je protéger sinon mes frères, mes amis ? " Il a fini par me déclarer : " Dans cette affaire, vous êtes le seul qui ayez de la dignité. " Et je lui ai rétorqué : " Je sais. Ça me coûte assez cher. " »

« Pour moi, Reyt n'est pas un salaud : seulement la victime de maçons qui, eux, étaient des salauds, nous a dit son frère du GO Philippe Dechartre. La Sages n'est pas de son fait. Bien sûr, il a gagné sa vie. Mais il a agi sur ordre, après concertation avec les instances du parti. Ses camarades maçons du PS l'ont ensuite enfoncé. Il n'a d'ailleurs pas servi des maçons en tant que maçons mais en tant que socialistes. » Guy Penne est plus prompt à condamner Michel Reyt, coupable selon lui d'avoir « été copain avec des maçons de gauche et de droite ». Point de vue peu fraternel. Le sénateur Caillavet n'est guère plus charitable dans son jugement : « Cela devait arriver, la sanction paraît méritée ! » Reyt, de toute façon, n'est plus tout à fait leur frère : il a été suspendu du GO, comme tout membre d'une obédience inculpé dans une affaire judiciaire.

Les moutons noirs de la franc-maçonnerie se retrouvent souvent au cœur des affaires politico-financières. Les mésaventures de Jean-Michel Boucheron, ex-maire d'Angoulême et ex-député PS de la Charente, en fournissent une nouvelle preuve. Instituteur — comme Christian Nucci —, Boucheron a été, lui aussi, soudain grisé par le pouvoir et ses facilités. A peine élu, en mars 1989, son successeur à la mairie, le CDS Georges Chavanes l'accuse d'avoir « ruiné la ville ». D'abord, Boucheron ricane. Un « complot politique », à nouveau ? Il faut bien se rendre à l'évidence, après la transmission au parquet d'Angoulême d'un rapport de la Cour régionale des comptes sur la gestion socialiste de la ville, effectivement mise sur la paille avec un déficit estimé à 164 millions de francs. Boucheron, pourtant, n'a pas encore désarmé. Il tente une contre-attaque en dénonçant la « campagne de diffamation » lancée contre lui, « au mépris de toutes les règles procédurales et institutionnelles ». Il menace de poursuivre ses détracteurs en justice, avant de démissionner du PS, sans cesser pour autant de siéger à l'Assemblée nationale. Et puis, il s'envole pour l'Argentine, où il ouvre un restaurant à Buenos Aires. Sans plus se soucier des dettes d'Angoulême (1,1 milliard de francs au total) ni des poursuites engagées contre lui pour escroquerie. Boucheron n'a, en principe, rien à craindre puisqu'il n'existe pas d'accord d'extradition entre la France et l'Argentine. Les francs-maçons français, eux, se passent fort bien de ce frère encombrant. « Il n'a jamais été qu'un maçon alimentaire, juge le sénateur Caillavet. C'est une crapule qui mérite cinq ans sans sursis. Le genre d'individus qui font du mal à leur loge, à la République et à la démocratie. »

« La décentralisation en a perdu plus d'un, estime un dignitaire de la Grande Loge nationale française. Ces gens n'étaient pas taillés pour ce métier-là, et ils se sont retrouvés dans l'attitude d'un gamin face à un billet de 100 francs. » Nucci ? Boucheron ? Ni l'un ni l'autre. C'est Michel Mouillot, jeune maire PR de Cannes, proche de François Léotard et frère de la GLNF, qui se retrouve à son tour au banc de l'accusation fraternelle. Pourquoi ? Pour être apparu en fâcheuse position dans les comptes de l'homme d'affaires lyonnais, et gendre de Michel Noir, Pierre Botton, pour avoir été mis en examen dans le cadre de cette instruction. Car

Mouillot a été, un temps, salarié de Botton, pour une rémunération totale de 600 000 francs. De quoi éveiller tous les soupçons sur l'origine du financement de ses campagnes électorales « à l'américaine ». A Cannes, ses adversaires politiques ne s'en sont pas privés.

De toutes ces affaires, l'image de la franc-maçonnerie a pâti. Les francs-maçons ne sont pourtant pas les derniers à condamner leurs frères indélicats, qu'ils soient petits escrocs ou princes de la magouille. « Je ne supporte pas la maçonnerie affairiste, nous a dit Yvette Roudy. Il est certain que des gens nous rejoignent pour la carte de visite, et pour faire des affaires. Dans ma mairie de Lisieux, je les vois arriver dès qu'il y a un appel d'offres pour l'attribution d'un marché public. Je suis affreusement gênée car, le plus souvent, ils se réclament d'entrée de jeu de leur appartenance maçonnique. Cela arrive souvent... Mais je ne donne jamais suite ! Je ne vérifie même pas si la personne est vraiment initiée. »

Trop de maçons dans trop de magouilles. Trop de maçons dans la politique. Trois maçons — Joxe, Laignel, Emmanuelli — trésoriers successifs du PS : tous les amalgames deviennent possibles, même les plus injustes, même les moins fondés. Les obédiences ont aujourd'hui fort à faire pour parvenir à démontrer qu'il y a maçon et maçon ou pour rappeler qu'il peut arriver à tout groupe humain de découvrir des voyous dans ses rangs. Faut-il condamner l'institution au prétexte qu'un frère égaré du Grand Orient a un jour commis un hold-up ? C'est arrivé, pourtant. Le maçon en question a, bien sûr, été exclu. Tout comme ce policier, également frère du GO et auteur d'une épouvantable bavure dans un commissariat parisien en 1993. Qui aurait pu avoir l'idée absurde d'en conclure que les francs-maçons étaient tous des tueurs ?

Selon Michel Baron, aujourd'hui membre de la GLNF mais entré en maçonnerie au GO, les magouilles si fort reprochées à ses frères relèveraient, dans la plupart des cas, « d'une légende... parfois entretenue par les maçons eux-mêmes ». Comme pour s'accorder un peu plus d'importance en s'attribuant une influence occulte. Les maçons mis en cause dans les affaires des septennats Mitterrand n'étaient pas des maçons de légende. Cela accrédite-t-il pour autant la thèse d'un complot ? « Les Français, répond Baron, adorent le merveilleux. Ils ont tendance à rechercher de manière systématique le “ chef d'orchestre ”, celui qui tire les ficelles dans l'ombre. Il n'existe pas, bien sûr. »

III

Solidarité d'abord

« Le frère Divoy est visiteur de prison, le frère A. Lefèvre a fondé une société sportive pour s'occuper des jeunes du quartier. Le frère Soubrouillard anime l'association des parents d'élèves de la commune. Le vénérable est délégué cantonal de l'éducation. Deux frères médecins ont créé un centre d'accueil pour alcooliques : on y joue aux cartes, on y parle. L'alcoolisme, m'ont expliqué ces deux frères, est fils de la solitude, la convivialité est le moyen de lutter contre le fléau. Le frère Chaunier s'occupe de l'orphelinat maçonnique, le frère Kohn est directeur du bureau d'aide sociale de son arrondissement. Tous les bureaux de Paris sont animés. »

Ainsi s'exprimait un jeune apprenti invité à donner ses impressions sur la loge parisienne « L'Expansion française », dans un texte publié par une revue de vulgarisation maçonnique *(les Francs-Maçons)*. Il va de soi que le choix de ce texte inhabituel — en ce sens qu'il révélait des identités de maçons et évoquait leurs activités — relevait d'une intention précise. Les responsables de la revue avaient tenu à produire ce témoignage pour mieux mettre en valeur ce qui constitue le véritable fondement de la franc-maçonnerie : la solidarité érigée en idéal, mise en pratique au quotidien, dans la vie professionnelle et dans la vie privée.

Être franc-maçon n'est pas une sinécure. Un bon frère doit s'efforcer de vivre en permanence son engagement philosophique. La vertu solidarité occupe une place majeure dans la réflexion maçonnique : il faut trouver le moyen de l'exercer dans l'action. Comment la définissent-ils eux-mêmes ? La solidarité, selon Daniel Ligou, « c'est la dépendance des hommes à l'égard des autres, dépendance qui fait les individus comme les parties d'un même tout ». Cette solidarité va se conjuguer avec l'idée de fraternité. Ainsi retrouve-t-on les deux idées fortes des francs-maçons : « rassembler ce qui est épars » et « construire la chaîne d'union ». Daniel Ligou explique qu'il s'est toujours trouvé parmi les francs-maçons des hommes dévoués qui ont eu à cœur de « s'attacher à secourir les frères infortunés, leurs veuves, leurs orphelins. Bon nombre d'hommes, dit-il, qui sacrifiaient une part de leur temps, de leurs loisirs et sans doute de leurs biens pour pratiquer la vertu solidarité ». L'auteur du *Dictionnaire de la franc-maçonnerie* précise : « Si le franc-maçon a pour devoir en toute circonstance d'aider, de protéger son frère, même au péril de sa vie, la franc-maçonnerie a pour devoir d'étendre à tous les membres de l'humanité les liens fraternels qui unissent les francs-maçons sur toute la surface du monde. »

Voilà qui est clair : le maçon se doit d'être à l'avant-garde de l'humanisme — la maçonnerie étant d'ailleurs elle-même nécessairement un humanisme, selon l'article premier de la constitution du Grand Orient. Elle place obligatoirement l'homme au premier plan, puisqu'elle travaille à l'amélioration matérielle et morale, au perfectionnement intellectuel et social de l'humanité.

Michel Barat explique, dans *la Conversion du regard*, comment les maçons se veulent les ouvriers de la fraternité humaine : « La fraternité est une exigence. C'est-à-dire une obligation morale pour tous ceux qui pensent que l'homme n'est pas simplement l'outil de la volonté de puissance économique ou politique... Une nécessité pour tous ceux qui constatent qu'il ne saurait y avoir de salut pour les uns en dehors du salut des autres. » Cette fraternité humaine, c'est « la conviction de la participation de chaque être en son individualité à l'œuvre commune de la création continue du monde ». Le maçon, qui est lui-même une « pierre vivante », consacrera sa vie à la construction et à l'amélioration du chantier du monde jamais terminé que représente le Temple de l'Humanité.

Pour l'ancien grand maître de la Grande Loge de France, « la relation fraternelle que les hommes doivent entretenir entre eux fait partie de l'essence même de l'être humain ». Il n'est donc pas surprenant de constater que, forts de cette conviction, bon nombre de frères, quelle que soit leur obédience, font preuve d'un altruisme hors du commun.

L'idéal humaniste, proclamé haut et fort, ne saurait pourtant, selon les maçons, se confondre avec la montée actuelle du mouvement humanitaire. « Parce que l'on assiste à une faillite provisoire des idéologies, explique l'ancien grand maître du Grand Orient de France Jean-Robert Ragache, certains mouvements sont en train de se lancer sur les bases de l'idéal humaniste. Nous nous trouvons dans une période romantique ou néo-romantique. Ce n'est pas forcément un bien... Le romantisme, c'est ce qui met le doigt sur des particularismes. L'humanitarisme en fait partie, l'écologie aussi, qui tient si peu compte de l'évolution de l'homme et qui exhale de si forts relents de “ retour à la terre ”. L'humanitarisme ne procède, hélas, que d'une morale de l'urgence. Tout y est ponctuel, médiatisé. Les gens qui vont sur le terrain font un travail fantastique, bien sûr. Mais ils n'en sont pas moins l'alibi d'une politique économique internationale désastreuse. Pourquoi ne pas se préoccuper plutôt de l'origine du mal et se pencher, entre autres, sur les modes de fonctionnement du Fonds monétaire international ou de la Banque mondiale ? L'humanitarisme n'est qu'un retour au principe de charité, tandis que l'humanisme est une morale. » Une fois encore, Michel Barat souscrit aux positions de ses frères du GO : « Oui à une action humanitaire qui découle d'une philosophie ou d'une politique humaniste, non à une action humanitaire qui n'est rattachée à rien ! » Et d'ironiser sur les étranges relations entre Roland Dumas et Bernard Kouchner dans le gouvernement de Pierre Bérégovoy à propos du conflit dans l'ex-Yougoslavie : « Nous en étions arrivés au point où un ministre des Affaires étrangères demandait à un ministre de la Solidarité de mener une action de force : cela dénote tout de même un certain flou conceptuel. »

A cette distinction opérée par les maçons entre humanisme et humanitarisme s'ajoute une distinction entre solidarité et charité. Nombre d'initiés du Grand Orient reprochent par exemple aux ateliers de la Grande Loge nationale française de fonctionner à la manière du Rotary ou du Lions — d'ailleurs nés tous deux à l'initiative de francs-maçons. Patrick Kessel considère que la GLNF n'est qu' « un club anglais, généreux, charitable ». « Au GO, dit-il, nous croyons à la solidarité, pas à la charité. » De façon encore plus explicite, Gilbert Abergel regrette que la maçonnerie anglo-saxonne ne soit en fin de compte qu'une « maçonnerie de démonstration », volontiers « exhibitionniste ». De la charité, vraiment? Plutôt du « regardez ce que je fais pour les autres ».

Il est vrai que les obédiences anglaises ou américaines tiennent le haut du pavé et ne manquent pas de faire connaître leurs efforts pour créer ou gérer des hôpitaux, financer des organisations sociales et caritatives. Ne nous aventurons pas plus loin dans cette querelle sémantico-philosophique : sur le terrain on retrouve côte à côte des maçons de toutes les obédiences.

Au Parlement, les maçons ont toujours « poussé » les lois de solidarité. Sous le gouvernement Rocard a été votée la loi sur le RMI, instituant un revenu minimum en faveur des plus démunis. Certains initiés s'en attribuent la paternité. Si cela peut paraître abusif, ces mesures de soutien, d'aide et de solidarité ont pourtant fait l'objet de maintes discussions au sein des ateliers du Grand Orient. En 1986, les loges de cette obédience étaient invitées à plancher sur le thème suivant : « Comment imaginer et promouvoir une organisation du travail et de la société permettant de concilier productivité, rentabilité, partage du travail et répartition des richesses ? » Sous le gouvernement Bérégovoy, le ministre des Affaires sociales René Teulade a défendu une loi pour étendre enfin à l'ensemble de la population la couverture sociale. « Je m'en réjouis en tant que maçon, même si cela me coûte de l'argent. J'avais de la même manière voté l'impôt sur les grandes fortunes. Je le paie, et c'est normal ! » revendique le sénateur Caillavet.

Si l'on remonte le cours de l'histoire de la République, on remarque sans surprise que la loi du 5 avril 1928 sur les assurances sociales, l'ancêtre de notre Sécurité sociale, avait été votée sous l'impulsion des parlementaires maçons. Ce même souci de solidarité a incité Jean-Robert Ragache et le Grand Orient à créer, en 1992, le Cadmos International, Centre européen de promotion et de cohésion sociale. Au cours d'un colloque à Strasbourg consacré aux « droits sociaux du citoyen européen », des personnalités, parmi lesquelles le journaliste Alexandre Adler, Catherine Lalumière, naguère secrétaire d'État de Pierre Mauroy puis de Laurent Fabius, les ex-ministres Yvette Roudy, Olivier Stirn et l'historien Jean Ellenstein, ont proposé de lancer cette association, « animée par le seul souci d'une Europe démocratique, laïque et humaniste, face au développement d'une Europe marchande au sein de laquelle se multiplient les cas d'injustice, de marginalisation, d'exclusion, de négation de l'individu ». La vocation de Cadmos International ? Être « un outil de contrôle et de défense, dont l'action consistera à promouvoir et faire appliquer les droits sociaux aux citoyens ».

Présents sur le terrain politique, les francs-maçons le sont également dans les organisations, les associations caritatives. C'est d'ailleurs là, dans le domaine de l'humanitaire, que leurs chemins se croisent avec ceux des « profanes » venus de tous les horizons, en particulier avec les catholiques. La franc-maçonnerie est à l'origine de la création de la Croix-Rouge — dont le fondateur, Henri Dunant, était lui-même maçon —, mais aussi de la Ligue des droits de l'Homme. Aujourd'hui, un grand nombre de frères jouent un rôle déterminant au sein d'Amnesty International, de l'Unicef, de Médecins sans frontières, du Planning familial, de SOS-Racisme, du MRAP, de la LICRA ou du Comité français contre la faim, présidé par l'actuel médiateur (et ancien ministre) Jacques Pelletier, lui-même franc-maçon. Partout où il s'agit de défendre l'homme dans son intégrité, de l'aider à préserver celle-ci, on retrouve une influence maçonnique. C'est pourquoi les maçons s'intéressent de si près aux pays en voie de développement, en particulier à l'Afrique. Yves Trestournel, de la GLNF, raconte qu'il a monté l'association Hôpital Assistance lorsqu'il a réalisé que, tous les ans, chaque hôpital français réformait pour environ 2,5 millions de francs de matériel. « J'ai fait appel aux directeurs d'hôpitaux maçons pour centraliser l'information sur le matériel récupérable. Nous recouvrons tout ce que nous pouvons et nous nous débrouillons pour le faire acheminer vers les pays qui en ont besoin. Nous l'avons fait — avec le concours de l'armée — pour Hô Chi Minh-Ville et nous essayons d'aider l'hôpital de Lambaréné, au Gabon — pas celui du docteur Albert Schweitzer qui n'a, lui, aucun problème de subventions. Cette action a sensibilisé bien des profanes. Beaucoup sont venus à nous. Nous avons même fini par monter une loge « Dominique-Larrey » au Val-de-Grâce », poursuit Yves Trestournel. « Cela confirme ce que j'ai toujours pensé, dit-il. Il suffit souvent de demander pour obtenir. Cette structure Hôpital Assistance est prévue pour fonctionner avec des bénévoles, mais j'ai pu également rameuter quelques grosses entreprises, Elf, Alcatel, Calberson... »

Le Grand Orient ne veut pas être en reste. Gilbert Abergel rappelle que son obédience a participé à hauteur de 350 000 francs au financement d'un projet d'aide humanitaire au profit du village de Kansoukpa, au Bénin. Objet : l'étude, la construction, l'équipement et la prise en charge des coûts d'exploitation pendant trois ans d'un hôpital de brousse.

Ici même, en Europe, la chute du mur de Berlin, l'éclatement de l'URSS ont provoqué l'émergence de nouvelles demandes de la part des anciens pays socialistes. L'aide s'est organisée, souvent à l'initiative de maçons anonymes qui ont su mobiliser leur loge sur un projet précis. Ils en réfèrent à leur obédience au niveau national, ne serait-ce que pour lui demander aide et assistance. Mais le principe de l'action de solidarité, la manière dont elle s'accomplira, se décident dans l'atelier.

Sollicitée par le proviseur d'un collège de Dreux, une loge de la région parisienne entreprend ainsi une action de parrainage d'un village roumain, Chisoda, proche de Timisoara. Dans un premier temps, la loge crée une association loi de 1901. Priorité ? Acheminer des vivres, des médicaments, du matériel médical, des vêtements, tout ce qui fait défaut. Le parrainage ne se veut pas seulement assistance, il est aussi construit sur des échanges. Les responsables de l'association qui se rendent sur place ne reviennent pas les mains vides : ils rapportent de Roumanie des violons et autres instruments de lutherie fabriqués dans la région pour les revendre aux conservatoires municipaux français. L'argent ainsi récolté sera ensuite reversé à une association roumaine : « Avec un prix moyen de 400 francs pour chacun de ces instruments d'excellente qualité, nous sommes assurés de voir tout le monde y trouver son compte », explique le responsable de l'opération. L'échange ainsi pratiqué a pour vertu d'apporter aux Roumains « les moyens de redévelopper leur goût d'entreprendre ».

L'objectif est ambitieux, les voies pour l'atteindre variées. L'échange est également culturel : les francs-maçons de cette loge parisienne collectent aujourd'hui des livres à l'intention de leurs amis roumains, toujours attirés par la langue française, afin d'alimenter de nouveaux fonds de bibliothèque regroupant des auteurs classiques et contemporains, mais aussi des ouvrages médicaux, si difficiles à trouver là-bas. Parallèlement, ils s'attachent à faire venir des jeunes Roumains en France, pour y recevoir une formation dans des entreprises prêtes à les accueillir : « Lorsque nous récupérons, par exemple, un banc servant à la fabrication des portes et fenêtres, nous essayons dans la mesure du possible de trouver un stage de menuiserie à un ou deux jeunes qui pourront utiliser ce matériel dans leur pays. »

Cette action discrète, presque anonyme, mobilise tout un atelier depuis 1989. Si le Grand Orient leur a apporté un soutien financier de 100 000 francs, les frères ont dû puiser dans les ressources de leur loge et dans leurs propres portefeuilles pour assumer les frais considérables de l'opération. L'investissement en temps s'avère plus lourd encore. Pour réunir les livres destinés aux bibliothèques, il a fallu prendre contact avec les éditeurs, collecter les volumes, les acheminer à bord de camions. « J'en suis à mon troisième voyage, et chacun d'entre eux dure une semaine que je dois prendre sur mes congés annuels », nous confie Jacques Zerbib. Il a en outre, avec la complicité de sa femme Françoise, pris l'habitude d'accueillir à son domicile six, sept — ou parfois plus — jeunes Roumains venus à Paris pour découvrir les charmes de l'économie occidentale, mais sans avoir les moyens d'assurer les frais de leur propre hébergement. « C'est vrai, c'est lourd », avoue-t-il. Jacques Zerbib ne voit pas quelle autre solution il pourrait adopter. La solidarité maçonnique...

Présents en Afrique, en Europe de l'Est, les maçons français mettent aussi en pratique leurs principes de solidarité à l'occasion des grandes catastrophes qui peuvent se produire sur le territoire national. Les principales obédiences ont réussi, entre autres actions, à dégager des sommes importantes — jusqu'à 300 000 francs chacune — pour venir en aide aux victimes du cyclone de la Guadeloupe, aux sinistrés des inondations de Nîmes ou de Vaison-la-Romaine.

Il reste que « solidarité bien ordonnée commence par soi-même », même si l'ancien grand maître Pierre Simon s'accroche bec et ongles à l'idée qu' « un maçon se doit d'aider son prochain, qu'il soit maçon ou non ». On assiste pourtant en priorité les frères sinistrés, parfois sans songer à le dissimuler. Michel Barat se flatte d'avoir pu faire participer son obédience — la GLF — au « pot » constitué après la catastrophe de Vaison-la-Romaine pour indemniser d'abord les maçons qui avaient tout perdu. Rue Cadet, le président de la Commission nationale de solidarité maçonnique a exposé sa position dans une circulaire interne : « Le GODF ne dispose pas de moyens illimités. Il faut bien, dès lors, déterminer des priorités. La solidarité doit d'abord s'appliquer aux frères de l'obédience. »

L'opinion — profane ! — s'en offusque volontiers. Ne fait-elle pas, pourtant, un mauvais procès aux membres d'un mouvement philosophique qui a toujours proclamé haut et fort sa foi en la vertu de solidarité ? Doit-elle s'indigner que les frères d'un même atelier, d'une même obédience s'entraident en priorité ? Ne devrait-elle pas plutôt remarquer que les francs-maçons savent aussi exercer leur générosité à l'égard des non-initiés ?

Convivialité et fraternité se conjuguent au sein des loges. Certes, ce sont des groupements humains, qui n'échappent pas aux luttes intestines. Deux frères d'un même atelier peuvent trouver maintes occasions de s'opposer. Mais les rites sont en eux-mêmes une permanente invite au rapprochement ; on s'embrasse pour se saluer, on participe ensemble aux « agapes », ce dîner festif qui réunit les membres de la loge à l'issue de la « tenue »... Et chaque atelier dispose de structures spécifiques d'entraide sur lesquelles le frère va pouvoir s'appuyer tout au long de sa vie.

« Le devoir de solidarité incombe, en premier lieu à la loge, à tous les frères de la loge qui sont concernés quand un frère ou un des siens est dans le malheur », peut-on lire dans une circulaire du Grand Orient. Une fois encore, tout s'organise à partir de cette cellule de base, où un personnage désigné joue un rôle central en matière de solidarité. Il s'agit de l'« Hospitalier ». Ce dernier « est le trait d'union entre la vie maçonnique et le monde profane. Son rôle demande des qualités humaines subtiles, alliant intuition, compréhension et tolérance. Il doit avoir acquis une grande connaissance des hommes, pouvoir prétendre à la sagesse apportée par une vie d'expérience, faire preuve de délicatesse, voire d'humilité, pour déceler les situations difficiles. Et se montrer capable d'agir ensuite avec toute la discrétion voulue... C'est donc un frère de haute valeur humaine, ouvert aux autres, un " sage " ». Voilà le portrait de l'hospitalier idéal, tel que décrit dans un document de la GLNF. Dans la réalité, le « M. Solidarité » de la loge se soucie de la bonne santé morale et financière de ses frères. Au Grand Orient, on définit son rôle de la façon suivante : « Il est celui qui doit connaître chaque membre de la loge (problèmes, joies, activités, santé de la famille). Il cherche le frère dans le besoin, celui qui ne dit rien, qui ne vient plus et qui a des difficultés pour régler sa " capitation " [c'est-à-dire sa cotisation annuelle]. Il est le délégué permanent de la fraternité de la loge, l'ami présent des heures difficiles ; il se met discrètement à la disposition de la famille, en cas de décès, pour l'aider dans ses démarches. Il renseigne les frères pour le placement des enfants en colonie de vacances. Il fait les propositions qu'il juge nécessaires au vénérable lorsqu'il s'agit d'aide matérielle, sans attendre que le frère concerné la sollicite. Il maintient un contact permanent avec les employeurs, dans la loge et hors de la loge. Il se renseigne sur les possibilités présentes et à venir quant aux emplois. Il assiste aux réunions de la Commission Emploi de la région. Il invite les frères employeurs à s'adresser à la Commission Emploi pour leurs besoins en personnel de tous ordres. »

Le frère hospitalier est au cœur du dispositif de solidarité qui caractérise toute loge. Ceci ne le dispense pas, bien au contraire, d'avoir à mener avec humilité des actions modestes. Ainsi, l'hospitalier d'une loge nancéienne conduisait-il chaque jour à l'hôpital la mère d'un franc-maçon qui ne pouvait lui-même se rendre au chevet de son père atteint d'un cancer. Lors du décès de ce dernier, l'hospitalier fit en sorte que son atelier soit présent aux obsèques.

Le soutien moral est essentiel. Un frère dans la détresse ne restera pas isolé. Mais il est bien entendu des cas où les paroles de réconfort ne sauraient remplacer une très concrète assistance matérielle. Celle-ci peut revêtir des formes diverses, mais dans tous les cas de figure ce sont les maçons eux-mêmes qui en assument la charge. L'argent réservé aux actions de solidarité n'est pas prélevé sur les sommes provenant de la « capitation », la cotisation annuelle, d'environ 1 700 francs, quelle que soit l'obédience. Dans la loge, existe en effet une caisse spéciale, baptisée « tronc hospitalier » ou « tronc de la Veuve », utilisée pour parer au plus pressé lorsqu'un frère se trouve dans une situation matérielle embarrassante. De son côté, l'obédience dispose de fonds spéciaux destinés à assister des frères au chômage ou leur famille lorsqu'ils disparaissent.

Certaines aides spécifiques sont systématiquement accordées. La GLF prend par exemple en charge les capitations des étudiants et des chômeurs ; elle accorde des prêts d'honneur ou des allocations à des personnes âgées : jusqu'à 5 000 francs par mois. Par le biais de « l'Entraide fraternelle », elle peut proposer des appartements et, parfois, des petites maisons de vacances aux frères peu fortunés. Et elle s'efforce de travailler, au plan de la solidarité, en étroites relations avec le Grand Orient.

La question de l'emploi, tout aussi préoccupante au sein des loges que dans le monde profane, constitue un bon exemple de solidarité organisée. Pour faire face au problème, les maçons ont créé une commission interobédientielle, la « Commission E », qui rassemble le GO, la GLF, la GLFF et la Loge Opéra. Cette instance, comme le précisait une note du GO d'avril 1993, « n'a pas la vocation d'une réflexion, d'une étude sur les problèmes du chômage, de l'emploi, du travail : ceci est du domaine des loges de l'obédience. Elle est faite pour régler des cas ponctuels de reclassement et pour aider les frères à rédiger leur curriculum vitae, pour leur faire connaître leurs droits et les orienter sur des stages de formation et de recyclage ».

« Quand un frère au chômage vient nous exposer son problème, nous lui apprenons tout d'abord à se présenter et à rédiger un curriculum vitae, nous a expliqué un responsable de la Commission E. Puis nous signalons sa position de demandeur d'emploi à toutes les loges des différentes obédiences, en leur fournissant un maximum de précisions sur ses compétences. Nous répercutons bien sûr de la même manière les informations concernant les offres d'emploi.

Quand nous apprenons qu'un poste se crée ou se libère, nous le faisons immédiatement savoir. Et s'il s'agit, par exemple, d'un poste d'infirmier, nous demandons à tous ceux qui pourraient connaître un infirmier au chômage de nous le signaler, que celui-ci soit maçon ou non. » C'est ainsi que Françoise, une profane, a retrouvé un emploi de secrétaire, au siège du Grand Orient de France, en l'occurrence. Grâce à son compagnon, lui-même membre du GO. Depuis, Françoise a été initiée.

En 1992, la Commission E a reclassé 600 personnes, 30 % environ des dossiers qu'elle avait eu à traiter. Un succès insuffisant aux yeux de la GLNF, qui, après avoir participé à la création de la Commission, a choisi de faire bande à part en montant sa propre organisation, baptisée « Comité de l'assistance et de l'emploi ». Les raisons du divorce? « Devant l'ampleur du chômage, notre obédience a souhaité faire face avec un maximum d'efficacité, en se dotant d'une structure constituée de frères bénévoles, professionnels spécialistes dans la vie profane de la fonction Ressources humaines et connaissant bien les techniques d'assistance et de recherche d'emploi. » La GLNF se flatte, depuis, d'obtenir des résultats impressionnants : « Nous atteignons un coefficient de reclassement de 70 %, affirme Christian Grimaldi, responsable du Comité. Il est vrai, ajoute-t-il pour tempérer l'exploit, que nous comptons peu de smicards parmi nous... » Le pourcentage n'en laisse pas moins rêveur !

« Nous avons axé l'essentiel de nos efforts autour de la lutte contre le chômage, explique Christian Grimaldi. Quand un frère sans travail nous sollicite, nous pouvons lui offrir les compétences des conseillers en formation, des psychologues et des recruteurs qui composent notre Bureau de recherche Emploi. Mais, avant toute chose, nous " gonflons " nos candidats : nous payons leurs dettes, nous leur donnons de l'argent, nous leur réapprenons à se battre. »

La franc-maçonnerie ne se substitue pas à l'ANPE. Elle constitue un réseau qui, en matière de recherche d'emploi, peut s'avérer d'une remarquable efficacité. Il serait pourtant absurde d'imaginer qu'il suffit d'être franc-maçon pour voir s'ouvrir toutes les portes. « C'est vrai, à compétence égale, je donnerai la préférence à l'un de mes frères, reconnaît un directeur des ressources humaines franc-maçon. Encore faut-il qu'il y ait compétence ! Une entreprise n'est pas une œuvre philanthropique. » Les obédiences le savent. Elles contrôlent la qualité des candidature avant de les recommander.

Le GO et la GLF se sont impliqués ensemble dans d'autres structures d'assistance interobédientielle. « Solidarité Jeunesse », par exemple, qui a remplacé l'ancien « Orphelinat maçonnique ». Pourquoi ce changement de nom ? Par souci de discrétion : « Certains des bénéficiaires de notre aide pouvaient se sentir gênés au moment de remettre à l'encaissement un chèque émis sous l'ancienne appellation », explique Jean-Robert Ragache. Solidarité Jeunesse a pour objectif de prendre en charge les frais d'études des enfants de maçons décédés. En 1991, cette association a versé 1 800 000 francs aux 175 pupilles dont elle avait la charge. Ces allocations ont été distribuées sous forme de bourses d'études, de primes de vacances et de départ pour le service militaire. Autre association interobédientielle, Clarté organise pour sa part, chaque été à Vichy, deux séjours en colonies de vacances pour les enfants de maçons.

Chaque obédience dispose de moyens qui lui sont propres. Au Grand Orient, la Commission nationale de solidarité n'intervient en faveur des frères de la rue Cadet que lorsque toutes les autres solutions — tronc de la Veuve, participation directe des frères, etc. — ont été épuisées. Elle accorde des prêts sans intérêts, parfois des dons, à des frères en difficulté. Depuis 1987 existe en outre une Fondation du Grand Orient de France, plus orientée vers l'extérieur, selon le vœu de Gilbert Abergel : « Les francs-maçons du GODF ne pouvaient se contenter d'une solidarité sélective », dit-il. C'est par l'intermédiaire de cette fondation qu'ont été réunies et acheminées les sommes destinées à secourir les victimes de catastrophes naturelles. Elle a créé le prix Roger-Leray, du nom de l'ancien grand maître, d'un montant de 50 000 francs attribués, la première année, au lycée Thépot de Quimper pour un projet de coopération avec un lycée togolais. En 1992, une société de patronage pour les enfants de la ville de Lyon a été distinguée. En 1993, l'association Robert de Garches s'est trouvée récompensée pour son action en faveur des enfants handicapés.

Plus indépendante, la GLNF a choisi de mener ses actions de solidarité à travers « l'Œuvre d'assistance fraternelle » (OAF), présentée comme « la structure opérative qui permet d'apporter matériellement et moralement réconfort, aide et assistance aux membres de l'obédience ». « Notre constitution nous fait obligation de nous aider mutuellement dans l'honneur, et même au péril de notre vie, nous a dit Christian Grimaldi. L'Œuvre, qui fonctionne depuis trois quarts de siècle, nous permet d'accomplir ce devoir. » L'OAF a secouru 226 frères ou leur famille en 1992, et déboursé pour cela quelque deux millions de francs. « Trente-six cas concernaient des décès, précise Christian Grimaldi, car nous assistons aussi les veuves de nos frères. » Véritable bureau d'aide sociale, l'Œuvre doit parfois tenter de résoudre des cas insolites, celui par exemple de ce frère âgé qui, se sentant proche de la mort, avait légué à sa concubine tout ce qu'il possédait : celle-ci a disparu avant lui, et il faut maintenant subvenir aux besoins du vieil homme... Christian Grimaldi évoque encore l'histoire de cet autre frère, originaire d'un pays de l'Est et ancien pilote de la RAF, incapable de fournir l'acte de naissance qui, seul, pouvait lui permettre de toucher la pension à laquelle il avait droit. « Nous avons tout essayé, dit-il, nous avons effectué toutes les démarches, contacté tous les consulats, toutes les ambassades. En vain. Mais nous avons payé toutes ses dettes. Et, depuis sa mort, nous versons 5 000 francs de pension mensuelle à sa veuve. »

Parfois, ce sont des frères artistes sans emploi, des frères qui sortent de prison ou des étudiants dont les parents maçons ne peuvent plus financer les études, qu'il faut aider. Cela peut être simple : il a suffi d'équiper en matériel informatique cette fille de maçon brésilien venue suivre des cours à Paris. Cela peut être beaucoup plus compliqué, lorsqu'il s'agit d'assurer l'avenir d'une jeune métisse rejetée par sa famille française à la mort de son père, franc-maçon d'origine camerounaise. « Nous avons tout de même pu la placer dans une “ boîte à bac ”... »

La solidarité maçonnique est exigeante. Elle constitue sans doute, dans l'esprit de certains, un confortable « filet de sécurité », mais elle demande beaucoup à ceux qui veulent y prétendre, et pas seulement au plan financier. « Ils se serrent les coudes », accusera l'opinion. Vrai, bien sûr... mais si réducteur ! Les francs-maçons ne réservent pas leurs efforts aux seuls membres des obédiences, ils participent — avec trop de discrétion ? — aux grandes causes de solidarité, parce que leur philosophie les place à la pointe de ce combat.

Michel Baroin, ancien grand maître du GO, proposait ce credo du franc-maçon : « Ce qui compte, c'est d'être utile parce que le temps de vivre est court. C'est de faire en sorte que les courants de générosité passent dans les actes. C'est de mettre en pratique la notion de solidarité. » Le message reste d'actualité.

Conclusion

« ET POURQUOI NE SERIONS-NOUS PAS FIERS DE NOTRE IMAGE ? »

« Deux dangers guettent la franc-maçonnerie : qu'elle se transforme en parti politique ou en Église. » Cette réflexion de Christian Dupuy, maire RPR de Suresnes et frère de la GLF, traduit l'un des principaux soucis des francs-maçons, attentifs à ne pas voir s'altérer ce qui fait leur identité et leur originalité. Une maçonnerie trop ouverte sur l'extérieur réduirait l'obédience, la transformerait en appendice d'une organisation militante ; une maçonnerie trop fermée tomberait dans le dogmatisme, s'éloignerait de la réalité, deviendrait une société secrète et, *in fine*, une secte.

Pourtant, le grand public conserve une image troublée, déformée, des francs-maçons. Comment pourrait-il en être autrement ? Trop de secrets. Trop d'obédiences différentes. Trop de diversité dans les rites comme dans les convictions, sur le déisme, en particulier. Trop de manières différentes de vivre son aventure maçonnique : que peut-il bien y avoir de commun entre l'artisan frère d'une loge de Carpentras et le promoteur initié dans une loge de... L'Haÿ-les-Roses, par exemple. Comme si tout cela ne suffisait pas, les loges bénéficient d'une grande autonomie par rapport à leur obédience parisienne. La voix du grand maître ne traduit pas toujours les sentiments de ses frères.

Cela ne nous a pas dissuadés de vouloir, à travers une longue enquête, dessiner à grands traits la franc-maçonnerie française. Nous n'avons jamais eu la volonté de violer le secret maçonnique ; et pourtant, nous avons pu acquérir un certain nombre de certitudes sur la vraie nature des francs-maçons. Nous avons aujourd'hui des réponses aux questions que nous nous posions, que tous les profanes se posent.

Oui, les francs-maçons sont élitistes. Jean Verdun, l'ancien grand maître de la GLF, le revendique : « La franc-maçonnerie ne peut être un mouvement de masse, elle doit trouver des hommes de qualité appartenant aux parties de la population qui sont les plus dynamiques, les plus en pointe. » Ce n'est pas son actuel successeur, le grand maître Jean-Louis Mandinaud, qui le contredira : « Ce mot d'élitisme ne me déplaît pas. Il suppose que la maçonnerie compte dans ses rangs les meilleurs humanistes. Je souhaite que nous constituions une aristocratie du savoir et de la générosité. » Jean-Robert Ragache, du Grand Orient, est plus définitif encore : « La maçonnerie est élitiste, nous choisissons les meilleurs. »

Quiconque peut, certes, aller frapper à la porte des obédiences. Mais n'entre pas qui veut : c'est le plus souvent par cooptation que le profane — et futur frère — rejoint une obédience, non sans avoir subi une enquête de personnalité et surmonté l'épreuve d'un examen de passage. Ce mode de recrutement sélectif ne comporte, d'ailleurs, pas que des avantages. Il est facteur de conservatisme, d'immobilisme au sein des obédiences. Les membres d'une loge ont toujours tendance à inviter à les rejoindre des hommes qui leur ressemblent, dont ils sont proches tant au plan social qu'intellectuel. Pour les mêmes raisons le recrutement s'opère essentiellement parmi les notables. On choisissait — on choisit toujours — des gens très bien intégrés dans la société, appartenant pour la plupart à la bourgeoisie moyenne. Les francs-maçons le déplorent-ils ? Parfois. André Laignel ne va pas jusqu'à penser qu'il faudrait ouvrir les vannes en grand : « Je ne crois pas que la franc-maçonnerie soit faite pour être une organisation de masse. » Il trouverait toutefois souhaitable que le milieu des syndicats et des associations soit mieux représenté.

Exigeants pour le recrutement, les maçons ne le seront pas moins par la suite. Le nouvel initié, invité à « plancher » sur les thèmes de réflexion les plus divers, considérera sa loge comme une université permanente. D'où un sentiment de supériorité encore renforcé : n'entre pas qui veut, reste qui peut. Faire partie de la franc-maçonnerie, c'est d'abord être distingué parmi une élite, c'est ensuite mériter d'y demeurer par ses efforts. « Tout cela exige du travail, dit Gilbert Abergel. Et pourquoi ne serions-nous pas fiers de cette image ? »

Il ne faut pas chercher ailleurs l'explication à la présence en nombre de francs-maçons aux postes de responsabilités. « On nous reproche d'être partout, nous disait un membre du GO membre d'un cabinet ministériel, mais il n'y a pas de complot ! C'est normal, compte tenu de l'exigence de la méthode initiatique ! On prend des hommes de grande qualité, on forge des tempéraments, on transmet des connaissances. Tout cela s'exprime ensuite quelque part ! »

En politique, d'abord. Car même si la franc-maçonnerie ne vise pas la conquête du pouvoir, elle ne se prive pas d'assurer la pérennité de son message à travers ses représentants au Parlement, au gouvernement, et dans les partis politiques. Constitue-t-elle, du coup, un groupe de pression, un lobby ?

Oui, sans aucun doute. Les francs-maçons ont leur réseau et ils se doivent de travailler à la construction de la chaîne d'union. Tous ne sont pas prêts à l'admettre : de « réseau » à « complot », il n'y a qu'un pas, trop souvent, trop hâtivement franchi... Jean-Louis Mandinaud ne s'arrête pas à ce genre de considération : « Nous formons un maillage, sans aucun doute. » Jacques Oréfice, ancien grand maître adjoint du GO, est aussi clair : « Oui, il s'agit d'un réseau. Certains sont même tentés de vouloir l'utiliser à des fins peu louables. »

Nier cette évidence relève de l'infantilisme. Ce sont bien les obédiences qui ont mis en place une « Commission E », sorte d'ANPE à l'usage des frères au chômage. Ce sont bien des francs-maçons qui créent les associations corporatives, les fraternelles. Les dignitaires se montrent réservés, pour ne pas dire plus, à l'égard de ce qu'ils appellent des « organisations paramaçonniques ». Mais ces fraternelles n'en existent pas moins ! On peut encore parler de réseau lorsque des grands maîtres organisent rue Cadet des réunions rassemblant tous les membres initiés de cabinets ministériels. Toutes les interprétations deviennent alors possibles.

L'image de la franc-maçonnerie s'en ressent. Aux yeux de certains profanes, le temple passe pour le lieu de tous les contacts, de toutes les magouilles. C'est là que l'on aura les meilleures chances de faire avancer son dossier jusqu'au sommet de la pile, que l'on trouvera les interventions complices pour obtenir un appartement de la ville de Paris, un logement HLM, un traitement de faveur dans un hôpital, un emploi ou une subvention pour une association... Qui pourrait jurer que cela ne s'est jamais produit ? Bien sûr il y a plus grave comme l'a démontré, entre autres, le scandale de la Sages. Mais la maçonnerie n'est qu'une organisation d'hommes, avec leurs vertus et leurs vices. Elle ne saurait donc être à l'abri des dérapages. Elle est cependant d'abord victime du halo de mystère dont elle persiste à s'envelopper. Sans ce secret, le profane lui accorderait-il la même formidable puissance ?

Doit-on s'offusquer de cette solidarité ? Oui, bien sûr, lorsqu'elle débouche sur les agissements malhonnêtes. Nous ne nous sommes pas privés de les évoquer. Certainement pas, lorsqu'elle reste l'expression d'un engagement philosophique.

« Je ne sais toujours pas si le fait d'être franc-maçon constitue un avantage ou un inconvénient, nous a dit Jean-

Robert Ragache. Je me souviens d'un dentiste d'Aubenas, vénérable que nous avions incité à fêter les cent cinquante ans de sa loge. Il s'était fait tirer l'oreille, hésitant à exhiber sa qualité de maçon... Il a fini par accepter et il a organisé quelque chose de spectaculaire. Il y avait même une montgolfière dans le ciel, ce jour-là, pour bien marquer l'événement. Bilan : il a perdu un certain nombre de patients... Et il en a gagné beaucoup d'autres. » Une « opération blanche », d'un strict point de vue commercial.

« Cela ne m'a ni servi, ni desservi », considère l'ancien ministre socialiste André Laignel. « Le réseau est loin d'avoir fait la preuve de son efficacité, déplore Jean-Louis Mandinaud : A la GLF, 20 % de nos membres ont besoin des marques de notre fraternité. Nous avons un pourcentage de chômeurs comparable à la moyenne nationale, alors que nous comptons parmi nous un grand nombre de chefs d'entreprise. On dit parfois : “ Voyez les chrétiens comme ils s'aiment ! ” J'aimerais que l'on puisse dire : “ Regardez les maçons, comme ils s'aident ! ” »

La solidarité serait-elle parfois un vain mot chez les initiés ? Certainement pas en province, où l'entraide entre frères fait partie des règles du savoir-vivre dans les villes de petite et moyenne importance. Mais la situation est bien différente aux sièges des obédiences, où les enjeux de pouvoir, les luttes de clans, mettent à mal les idéaux affichés de fraternité. Il faut s'être promené dans les couloirs de la Rue Cadet, à la veille d'un convent, pour mesurer l'étendue du malaise ; il faut avoir aperçu ces petits groupes dispersés, chuchotant dans la pénombre des couloirs avant de rentrer en réunion plénière, comme on le fait au Vatican à quelques heures de la fumée blanche libératrice. Cette diversité, ces luttes d'influence font penser aux dissensions qui agitent les catholiques, tous apôtres pourtant d'un même Dieu, assistant au même office.

Et leur influence ? Mythe ou réalité ? Nous en sommes convaincus : les francs-maçons sont toujours là, et bien là, même s'ils n'ont plus l'importance qui était la leur sous la Troisième République. Ils agissent de façon plus discrète, cherchent à conquérir les esprits plus qu'à investir les institutions. Ils travaillent désormais, comme l'explique Gilbert Abergel, par « capillarité ». « Si nous parvenons à faire passer nos petits bouts de vérité à travers les clubs, nous nous estimons satisfaits », dit-il. Ils savent qu'ils sont, en chiffres relatifs, beaucoup moins nombreux qu'autrefois, puisqu'ils retrouvent aujourd'hui leurs effectifs de 1939, quand la France comptait 41 millions d'habitants. Ils savent aussi que leur expression à l'extérieur du temple n'a jamais été aussi éparse !

Il reste toutefois un tronc commun : l'humanisme. Véritable laboratoire d'idées, la franc-maçonnerie sait toujours se mobiliser lorsqu'il s'agit de porter l'étendard des droits de l'Homme, de se battre pour le progrès social, d'œuvrer à la libéralisation des mœurs. S'ils ont perdu du terrain au détour du déclin du Parlement — les députés ont vu leurs prérogatives rognées au profit des institutions européennes, ou d' « experts » —, s'ils ont de moins en moins la possibilité de faire valoir leurs convictions personnelles lors des grands débats — le vote bloqué à l'Assemblée nationale est passé par là —, et s'ils ont dû avaler quelques couleuvres — l'échec de la réforme Savary en est une —, ils n'en ont pas moins réussi à infléchir bien des politiques. Et sous tous les régimes.

En fait, les francs-maçons sont des centristes. Leur influence est liée à l'importance de ce groupe voué à arbitrer les débats de fond de notre vie publique. A l'aise dans les situations de conflits — et l'on a vu le rôle déterminant qu'ils ont pu jouer en Nouvelle-Calédonie — ils avancent sereins, certains que leur démarche, toute de tolérance, d'écoute, de respect des opinions d'autrui, de volonté de conciliation, est la seule réponse possible à apporter à un monde qui se cherche. L'affrontement entre capitalisme et communisme a vécu. Il n'aura pas duré un siècle. Aujourd'hui s'ouvre une nouvelle ère, marquée à l'origine par la faillite des idéologies et la débâcle des représentations traditionnelles — partis politiques ou syndicats. Le monde occidental doute et réclame des repères. L'humanisme en est un, la maçonnerie est l'une des expressions de cet humanisme.

L'initiation maçonnique, par son rituel et son symbolisme, peut sembler désuète à nos contemporains. Elle rebute bien des profanes. Elle en irrite d'autres, prêts à rejeter dans les oubliettes de l'histoire un mouvement qui n'aura pas su, après plus de deux siècles d'existence, se résoudre à initier des femmes dans ses obédiences historiques. Ni le Grand Orient, ni la Grande Loge de France, ni la Grande Loge nationale française n'envisagent de remettre en cause leurs lois, édictées en un temps où le statut juridique de la femme l'assimilait au mieux à un enfant, au pire à une esclave. Mais nous sommes en 1994...

Il existe, c'est vrai, une obédience mixte, le Droit humain. Il existe aussi une Grande Loge féminine. Ce n'est pas leur faire injure de rappeler qu'elles restent minoritaires, qu'elles n'exercent qu'une faible influence au sein de la franc-maçonnerie. Si le Grand Orient semble aujourd'hui disposé à ouvrir ses portes aux « sœurs », ce n'est pas le cas de la GLF et de la GLNF. Voilà qui est paradoxal, de la part d'un mouvement si acharné à défendre l'égalité des sexes, à l'avant-garde, dans un passé encore proche, en matière de droit à l'avortement ou de contraception.

Diverse, éparse, organisée mais dispersée, aussi rigoureuse qu'un instituteur laïque — mais si frivole dans ses « agapes » —, tour à tour généreuse et austère, janséniste, déiste ou athée, de gauche, de droite, mais toujours républicaine : voilà la franc-maçonnerie telle que nous l'avons rencontrée. Profanes, nous avons osé la question : à quoi sert-elle ? Elle a su nous apparaître souvent, au hasard de nos rencontres, comme ce lieu convivial, unique, où l'individu peut espérer progresser et donner un sens à son existence. « J'éprouve surtout ici le sentiment d'être utile, nous a dit Georges Daniel. Je me dis que si nous sommes 100 000 à ressentir ce même bonheur, cette même nécessité de nous comporter en êtres humains, le monde ne pourra qu'en sortir meilleur. » Nous avons décidé de lui laisser le dernier mot. A lui, le maçon de base.

Remerciements

Rien de ce qui précède n'aurait pu être écrit sans l'aide précieuse de tous ceux, maçons ou profanes, qui nous ont apporté leur soutien ou qui nous ont consacré un peu — et parfois beaucoup — de leur temps pour nous aider à comprendre la franc-maçonnerie. Que Gilbert Abergel, Jeannine Augé, Alain Baldo, Michel Barat, Didier Bariani, Michel Baron, Robert Belleret, Michel Berenguer, André Bergeron, Yvan Blot, Jean Bothorel, Xavier Bouton, Jean-Moïse Braitberg, Gérard Buetas, Alfred Cahen, Henri Caillavet, Roland Cayrol, Claude Charbonniaud, Philippe Chatenay, Aymar du Chatenet, Yann Cotten, Philippe Dechartre, François Delacroix, Tom Do Nascimento, Jacques Foccart, Robert Franchitti, Bernard Frangin, Anne Grandjanin, Christian Grimaldi, Bernard Groslier, Paul Guiberteau, Pierre Jeanne, Patrick Kessel, Jacques Lafleur, Rémy Le Goff, Guy Lengagne, Bruno Léridon, André Lévy, Franck Madœuf, Jean-Louis Mandinaud, Gilles Martinet, Pierre Mérindol, Jacques Oréfice, Jean-Louis Pétriat, Michel Pompignoli, Jean-Robert Ragache, Michel Reyt, Georges Rino, Jean-Michel Rosenfeld, Yvette Roudy, Pierre Simon, Michel Sy, Bernard Teper, Ken Tomlinson, Yves Trestournel, Pierre Treuil, Max Verdone, Charles Villeneuve, Chris Willcox, Véronique Yollant, Jacques et Françoise Zerbib, trouvent ici l'expression de notre gratitude. Et que tous ceux que nous ne citons pas, en accord avec l'engagement que nous avons pris envers eux, soient assurés que nous n'oublions pas la qualité de l'accueil qu'ils nous ont réservé.

ANNEXES

Petit lexique

Agapes : une tradition maçonnique. Ce sont les festivités (repas ou banquet) qui marquent généralement la fin d'une réunion, ou « tenue ».

Apprenti : premier degré de l'initiation. L'apprenti est tenu de garder le silence en loge.

Atelier, ou **loge** : l'unité de base de la franc-maçonnerie, qui rassemble à un niveau local les frères d'une même obédience. Le plus souvent, il réunit quelques dizaines de membres. Au-delà de soixante frères, généralement l'atelier « essaime », en créant une nouvelle loge.

Augmentation de salaire : le passage à un grade supérieur dans l'ordre maçonnique.

Cabinet de réflexion : local dans lequel le profane est invité à méditer avant de « passer sous le bandeau », c'est-à-dire de se soumettre, les yeux bandés, aux questions des membres de la loge dans laquelle il postule.

Calendrier : pour les maçons, l'année commence le 1er mars, et leur ère s'ouvre 4000 ans avant la naissance de Jesus-Christ. Le 1er mars 1994 devient ainsi le 1er mars 5994.

Capitation : la contribution financière annuelle, autrement dit la cotisation.

Chaîne d'union : le maçon est un des maillons de cette chaîne, qui relie tous les membres de la loge et, au-delà, tous les membres du mouvement.

Compagnon : deuxième degré de l'initiation, au terme de l'apprentissage.

Convent : assemblée générale annuelle rassemblant les délégués des loges.

Enfant de la Veuve : titre dont peut se prévaloir tout franc-maçon, considéré comme une réincarnation d'Hiram, architecte du Temple de Salomon. La Veuve est, en l'occurrence, la mère d'Hiram.

Fils de la Lumière : autre expression pour qualifier les francs-maçons.

Frère : *idem*. Familièrement, les francs-maçons utilisent souvent le terme « frangin ».

Grades, ou **degrés** : les trois premiers (apprenti, compagnon, maître) constituent ce qu'on appelle la Maçonnerie bleue. Le Rite écossais ancien et accepté comprend 33 grades.

Grand Architecte de l'Univers (ou GADLU) : Dieu pour certaines obédiences, un symbole pour d'autres.

Grand maître : il préside le conseil de l'ordre, à la tête de chaque obédience.

Hospitalier : le frère chargé, au sein de la loge, de l'entraide et de la solidarité interne.

Initiation : cérémonie au cours de laquelle le postulant accède au grade d'apprenti. Mais ce terme qualifie également la démarche de recherche permanente du franc-maçon.

Loge : voir **Atelier.**

Maître : le troisième grade, celui qui confère à son titulaire la plénitude des droits.

Métaux : les apparats profanes. On les laisse, symboliquement, à la porte du temple.

Obédience : fédération de loges admettant d'être placées sous une même autorité.

Outils : l'Équerre et le Compas sont les plus connus. Ils symbolisent respectivement la rectitude morale et l'ouverture, ou les justes limites. La truelle, le ciseau et le maillet constituent d'autres symboles maçonniques.

Passer de l'ombre à la Lumière : être admis comme apprenti.

Passer sous le bandeau : répondre, les yeux bandés, aux questions des frères de la loge en vue d'être initié.

Planche : tout travail écrit à caractère maçonnique.

Profane : tout ce qui est extérieur à la maçonnerie.

Sœur : franc-maçonne.

Tablier : le maçon le porte en loge. Il est brodé de couleurs différentes selon les grades. L'expression « maçon sans tablier » est utilisée pour désigner un profane dont le comportement est jugé digne de celui d'un franc-maçon.

Temple : local où se réunit la loge.

Tenue : réunion de la loge.

Tenue blanche ouverte : quand un conférencier profane s'adresse à un auditoire composé de francs-maçons et de profanes.

Tenue blanche fermée : quand un conférencier profane s'adresse à un auditoire uniquement composé de francs-maçons.

Tronc de la Veuve : il s'agit d'une caisse spéciale, alimentée par les frères et gérée par l'Hospitalier (voir ce mot), pour venir en aide, au sein de chaque loge, aux frères en difficulté ou à leur famille.

Vénérable : celui qui préside aux travaux de la loge.

Repères chronologiques

1284 : l'écroulement du chœur de Beauvais met fin à l'âge d'or des cathédrales.

1376 : première mention connue dans un document du mot *free mason.*

Vers 1390 : manuscrit Regius, poème didactique contenant des préceptes à l'usage des communautés de maçons (c'est le plus ancien document maçonnique connu).

Vers 1425 : second document maçonnique par l'ancienneté après le Regius. On y trouve un récit légendaire des origines de la franc-maçonnerie.

1717 : création de la Grande Loge de Londres.

1723 : publication des Constitutions d'Anderson, ouvrage de base écrit par James Anderson et qui retrace l'histoire légendaire et les obligations des maçons.

1726 : première présence attestée d'une loge maçonnique en France (Paris), sans doute précédée : dès la fin du XVIIe siècle, la maçonnerie essaime dans le monde entier.

1737 : discours de Ramsay, précurseur de l'écossisme.

1738 : première condamnation de la franc-maçonnerie par l'Église (bulle *In eminenti* de Clément XII). La même année, formation d'une Grande Loge de France.

1751 : création en Angleterre d'une Grande Loge rivale de la première, jugée trop novatrice. C'est le début de la querelle des Anciens et des Modernes, qui va déchirer la maçonnerie anglaise pendant soixante-deux ans.

1754-1758 : création en France d'organismes chargés de l'administration des premiers grades écossais.

1756 : fondation en Allemagne par le baron de Hund de la Stricte Observance, d'où sortira le Rite écossais rectifié.

1761 : l'un des organisateurs dispensateurs de hauts grades, le conseil des empereurs d'Orient et d'Occident, charge l'un de ses membres, Étienne Morin, de répandre le Rite écossais dans les Amériques.

1765 : à la suite de rivalités intérieures, scission de la GLF.

1773 : création du Grand Orient de France, rival de l'ancienne Loge de France.

1782 : le convent général de Wilhelmsbad achève la réforme de la Stricte Observance, amorcée au convent des Gaules (Lyon, 1738) : naissance du Rite écossais rectifié.

1786 : Grandes Constitutions, attribuées à Frédéric II. Elles continuent de nos jours à régir le Rite écossais ancien et accepté.

1796-1801 : naissance à Saint-Domingue et Charleston des premiers Suprêmes Conseils du Rite écossais ancien et accepté, en trente-trois degrés.

1799 : réunion des deux obédiences françaises rivales, sous le nom de Grand Orient de France.

1804 : fondation du Suprême Conseil de France (Rite écossais) et d'une Grande Loge générale écossaise du Rite ancien et accepté. Le Rite écossais ainsi constitué en France passe un accord avec le Grand Orient, bientôt dénoncé. Le Grand Orient et l'obédience écossaise (aujourd'hui GLF) sont encore séparés de nos jours.

1813 : l'*Act of Union* consacre la réconciliation des Anciens et des Modernes anglais : naissance de la Grande Loge unie d'Angleterre.

1877 : le Grand Orient de France supprime l'obligation pour ses membres de travailler « à la gloire du Grand Architecte de l'Univers ». Rupture avec la Grande Loge unie d'Angleterre.

1880 : scission du Rite écossais sur le même sujet, qui provoque la création d'une Grande Loge symbolique écossaise.

1884 : encyclique *Humanum genus* de Léon XIII : nouvelle condamnation de la franc-maçonnerie par l'Église.

1893 : fondation par Maria Deraismes du Droit humain, obédience mixte qui accueille des hommes et des femmes.

1894 : fin de la scission du Rite écossais : création de la Grande Loge de France, qui regroupe les « loges bleues » écossaises, le Suprême Conseil se réservant la gestion des hauts grades.

1913 : renaissance en France du Rite écossais rectifié, réfugié en Suisse depuis la Révolution ; fondation de la Grande Loge nationale indépendante française.

1917 : nouvelle condamnation du pape Benoît XV.

1922 : le 4e congrès de l'Internationale communiste interdit à ses militants toute appartenance maçonnique.

1929 : la Grande Loge unie d'Angleterre publie ses principes de base pour la reconnaissance d'une Grande Loge, interprétation très restrictive des Landmarks. La réunion d'une maçonnerie « régulière » ou « traditionaliste » de type anglo-saxon et d'une maçonnerie « libérale » ou « moderniste » de type Grand Orient semble désormais impossible.

1935 : parallèlement à la Grande Loge nationale indépendante française, création en France d'un Grand Prieuré des Gaules (hauts grades du Rite écossais rectifié) et d'une Grande Loge écossaise rectifiée (grades « bleus » du même Rite).

1945 : lever de l'interdiction communiste. Fondation de la Grande Loge féminine de France, qui ne compte que des femmes dans ses rangs.

1948 : la Grande Loge nationale indépendante et régulière devient Grande Loge nationale française (GLNF).

1953 : la Grande Loge de France exige de nouveau la présence du volume de la loi sacrée dans les loges.

1958 : les « loges bleues » de la Grande Loge écossaise rectifiée passent sous la juridiction de la FLNF, le Grand Prieuré des Gaules se réservant toujours l'administration des hauts grades. La maçonnerie « régulière » française se trouve ainsi unifiée.

1959 : la Grande Loge de France rompt ses relations avec le Grand Orient, qu'elle considère comme une obédience « irrégulière ».

1964 : réconciliation du GO et de la GLF, scellée par un traité d'alliance fraternelle. Une minorité de loges quittent alors la GLF pour adhérer à la Grande Loge nationale française. En 1965, ces loges dissidentes créent un nouveau Suprême Conseil, désormais lié par traité avec la GLNF pour l'administration des hauts grades de l'écossisme.

1983 : le nouveau droit canon ne fait plus référence à une excommunication automatique des francs-maçons.

1985 : les cinq obédiences françaises signent en commun avec les Églises un appel à la fraternité contre le racisme.

1987 : colloque maçon-catholique à Toulouse.

Rassemblement maçonnique international à Paris.

Fiches signalétiques des grandes obédiences

I. *LE GRAND ORIENT DE FRANCE*

Le Grand Orient est depuis toujours l'obédience la plus importante. Elle compte environ 35 000 adhérents qui se répartissent en 600 loges. Elle représente plus de 40 % de la franc-maçonnerie française.

Créée en 1773, cette obédience connaîtra une évolution fondamentale, un tournant décisif, un siècle plus tard. En 1877, le Grand Orient abandonne toute référence au Grand Architecte de l'Univers, toute référence à la croyance en Dieu.

Cette décision provoque une rupture définitive avec la Grande Loge unie d'Angleterre et fait du Grand Orient une obédience dite « irrégulière ». Elle crée le Rite français, ou moderniste, qui se caractérise par une très grande simplification symbolique.

Le Grand Orient est considéré comme l'obédience la plus ouverte sur l'extérieur, celle qui intervient le plus dans la vie profane, en particulier dans le domaine politique. Plutôt réformiste, elle a mené le combat laïque de la séparation de l'Église et de l'État sous la Troisième République, en compagnie du Parti radical.

Proche des socialistes sous la Cinquième République, le Grand Orient est à l'origine des grandes réformes touchant à la libéralisation des mœurs. Il entretient des relations fraternelles avec les autres obédiences.

GODF : 16, rue Cadet, 75009 Paris. 45.23.20.92.

II. *LA GRANDE LOGE DE FRANCE*

La Grande Loge de France est la deuxième obédience en importance. Elle compte près de 23 000 initiés et plus de 300 loges.

Créée en 1894, elle est directement issue de la querelle autour de l'abandon par le Grand Orient de la référence au Grand Architecte de l'Univers. Le Rite écossais ancien et accepté est largement pratiqué dans ses loges.

Cependant, malgré la référence au Grand Architecte, la Grande Loge de France est toujours considérée comme irrégulière par la maçonnerie britannique. En effet, le Grand Architecte y est considéré seulement comme un symbole auquel chacun est libre de donner une interprétation personnelle. Pour la Grande Loge d'Angleterre, il s'agit d'un Dieu révélé.

Si elle s'intéresse aux grandes questions qui agitent la société profane, la GLF évite en principe d'en débattre ouvertement, et plus encore de se marquer politiquement. Ses relations avec le Grand Orient sont étroitement dépendantes de la qualité des relations entre les grands maîtres des deux obédiences. La GLF a souvent reproché au GO d'être trop proche des socialistes au cours des dernières années.

GLF : 8, rue Puteaux, 75017 Paris. 45.22.58.86.

III. *LA GRANDE LOGE NATIONALE FRANÇAISE*

Cette obédience, minoritaire en France, compte toutefois 17 000 membres et 500 loges. Créée en 1913, elle occupe une place tout à fait remarquée et originale dans le mouvement maçonnique français. Elle est en effet la seule obédience régulière, dans la mesure où elle seule est reconnue par la Grande Loge unie d'Angleterre et par les puissances maçonniques qui entretiennent des relations avec le mouvement britannique.

Elle doit cette reconnaissance à son très scrupuleux respect de la règle maçonnique universelle, à savoir la croyance en Dieu et l'apolitisme.

Tout candidat à la GLNF doit prêter serment sur l'Évangile de saint Jean et jurer fidélité à la sainte religion chrétienne. Au début de chaque « tenue », la Bible est ouverte sur l'autel. Sur le plan politique, son refus de vouloir descendre dans l'arène a, en fait, conduit la GLNF à un conservatisme plus ou moins revendiqué.

Ses relations avec le GO et la GLF ne sont pas très développées, ces deux dernières obédiences lui reprochant de suivre aveuglément les directives de la maçonnerie anglaise. C'est cette influence étrangère qui a provoqué une scission en 1958 et la création de la Grande Loge traditionnelle et symbolique Opéra.

GLNF : 65, boulevard Bineau, 92100 Neuilly. 47.57.75.75 ;
8, rue Christine-de-Pisan, 75017 Paris. 44.15.86.20.

IV. *LE DROIT HUMAIN*

Cette obédience est forte de 12 000 membres et de 150 loges. Créée en 1893 par Maria Deraismes, militante féministe républicaine et anticléricale, elle est la seule obédience mixte, mais compte désormais dans ses rangs sensiblement plus de sœurs que de frères.

Pratiquant le Rite écossais ancien et accepté, elle jouit d'un réel rayonnement international, puisqu'elle est à la tête de fédérations nationales dans une cinquantaine de pays.

Droit humain : 5, rue Jules-Breton, 75013 Paris. 47.07.50.51.

V. *LA GRANDE LOGE FÉMININE DE FRANCE*

Comme son nom l'indique, cette obédience est strictement réservée aux femmes.

Dès le XVIIIe siècle, des femmes se sont intéressées de très près à la maçonnerie. Elles travaillaient alors au sein des « loges d'adoption », qui étaient placées sous la protection des ateliers masculins et qui se consacraient principalement à des œuvres de bienfaisance. Au début du XXe siècle, en réponse à la création du Droit humain, la Grande Loge de France relançait des loges d'adoption. C'est dès 1945 que les sœurs allaient prendre leur autonomie et fonder la GLFF.

Elle compte aujourd'hui 9 000 sœurs et 195 loges. Elle travaille au Rite écossais ancien et accepté.

GLFF : 4, rue du Couvent, 75011 Paris. 43.71.05.74.

Professions de foi des grandes obédiences

I. *LE GRAND ORIENT DE FRANCE*

par le Grand Maître Gilbert Abergel

S'il fallait définir l'originalité du Grand Orient de France dans le paysage maçonnique français, il faudrait la chercher dans sa position de chef de file de ce qu'il est convenu d'appeler « la Franc-Maçonnerie Libérale ».

Le terme « libéral » n'est pas forcément le plus adéquat — mais l'usage n'en est pas nouveau — pour désigner les obédiences qui ont choisi de n'imposer à leurs membres aucune affirmation dogmatique et de respecter leur totale liberté de conscience... autrement dit, de laisser à chacun toute latitude de croire à une « vérité révélée » ou de n'y pas croire...

Cette position de totale ouverture ne date pas d'hier — elle a été introduite dans les Constitutions et Règlements du Grand Orient de France après le Convent de 1877. Le long débat (il s'est étendu sur près de deux années) qui a précédé cette importante prise de position en a parfaitement clarifié la portée et la signification.

Il ne s'agissait en aucune façon de rejeter la croyance en Dieu, mais simplement de la rendre facultative et de laisser les choix religieux ou métaphysiques à la libre appréciation de chacun.

Si cette « Laïcisation » du Grand Orient de France a fait autant de bruit et a été suivie de tant de ruptures, c'est qu'elle constituait un prétexte commode pour entériner le fossé creusé entre les obédiences restant figées dans le cadre — plus ou moins remanié d'ailleurs — fixé par les Constitutions d'Anderson (en 1725 !) et une Franc-Maçonnerie française dynamique, remuante et décidée à « épouser son siècle ». Dans cette marche au progrès, entamée vers le milieu du XIXe siècle, le Grand Orient de France n'était pas le seul : l'éphémère et égalitaire Grande Loge Nationale de France (mai 1848/janvier 1851), la très remuante Grande Loge Symbolique Écossaise (1880-1991) et, outre-Quiévrain, le Grand Orient de Belgique l'ont accompagné, plus ou moins longtemps... L'obédience belge sera encore à ses côtés lorsque se formera le CLIPSAS, union et fer de lance des maçonneries libérales... mais cela est une autre histoire.

Le Grand Orient de France se définit aussi par son attachement aux valeurs de la République... concrétisées par la devise « Liberté, Égalité, Fraternité » adoptée en 1848 par la Deuxième République et rituellement acclamée dans les Loges.

Cet attachement n'est pas platonique : il s'est à mainte reprise manifesté dans l'action. Depuis les félicitations des Francs-Maçons parisiens solennellement apportées au gouvernement provisoire de 1848 jusqu'au soutien sans faille des Loges à la Troisième République — si fragile à ses débuts — le Grand Orient de France s'est engagé à fond dans la défense de la République : il en a payé le prix, car l'hostilité des milieux réactionnaires et cléricaux a ouvert la voie aux persécutions du gouvernement de Vichy.

Mais en contrepartie de cette symbiose des idéaux maçonniques et républicains et de ce soutien affectif, le Grand Orient de France a pu faire passer devant l'Assemblée nombre des grandes réformes étudiées auparavant dans les Loges : les lois scolaires, la séparation de l'Église et de l'État, le droit associatif et les réformes sociales qui ont marqué la Troisième République.

C'est aussi une des particularités de la Franc-Maçonnerie du Grand Orient de France que cet abandon de la « bienfaisance » au profit du combat social. Les « bonnes œuvres » des Loges du XVIIIe siècle ne sont pas à minimiser, mais elles coexistaient avec un souci de justice sociale qui, dès 1797, se manifestait par des propositions comme celle de Bacon de La Chevalerie au Grand Orient de France, pour la création d'un corps d'officiers de santé qui apporteraient des soins gratuits aux habitants des campagnes : un projet dans lequel d'aucuns voient l'annonce de la Sécurité sociale... Un siècle et demi à l'avance.

Les initiatives au sein des Loges furent nombreuses pour des sociétés mutuelles de prévoyance où les Francs-Maçons prenaient en main leur protection, sans pour autant cesser leur aide aux déshérités. Mais l'idée ne cessait de s'ancrer dans les débats des Loges que la sécurité de chacun est l'affaire de tous et les lois sociales furent esquissées et discutées au sein des Ateliers bien avant qu'elles n'aboutissent devant le Parlement. Une longue tradition qui n'est pas tombée en désuétude : les débats sur la libération de la contraception ont précédé l'action des législateurs; ceux qui de nos jours traitent des problèmes de bioéthique ou de limitation de l'acharnement thérapeutique sont dans la droite ligne de ces actions.

Mais le Grand Orient de France, s'il se veut centre de réflexion et force de progrès, n'en reste pas moins attaché aux valeurs proprement maçonniques qu'il partage avec les Francs-Maçons du monde entier. La tolérance, l'ouverture à l'autre, la volonté de constituer dans un monde troublé « le Centre de l'Union », mais aussi et surtout, l'ouverture à chacun de ses membres d'une voie initiatique où il lui appartiendra de progresser à son rythme et dans la direction qu'il aura librement choisie.

II. *LA GRANDE LOGE DE FRANCE*

par le Grand Maître Jean-Louis Mandinaud

La Franc-Maçonnerie : une tradition d'avenir

Il peut paraître paradoxal de qualifier la Franc-Maçonnerie de tradition d'avenir ; et pourtant c'est bien ainsi que la Grande Loge de France (GLDF) inscrit sa présence et son action dans le monde maçonnique.

« La Franc-Maçonnerie est un ordre initiatique traditionnel et universel fondé sur la fraternité qui a pour but le perfectionnement de l'Humanité, à cet effet les Francs-Maçons travaillent à l'amélioration constante de la condition humaine, tant sur le plan spirituel et intellectuel que sur le plan du bien-être matériel. » Ainsi débute le texte de la Constitution de la GLDF qui précise bien son assise et sa perspective. Appuyées sur une tradition de société initiatique mêlant une spiritualité de la pensée aux références symboliques des bâtisseurs opératifs, les Loges de la GLDF travaillent à la Gloire du Grand Architecte de l'Univers et pratiquent le Rite Écossais Ancien et Accepté dont les trois grandes Lumières sont : l'Équerre, le Compas et le volume de la Loi sacrée : la Bible, le plus souvent ouverte à l'Évangile de Jean.

A partir du respect de sa tradition initiatique et de la pratique de son Rite maçonnique propre, la GLDF demande à ses membres de « poursuivre au-dehors l'œuvre commencée dans le Temple », afin de travailler au quotidien à ce perfectionnement de l'Homme et de l'Humanité dont chaque Frère de l'Obédience a pris l'engagement le jour même de son initiation.

Ainsi la présence et l'action de la GLDF s'inscrivent bien dans la tradition de l'ordre maçonnique et dans la perspective de la poursuite de l'œuvre des bâtisseurs, bien qu'il s'agisse dans le monde moderne non plus de construire la cathédrale de pierre, mais l'Homme et l'Humanité.

La méthode de travail en Loge permet de faire de celle-ci un véritable laboratoire de la société où peuvent être examinés, dans la liberté individuelle et la sérénité communautaire, les grands problèmes du monde contemporain pouvant mettre en cause les valeurs traditionnelles de la démocratie que la Franc-Maçonnerie célèbre sous le triple vocable de la Liberté, de l'Égalité, et de la Fraternité.

La GLDF et ses loges ne s'immiscent dans aucune controverse politique ou confessionnelle mais elles ne resteraient pas insensibles devant toute atteinte aux libertés fondamentales d'un État de droit et à l'intégrité de la personne humaine.

La GLDF ne fait pas de prosélytisme. L'astreinte au secret de ses membres est de nature strictement initiatique. Uniquement masculines dans leur composition, les Loges fédérées à la GLDF ne sont jamais sourdes quand on frappe à la porte de leur Temple, pourvu que l'on soit « Hommes d'honneur et de probité, bons et loyaux », désireux de « constituer en Franc-Maçonnerie ce vrai centre d'union où se rencontrent fraternellement des hommes qui, sans elle, seraient demeurés perpétuellement étrangers les uns aux autres ». C'est ce qui est inscrit dans les anciennes Obligations de 1723, fondatrices de la Franc-Maçonnerie universelle et que la GLDF fait figurer en référence, en tête de ses propres Constitutions.

III. *LA GRANDE LOGE NATIONALE FRANÇAISE*

par le député Grand Maître adjoint Yves Trestournel

L'Initiation Maçonnique dispensée à ses adeptes par la Grande Loge Nationale Française est rigoureusement l'expression de la voie Initiatique Traditionnelle.

Elle s'établit sur les bases qui doivent permettre au néophyte de s'identifier au Principe Suprême en raison d'une réalisation ternaire : Corps, Ame, Esprit.

En aucun cas, la pratique Maçonnique ne peut se satisfaire de la simplification d'historiens qui ont écrit sur ses origines, en la réduisant à deux grandes étapes : Franc-Maçonnerie Opératrice et Franc-Maçonnerie Spéculative.

L'adepte s'apercevra vite de l'impasse dans laquelle les chercheurs se sont eux-mêmes trouvés, pour justifier, faute de documents, cette filiation incomplète.

En effet, la Franc-Maçonnerie, Ordre d'expression initiatique, n'établit sa vérité que dans la perspective des trois états actualisés dans ses rites de transmission : Opératif, Spéculatif, Spirituel, qui sont d'ordre : Artisanal, Royal, Sacerdotal.

Artisanal : L'Initiation de métier artisanal, exprimé par la manifestation de l'intelligence qui guide la main qui dirige l'outil en vue de réaliser un Chef-d'Œuvre.

Royal : L'inspiration qui par œuvre d'amour dirige les hommes pour établir l'humanisme.

Sacerdotal : Manifestation de Dieu, Créateur qui confirme la fraternité Universelle : en perspective d'une co-célébration de la création.

L'Initié, par cette pratique, réintègre la dimension transcendante qui relie les hommes à l'Essence même de cette Fraternité unique.

Ainsi, cette Fraternité de huit millions d'hommes peut envisager tous les dialogues dans le respect des différences religieuses, éthiques et nationales, qui sans cette dimension, resterait conflictuelle : c'est ainsi que le Juif pratique son rituel avec le Musulman et que le Chrétien médite avec le Bouddhiste.

Si en France la famille Maçonnique est organisée en Obédiences d'apparence divergente, c'est que l'histoire imprime encore ses limites historiques, qui pour ceux qui ont abandonné la Règle fondamentale qui affirme leur croyance en Dieu, les retranchent de la communauté des Grandes Loges du Monde.

Loin d'être réputée, de qualité moins performante, elle se limite à éclairer les chemins de l'humaniste.

La Grande Loge Nationale Française de par sa démarche, évite les écueils de l'intelligence profane exprimés dans des réflexions sociales ou politiques, s'affirme dans la prise de conscience de la morale dans la manifestation des valeurs spirituelles. Cette 3ᵉ dimension demande une pratique rigoureuse des Rituels qui servent à transmettre l'Initiation.

Le Travail en Loge est donc axé exclusivement sur l'instruction et la découverte de la connaissance de l'essence même des Rites, ce qui exclut toute autre réflexion d'ordre socio-politique.

Ainsi, les Loges peuvent devenir le centre d'Union entre les Hommes qui, sans elles, ne se seraient jamais retrouvés. Ayant acquis la maîtrise de la morale maçonnique de Liberté, d'Égalité, et de Fraternité, ils pourront les exprimer dans leur engagement d'Ordre profane.

Apprenant à mieux se connaître, ils pourraient mieux s'aimer.

La Franc-Maçonnerie Spirituelle pratiquée à la Grande Loge Nationale Française rassemblera les hommes tous différents comme la couleur de l'Arc-en-Ciel en un faisceau unique qui donnera naissance à la Lumière.

IV. *LE DROIT HUMAIN INTERNATIONAL*

par le Grand Maître de l'Ordre Marc Grosjean

C'est le 4 avril 1893 que Georges Martin, conseiller municipal de Paris, puis président du Conseil général de la Seine et sénateur, aida Maria Deraismes, écrivain et orateur, régulièrement initiée par la Loge du Pecq le 14 janvier 1882, à créer la Grande Loge Écossaise Mixte de France qui prit le titre distinctif « Le Droit Humain ». Elle comprenait des femmes de grande qualité et d'une valeur morale et intellectuelle réputée.

Cette naissance, véritable révolution, allait étendre l'initiation maçonnique à l'autre moitié de l'humanité. Maria Deraismes, grande républicaine et apôtre du féminisme, et Georges Martin, visionnaire du rôle que la femme serait appelée à jouer dans la société future, étaient persuadés que cette égalité intégrale était indispensable à l'établissement de la justice sociale et que le bonheur réel de l'humanité ne serait vraiment réalisé qu'à cette condition.

Le Droit Humain s'étendit rapidement, d'abord en Europe continentale, puis à Londres où Annie Besant, féministe travailliste anglaise, installait le premier atelier mixte. Musarelli introduisit la Maçonnerie mixte aux États-Unis, où elle s'est épanouie. Annie Besant, qui ramena Gandhi à l'amour de sa civilisation d'origine, créa des Loges dans l'Inde. L'Amérique du Sud et l'Afrique suivirent l'exemple.

La création de la Grande Loge Mixte avait eu lieu normalement, sans scission. Pour que l'égalité fût complète, il fallait que les Sœurs puissent accéder aux Hauts Grades. La naissance du Suprême Conseil fut réalisée en 1901, par son futur Président, le Frère Décembre Allonier, trente-troisième d'une Obédience masculine et féministe convaincu. Il conféra les Hauts Grades à plusieurs membres du Droit Humain.

L'Ordre Maçonnique Mixte International, le Droit Humain, est aujourd'hui présent dans plus de 55 pays. La Fédération Française en est le groupe le plus important, avec près de 12 000 membres.

Trois caractères marquent l'originalité de l'Ordre.

Il est mixte, car les Frères et les Sœurs fréquentent le Temple sur un pied de complète égalité, participent aux mêmes travaux et accèdent indistinctement aux mêmes charges et responsabilités. La mixité élabore par son efficacité une juste idée d'équité et d'harmonie dans le droit à la différence pour chacun.

Il est international, marqué par le principe de la décentralisation et celui de la diversité dans l'unité. Chaque fédération est autonome et s'administre elle-même. Un Convent International se réunit tous les sept ans et élit un Suprême Conseil, chargé de la gestion internationale, des contacts entre pays et de la création des Ateliers.

Le troisième caractère est la structure initiatique.

Contrairement aux autres obédiences, notre fondateur Georges Martin installa un Ordre sans barrière du 1er au 33e degré. Il désirait éviter une possibilité de conflit entre une Grande Loge et une Obédience de Hauts Grades.

La continuité initiatique agit comme une rampe de lancement vers une pénétration plus profonde dans la voie symbolique.

Un des buts du Droit Humain est de « rassembler ce qui est épars ».

Dans le cadre œcuménique où évolue le Droit Humain, il y a un désir non seulement de respecter les mentalités propres à chaque pays, mais surtout de forger cette capacité d'altruisme permettant à chacun de se dépasser pour aboutir à un sentiment de cohésion et de compréhension fraternelle.

Au moment où une éthique nouvelle et humaniste est en gestation, le Droit Humain compte sur sa Chaîne d'Union universelle pour participer activement à l'édification du Temple de l'Humanité.

V. *LA GRANDE LOGE FÉMININE DE FRANCE*

*par la Grande Maîtresse Jeannine Augé**

La Franc-Maçonnerie Féminine reste encore peu connue; cela est dû à sa grande discrétion dans les prises de position sur les problèmes d'actualité ou de société. Elle a, jusqu'ici, considéré que ses membres devaient participer activement à la gestion de la Cité en leur nom personnel, sans jamais engager l'Obédience en tant que telle.

Ce n'est donc pas par « frilosité » mais par principe que le silence s'est si longtemps prolongé. Toutefois, lors du Convent 1991, conscientes qu'une telle position permettait à d'autres, plus ou moins bien renseignés, de parler plus ou moins bien en leur nom, les députées ont opté pour la possibilité de s'exprimer « pour affirmer, défendre et promouvoir les principes de liberté, de tolérance, de respect des autres et de soi-même » qui sont le fondement même de leur philosophie.

Cette décision reflétait la maturité d'une obédience qui compte aujourd'hui près de 9 000 membres et 250 loges réparties dans le monde.

La GLFF est indépendante depuis 1945. Elle avait, comme fondatrices, des femmes dont plusieurs s'étaient honorées par leur activité dans la Résistance, qui connaissaient le prix de la liberté et voulaient que, le droit de vote leur étant enfin accordé, toute les femmes assument leur citoyenneté à parité avec les hommes.

Cette introduction était nécessaire pour replacer la Franc-Maçonnerie Féminine de la GLFF... dans son contexte; mais il faut insister sur le fait qu'il n'y a pas, en dehors des spécificités d'Obédience, de divergences profondes sur les valeurs à défendre dans l'Ordre Maçonnique dont nous nous réclamons.

Les approches sont différentes, les mots ne sont pas toujours les mêmes, mais le désir d'œuvrer à l'amélioration de l'Humanité et de construire un monde où Liberté - Égalité - Fraternité ne seraient pas une utopic, est commun.

* Jeannine Augé a été élue grande maîtresse en septembre 1992. Marie-France Coquard lui a succédé en septembre 1993.

Alors, comment exposer brièvement ce qu'est pour la GLFF la Franc-Maçonnerie d'aujourd'hui ?

Elle se définit sous deux aspects que l'on pourrait appeler ésotérique et exotérique.

Le premier concerne l'École de pensée que constitue le travail en loge.

Il s'agit, par des travaux et une réflexion commune, de donner aux nouvelles initiées des habitudes d'écoute, de solliciter leur curiosité d'esprit, de leur apprendre à regarder le monde au-delà de l'apparence en faisant appel, pour ce faire, à la Tradition et aux écoles philosophiques de toutes les époques.

C'est là qu'intervient le fameux secret Maçonnique qu'aucune librairie, qu'aucun reportage ne livrera jamais car il concerne cette intime construction de soi que chaque Maçonne vit à son rythme et selon son propre tempérament.

C'est une expérience hors du temps.

Le deuxième aspect concerne l'art de vivre et d'agir de la Maçonne à l'extérieur du Temple. Il est indissociable du premier parce qu'il en est la motivation et la finalité.

Notre époque subit actuellement une remise en cause de toutes les valeurs traditionnelles, ce qui rend encore plus nécessaires les références qu'offre la philosophie maçonnique.

Au-delà des morales contingentes, il existe des impératifs que Cicéron nommait « Devoir absolu », Platon « la Commande d'Or » et que nous retrouvons dans nos outils-principes.

Il faut en redonner le sens à ceux qui l'ont perdu ou ne l'ont pas encore acquis.

La Franc-Maçonnerie n'est ni une Église, ni un État dans l'État.

C'est un rassemblement de bonnes volontés, issues de tous les milieux, largement ouvert à toutes les idées, mais refusant le dogme et l'extrémisme.

Les Francs-Maçonnes sont des cherchants en quête de la Connaissance, et des moyens propres à améliorer l'Humanité.

Ce sont des êtres de conviction pour lesquels l'Être Humain occupe dans l'univers une place privilégiée, ce qui lui confère moins de droits que de devoirs envers son environnement et ses semblables.

La femme dont le rôle dans la Société ne cesse d'augmenter avec l'éclatement de la cellule familiale qui en fait souvent le chef de famille, l'éducatrice, la travailleuse sociale (dans les métiers dits féminins ou à vocation) a la possibilité d'œuvrer sur le terrain.

Mais si elle ne tient pas les rênes du pouvoir, son influence est incomparable — la GLFF touche en fait tous les corps d'état y compris finances, police, armée, ministères, en passant par la femme ouvrière, petite employée, routier...

Il est simplement regrettable qu'une certaine idée que l'on se fait de la

F∴ M∴ éloigne trop de femmes qui se croient trop peu intellectuelles, ou que le manque de temps et de disponibilités ne permette pas à toutes d'accéder à ce qui est à mon sens une voie très équilibrée entre le spiritualisme et le militantisme — puis la F∴ Maç∴ doit continuer en dehors l'œuvre commencée dans le Temple.

QUAND LES LOGES ET LES ÉGLISES SE DRESSENT ENSEMBLE CONTRE LE RACISME

Appel commun à la fraternité

La société française est confrontée à un problème d'accueil de populations étrangères et de communautés culturelles et religieuses.

Des mœurs, des cultures, des croyances de diverses origines souhaitent s'affirmer et coexister dans le concert national, sans perdre de leur spécificité.

Une partie du corps social national réagit par des réflexes de peur et d'intolérance se traduisant soit par un rejet, soit par une exigence d'assimilation totale. Ces attitudes sont génératrices d'incompréhension, de haine et trop souvent de violence meurtrière.

L'effacement du souvenir des catastrophes suscitées par le nazisme et les difficultés sociales et économiques traversées par notre société ont libéré un discours qui a amplifié et banalisé le racisme.

Des idéologies extrémistes discriminatoires trouvent une emprise chaque jour plus grande dans notre pays.

Les organisations et associations humanitaires suivantes :

Droit de l'Homme et Solidarité
Droit Humain
Grande Loge de France
Grande Loge Traditionnelle et Symbolique
Grand Orient de France
Ligue des Droits de l'Homme (LDH)
Ligue Internationale contre le racisme et l'antisémitisme (LICRA)
Mouvement contre le racisme et pour l'amitié entre les Peuples (MRAP)

se sont rassemblées pour faire face à cette évolution dangereuse et lancer un appel à toute la population.

Le Conseil Permanent de l'Épiscopat
Le Conseil de la Fédération Protestante
Le Comité Inter-Épiscopal Orthodoxe
Le Conseil Supérieur Rabbinique
La Grande Mosquée de Paris

qui avaient déjà fait en mars 1984 une « déclaration commune contre le racisme et pour le pluralisme de la société », ont jugé bon de s'associer à cet appel.

Ils estiment que certaines manifestations d'intolérance dans la société française sont suffisamment graves pour que, par-delà leurs différences d'approche, ils unissent pour la première fois leurs voix et leurs efforts.

Ensemble, ils déclarent qu'il est urgent de :

Affirmer le respect de l'autre
Se solidariser avec les personnes et les minorités victimes de discrimination, leur reconnaître les mêmes droits à la justice, à la liberté et à l'égalité
Vivre ensemble dans la tolérance des différences et l'enrichissement mutuel pour une société meilleure de laquelle les immigrés ne sauraient être exclus.

LETTRE ADRESSÉE A FRANÇOIS MITTERRAND PAR LE GRAND MAITRE DU GRAND ORIENT DE FRANCE

Paris, le 22 décembre 1982.

Monsieur le Président de la République,

Les Francs-Maçons du Grand Orient de France sont actuellement préoccupés par plusieurs importantes questions qui tiennent à la fois au rôle historique qu'ils ont joué dans leur concrétisation au sein de la République, et au désir qu'ils ont toujours manifesté d'œuvrer à la création d'une société nouvelle qui corresponde à leurs aspirations de liberté, d'égalité et de dignité de l'homme.

Notre Conseil de l'Ordre m'a demandé de solliciter votre attention sur trois problèmes qu'il considère comme essentiels : la préservation de la paix mondiale, la restitution du caractère laïque de l'État et le retour des Institutions démocratiques de la République.

Notre Convent, assemblée générale du Grand Orient de France, au terme d'un rapport sur la situation dans le monde, estimant que l'évolution de la conscience des peuples en permettait l'opportunité, nous a donné mission de suggérer que la France prenne l'initiative d'une conférence mondiale sur la paix.

Dans le domaine de la laïcité de l'État, notion inscrite dans la Constitution de la République, nous exprimons fermement le désir de voir prendre rapidement les mesures destinées à la construction d'un grand service public unifié et laïque d'éducation, par l'intégration des établissements scolaires qui ne pourraient continuer à bénéficier de l'aide de l'État qu'en perdant leurs caractères propres.

Les propositions du Gouvernement pour l'ouverture des négociations que vient de présenter le ministre de l'Éducation Nationale ne sont pas de nature à nous rassurer sur cet aspect, en dépit des déclarations liminaires de Monsieur SAVARY, car notre conception de l'école laïque exclut toute possibilité de dualisme au sein du service public.

Nous nous sommes inquiétés, au surplus, de l'entorse faite au principe de laïcité de l'État par la présence officielle de deux ministres de la République au siège de la catholicité, à Rome, pour assister à des cérémonies qui tiennent au caractère spirituel de l'État du Vatican, caractère exclu du champ des relations inter-États.

Notre troisième préoccupation tient enfin à la nécessaire réforme des Institutions de la République qu'avec vous nous avons condamnées en leur temps, et que nous persévérons à ne pas considérer comme l'outil susceptible de construire une République basée sur la démocratie rénovée et effective, que réclament les Francs-Maçons depuis les temps les plus reculés de leur histoire.

Nous avons décidé que ce sujet serait celui d'un de nos grands colloques nationaux du début de l'année prochaine, destiné à attirer l'attention de tous ceux qui désirent aller vers une société permettant une plus grande égalité sociale, une plus grande liberté de chacun des individus qui la composent, et un meilleur exercice de la démocratie.

Pour préparer cette manifestation dont nous attendons un retentissement national, nous tiendrons une réflexion sur la renaissance et la promotion de la formation civique et sociale des Français.

Les Francs-Maçons du Grand Orient de France sont inquiets des lacunes ou des manquements aux dispositions constitutionnelles, notamment concernant la laïcité de l'État considérée comme l'éthique fondamentale de la société pour demain, et ils font appel à celui qui en est le gardien naturel et légal pour faire veiller à leur respect.

Il me serait agréable de pouvoir vous entretenir plus profondément des préoccupations ci-dessus énoncées et de quelques autres, et je me permets, à cet effet, de renouveler la demande d'audience, restée sans suite, que j'avais formulée au début de la présente année pour vous présenter mes devoirs et ceux du Grand Orient de France.

Je vous remercie de bien vouloir agréer, Monsieur le Président de la République, l'hommage de mon profond respect.

Paul Gourdot

Monsieur François Mitterrand
Président de la République
Palais de l'Élysée
75008 Paris

Bibliographie

ANXIONNAZ Paul, *Mes trois républiques, un itinéraire aléatoire*, La Pensée universelle, 1988.

BARAT Michel, *la Conversion du regard*, Albin Michel, 1992.
BARON Michel, *Michel Baroin, un homme, une voix*, Éditions CIEM, 1985.
— *Georges Rino se met à table*, Éditions CIEM, 1987.
— *la Mutualité dans l'entreprise*, Éditions CIEM, 1987.
BAUBÉROT Jean, *Vers un nouveau pacte laïque ?*, Seuil, 1990.
BAYARD Jean-Pierre, *la Spiritualité de la franc-maçonnerie*, Éditions Dangles, 1991.
BAZIN François, MACÉ-SCARON Joseph, *les Politocrates, vie, mœurs et coutumes de la classe politique*, Seuil, 1993.
BERESNIAK Daniel, *la Franc-Maçonnerie*, Jacques Grancher Éditeur, 1992.
BESSET Jean-Paul, *le Dossier calédonien*, La Découverte, 1988.
BLANQUER Jean-Michel, *Michel Baroin, les secrets d'une influence*, Plon, 1992.
BRADFER Alain, RIGOLLET Catherine, *les Francs-Maçons, qui sont-ils aujourd'hui ?*, J.-C. Lattès, 1989.

CLOSETS François de, *Tant et plus*, Grasset-Le Seuil, 1992.
Le Crapouillot : « Qui est franc-maçon ? Les maçons de A à Z », n° 104.

DORÉ André, *Vérités et légendes de l'histoire maçonnique*, Edimaf, 1991.

FALIGOT Roger, KAUFFER Rémi, *Éminences grises*, Fayard, 1992.
FAUCHER Jean-André, *les Francs-Maçons et le pouvoir*, Perrin, 1986.
FAVIER Pierre, MARTIN-ROLAND Michel, *la Décennie Mitterrand, 1. Les ruptures*, Seuil, 1990.
— *la Décennie Mitterrand, 2. Les épreuves*, Seuil, 1991.

GIESBERT Franz-Olivier, *François Mitterrand ou la Tentation de l'histoire*, Seuil, 1977.
— *le Président*, Seuil, 1990.
GUICHARD Alain, *les Francs-Maçons*, Grasset, 1969.
GUILHAUME Philippe, *Jules Ferry*, Albin Michel, 1992.
GUISNEL Jean, *Charles Hernu, ou la République au cœur*, Fayard, 1993.

HUCHON Jean-Paul, *Jours tranquilles à Matignon*, Grasset, 1993.
Humanisme (revue des francs-maçons du Grand Orient de France) : « *Les francs-maçons* » (avril 1990), « *La protection sociale* » (décembre 1990), « *De la République* » (septembre 1991), « *L'heure républicaine, livre blanc* » (mars 1992), « *Les intellectuels* » (septembre 1992), « *Les Églises* » (mars 1993).

LECLERC Gérard, *la Bataille de l'école, 15 siècles d'histoire, 3 ans de combat*, Denoël, 1985.
LIGOU Daniel, *Dictionnaire de la franc-maçonnerie*, PUF, 1991.

MARION Pierre, *la Mission impossible, à la tête des services secrets*, Calmann-Lévy, 1991.
MERCURY Francis, *le Petit Retz de la franc-maçonnerie*, Éditions Retz, 1989.
MÉRINDOL Pierre, *Lyon, le sang et l'encre*, Alain Moreau, 1987.
MITTERRAND François, *Ma part de vérité*, Fayard, 1969.
— *l'Abeille et l'Architecte*, Flammarion, 1978.
MITTERRAND Jacques, *la Politique des francs-maçons*, Éditions Roblot, 1973.
MOURGUES Jean, *la Pensée maçonnique, une sagesse pour l'Occident*, PUF, 1988.
— *le Choix de l'homme, une pensée maçonnique au quotidien*, PUF, 1990.
— *De la franc-maçonnerie*, Edimaf, 1990.
MURRACIOLE Bernard, *Vous avez dit franc-maçonnerie ?*, Éditions JMG.

NAUDON Paul, *Histoire générale de la franc-maçonnerie*, PUF, 1981.
— *la Franc-Maçonnerie*, Que sais-je, 1990.
NAY Catherine, *le Noir et le Rouge, ou l'Histoire d'une ambition*, Grasset, 1984.

PÉTRIAT Jean-Louis, *les Années FNAC, de 1954 à après-demain*, Fayard, 1991.

Reader's Digest, l'Europe des sociétés secrètes, Éditions du Reader's Digest.
REYNAERT François, ZAMPONI Francis, *Sur la terre comme au ciel, pour une nouvelle morale laïque*, Calmann-Lévy, 1990.
ROSSIGNOL Dominique, *Vichy et les francs-maçons, la liquidation des sociétés secrètes, 1940-1944*, J.-C. Lattès, 1981.

SAUNIER Jean, *les Francs-Maçons*, Grasset, 1972.
SAVARY Alain, *En toute liberté*, Hachette, 1985.
SIMON Pierre, *De la vie avant toute chose*, Mazarine, 1979.
SMITH Stephen, GLASER Antoine, *Ces Messieurs Afrique*, Calmann-Lévy, 1992.
SZAFRAN Maurice, KETZ Sammy, *les Familles du Président*, Grasset, 1982.

Une loge révèle : *Franc-Maçonnerie ou initiation ? Faux francs-maçons et vrais initiés*, Éditions du Rocher, 1990.

VAN DEN ABEELE Andries, *les Enfants d'Hiram, francs-maçons et franc-maçonnerie*, Roularta Books, 1992.
VERDUN Jean, *Carnets d'un grand maître*, Éditions du Rocher, 1990.
VIOT Michel, MERLE Jean-Michel, *Ces francs-maçons qui croient en Dieu*, Quai Voltaire, 1992.

ZELLER Fred, *Trois points, c'est tout*, Robert Laffont, 1976.

Index

TABLE

Troisième partie

Piston, magouilles et solidarité

ANNEXES

Achevé d'imprimer en avril 1994
sur presse CAMERON
dans les ateliers de B.C.A.
à Saint-Amand-Montrond (Cher)
pour le compte des éditions Grasset
61, rue des Saints-Pères, 75006 Paris

Nº d'Édition : 9415. Nº d'Impression : 638-94/131.
Dépôt légal : avril 1994.

Imprimé en France

ISBN 2-246-47081-1